플랜트
엔지니어링을
말하다

플랜트 엔지니어링을 말하다

발행일   2021년 3월 5일

지은이   강신열
펴낸이   손형국
펴낸곳   (주)북랩
편집인   선일영   편집   정두철, 윤성아, 배진용, 김현아, 이예지
디자인   이현수, 한수희, 김민하, 김윤주, 허지혜   제작   박기성, 황동현, 구성우, 권태련
마케팅   김회란, 박진관
출판등록   2004. 12. 1(제2012-000051호)
주소   서울특별시 금천구 가산디지털 1로 168, 우림라이온스밸리 B동 B113~114호, C동 B101호
홈페이지   www.book.co.kr
전화번호   (02)2026-5777   팩스   (02)2026-5747

ISBN   979-11-6539-639-8 03320 (종이책)   979-11-6539-640-4 05320 (전자책)

프로젝트 매니지먼트와 리더십
Project Management & Leadership

플랜트 엔지니어링을 말하다

강신열 지음

북랩 book Lab

대형 정유, 석유화학 및 발전 플랜트 등과 같은 플랜트 EPC (Engineering, Procurement, Construction) 비즈니스는 공정, 기계, 배관, 전기, 계장, 토목, 건축 등 전 분야의 전문 인력의 기술과 지식 그리고 경험을 필요로 할 뿐 아니라 국가 산업의 많은 부분의 참여를 필요로 하는 고부가 가치의 비즈니스인 반면, 전 세계 다양한 인력의 집단지성을 실시간 소통(Real Time Communication)을 통해 통합 관리하는 '통합 관리 리더십(Integrated Management Leadership)'이 절대적으로 필요한, 리스크가 큰 사업이다.

회사를 경영하는 경영자 입장에서는 프로젝트 하나하나가 작게는 수억 불에서 수십억 불을 오가는 초대형 프로젝트이고, 각 프로젝트의 성공 여부가 회사의 손익 및 성장과 직결되기 때문에 Project Management, 즉 성공적 사업 수행을 위한 사업 관리가 곧 경영인 것이다.

또한 경영자 입장에서는 시장과 고객의 니즈(Needs)를 반영하고 모든 프로젝트가 동일한 상품, 즉 상향 평준화되어 손익, 공기, 품질 모든 측면에서 성공적으로 마무리되기 위해서는 모든 프로젝트가 동일한 절차와 매뉴얼 등 동일 시스템으로 실행되어 누가 프로젝트를 관리하든지 동일한 결과를 이끌어 내고자 할 것이다.

그렇지만 각 국가마다 허가 기준이나 기후, 지형 및 문화가 다르고 고객의 니즈가 다를 뿐 아니라 수많은 상황에서 최적의 의사 결정을 해야 하기 때문에 시스템으로는 100% 커버할 수가 없고 프로젝트를 수행하는 PM(Project Manager)의 역량에 따라 많은 차이를 보일 수밖에 없어 PM 리더십이 절대 요구되는 것이다.

플랜트 EPC 비즈니스는 이처럼 초대형이면서 고부가 가치의 사업으로 향후 우리 젊은 인재들이 세계 시장을 상대로 도전해 나갈 수 있는 유망한 사업이지만 리스크가 크고, 대학이나 회사에서 체계적인 교육 교재나 강의가 없는 것으로 알고 있어 안타까운 마음이다.

지난 30년을 넘는 기간 동안 플랜트 EPC 업계에서의 다양한 경험을 바탕으로 작성된 본 책자가 이제 사회생활을 준비하는 대학생, 플랜트 업계에 근무하는 분들이나 Project Management에 관심을 갖고 계신 분들께 현장의 생생한 성공 사례와 더불어 실질적 도움이 되기를 바라는 마음이다.

또한 지난 수십 년간 한 가정의 가장으로서, 아들과 딸들에게 이 책이 성공의 길을 걸어가는 데 도움이 되기를 바라는 마음이다. 마지막으로 오랜 기간 함께하며 가정을 지키고, 이 글을 완성하기까지 곁에서 인내하며 용기를 북돋아 준 아내 신철홍 여사께 이 책을 바친다.

2020년 겨울

강신열

서언   5

제1장 **인도 프로젝트 이야기**

1. Project Director 임명   15
2. 현장 운영 방안을 정립하다   37
3. 현장 운영 방안을 수정하다   42
4. 하청 협력사와 담판을 짓다   48
5. 사업주 사장과 사업의 성패를 가르는 담판을 짓다   55
6. 공기단축을 위한 전략, 기적을 이루다   62
7. 전략에 대한 강의와 사업주를 설득하다   73
8. 전략, 실행이 되다   78
9. 6월 17일, 클레임을 제출하다   90
10. 현장의 사고들, 프로그레스(공정율)와 함께하다   97
11. 기적이 일어나다 - 8월 14일   117
12. 10월, 꿈에 그리던 집으로 금의환향하다   132

제2장 **플랜트 엔지니어링이란**

1. 플랜트의 종류와 Project Management   139
2. Business Value Chain   140
3. 플랜트의 성립   142

제3장 PM Leadership

1. 휴먼 리더십   149

2. 통합 관리 리더십 (Integrated Management Leadership)   164

3. 전략적 리더십 (Strategic Leadership)   171

제4장 PM이 갖추어야 할 덕목

1. PM의 역할과 책임 (Role & Responsibility)   181

2. PM의 덕목   189

제5장 Project Management의 Key Success Factor

1. Key Management Factor (주요 관리 요소)   199

2. Investigation & Hard Study   207

3. PM의 성공적 전략   210

4. 선행 관리(In Advance Management)와 Risk Management   218

5. Cost Simulation   221

6. Constructability   225

7. Early Mobilization of Construction Resources   228

8. Underground Work Execution Plan   231

9. 전략적 공사 접근 (Strategic Construction Approach)   233

10. 기타 사업 수행상 Key Success Factors   238

제6장 **경영이란**

1. 경영 철학과 경영 원칙 243

2. 위기의식 속의 경영 244

3. 역량으로 차별화하라 250

4. 전략적 접근으로 우위를 점하라 260

5. 시스템과 제도에 대한 지속적인 혁신이 필요하다 270

제7장 **To be a Leader**

1. 열공하는 자세 281

2. 승부의 세계를 두려워 말라 284

3. 열정을 가져라 286

4. 꿈을 가지고 공유하라 289

5. 직관의 능력을 키우라 291

6. 건강하라 293

집필 후기 295

제1장

인도 프로젝트 이야기

인도행 비행기에서는 도무지 잠을 이룰 수가 없었다.

머릿속에는 온통 프로젝트 생각뿐이었다.

프로젝트명은 인도 'L' 프로젝트이다.

생산제품은 샴푸 등 각종 세제의 원료로 사용되며, 일종의 석유와 같은 물질인 'K'를 원료로 하여 앞 공정(Front End)에서 중간 제품인 'P'를 만들고, 이 'P'를 원료로 후속 공정(Back End)을 통해 생산된다.

생산 커패시티(Capacity)는 연간 120,000톤으로, 당시 인도 내 최대 생산 능력이다.

그동안 수입에 의존해 왔던 생산제품을 직접 생산함으로써 수입 대체 효과를 누리는 만큼, 인도 정부가 심혈을 기울여 투자하는 프로젝트로 사장이 직접 챙기는 프로젝트였다.

계약 금액은 2억 불이 안 되는 규모로 이 중 일정 부분은 현지 분 계약으로, 자국 산업 보호 육성 차원에서 현지 업체 발주용 현지화인 루피 계약 부분이 있는 것이다.

사업주는(플랜트를 발주한 고객) 인도 국영 회사이다.

인도 국영회사로 공무원인 만큼, 직원들은 보수적이며 회사에 대한 자부심이 대단하고 정년퇴직일 경우 자녀가 특혜 입사를 할 수 있는 자격과 연금이 주어져 퇴사율이 지극히 낮고 무사안일주의적 사고가 팽배한 조직이다.

위치는 인도 뭄바이에서 북쪽으로 약 400㎞ 떨어진 바도다라시 외곽 Refinery(정유공장) 단지이다.

당시 정유공장 단지 내 공장장은 상당히 열정을 갖고 있는 리더였으며, 본 프로젝트가 사업주 내부에서 상당히 중요시 여겨졌던 만큼 초기에는 상당한 관심을 갖고 관여해 왔으나, 필자가 현지 부임 당시에는 프로젝트가 지연되며 실패할 가능성이 농후해지자 적극적 참여 의도 없이 책임을 현지 PM에게 넘기려는 의도가 있었다.

그러나 필자가 부임한 뒤로 성공의 가능성이 보이자 적극적인 자세로 참여 하며 우여곡절 끝에 프로젝트가 성공하면서 추후 사장으로 진급하게 된 인물이다.

사업을 총괄하는 Project Manager인 PM은 두 명으로, 본사가 있는 델리의 PM인 'J 선생', 그리고 현장의 PM인 'B 선생'이다.

B 선생은 현장에서 사업을 총괄하며 공장장에게 보고를 하고, 본사의 PM인 J 선생은 현장을 지원하며 프로젝트의 진행 상황을 사장에게 보고하는 역할을 한다.

공장장은 예전에 사장을 보필한 적이 있으며, 총애를 받고 있는 입장이고 본사 PM인 J 선생보다도 직급은 높지만, 지척에서 사장에게 직접 보고를 하고 있는 J 선생의 눈치를 안 볼 수 없는 처지이다.

J 선생은 젊지만 머리가 좋으며, 미래에 대한 야망이 있고, 사장에게 직접 보고하는 위치에 있어 프로젝트에 참여하고 있는 많은 구성원으로부터 선망의 대상이 됐다.

현장에도 여러 명의 심복을 두고 있어, 계약자 입장에서의 프로젝트 총괄 책임자(Project Director)였던 필자의 일거수일투족을 감시·보고받았다.

현장의 B 선생은 이웃집 아저씨처럼 온화한 성격으로 나이가 많고 정년퇴임을 2~3년 앞두고 있어서 사고 없이 FM대로 일을 처리하려는, 그러면서 때로는 반대 의견에는 화낼 줄도 아는 깡마르고 키 큰, 진급과는 상관없이 무사안일 위주의 공무원인 셈이다.

1. Project Director 임명

프로젝트 진행 상황

계약상 Key Milestone(주요 일정)은 MC(Mechanical Completion, 기계적 준공) 일정이 2004년 6월 18일이고, Product Come Out(시 제품 생산) 일정은 2004년 8월 18일로 계약자(Contractor)인 필자 회사의 법적 책임 MC 준공일은 6월 18일이다. 지연 시 벌금조인 지체상금이 최대 계약 금액의 5%로 걸려 있기에 계약자는 기계적 준공 일에 목숨을 걸어야 하는 입장이고, 사업주는 시제품 생산이 중요하고 정부와 생산 일정에 약속을 한 터라 8월 18일 시제품 생산 일정에 모든 것을 걸고 있는 상황이다.

계약 공기는(계약부터 준공까지의 기간) 24개월로 현실적으로 불가능하여, 이를 감안해 입찰 시부터 지체상금 ○○%와 잔금 ○○%를 포함 ○○%를 예산에 반영해 둔 상황이다.

그 당시 사업주는 전통적으로 입찰 시 불가능한 공기를 제시하는데, 대다수 입찰자들은 이 불가능한 공기에 대해 공기 지연 시 페널티(Penalty)로 지불하는 최대 5%의 지체상금을 입찰 금액에 포함한다.

또한 프로젝트 막판에 수정 작업이 힘든 펀치(Punch, 잘못 시공된 하자 부분이나 결함을 표시한 것)를 발행하며 생떼를 부려 잔금 5%를 거의 받지 못하는데, 이 잔금 5%를 못 받을 것으로 간주하여 10%에 해당하는 금액을 입찰가에 포함하여 입찰에 응한다.

초기 설계 단계에 사업주는 대표단을 서울로 파견하여 1년여 기간 동안 설계 내용에 대한 코멘트나 승인 절차를 진행하여야 하나, 원가 절감을 이유로 파견 없이 델리에서 승인 절차를 갖는 바람에 설계 진행이 상당히 지연되었다.

게다가 현지 기자재 공급 업체들의 납기 지연과 공사 기간 중 몬순 기후로 인한 잦은 폭우로 지하 배관공사의 미착수 등 필자가 파견될 시점에는 전체 공기가 4~5개월이 지연된 상태로 손익 또한 초기이익률을 잠식하고 있어 프로젝트가 상당히 위기에 봉착한 상태였다.

프로젝트에 참여하고 있는 임직원들의 의욕과 사기는 땅에 떨어질 대로 떨어진 상태로 피해의식이 팽배하였고, 뭄바이에 상주하고 있던 PM 및 PM 산하 재무와 조달 지원 인력들과 현장에 상주하고 있던 소장(CM), 현장 직원들은 불통 상태로 그야말로 따로따로 움직이고 있어 프로젝트는 말 그대로 최악의 길을 걷고 있었다.

고객인 사업주는 그동안 수 차례의 협조 요청과 서울 본사 CEO에게 특단의 조치를 요구하여 추가 인력을 투입하였음에도 공기가 개선될 기미를 보이지 않자, 필자 회사의 사업 수행 능력에 대한 불신으로 기대를 포기한 상황이다.

필자가 몸담고 있던 회사는 그동안 IMF라는 경제 위기를 겪으면서 여러 차례의 구조조정과 회사의 부실을 털어 내고 본 프로젝트를 회사의 도약을 위한 상징적 프로젝트로 무슨 일이 있어도 성공적으로 마무리를 해야만 하는 입장으로 소장을 지원하기 위해 여러 지원책을 강구하여 왔다.

특히 공사팀 내에 최고의 베테랑이며 최고참 부장을 약 3개월 파견 조치하였으나 이 또한 큰 성과가 없던 차에 필자를 2004년 2월 초 MC를 약 4개월 남겨 둔 시점에 프로젝트 총괄인 PD(Project Director)로 임명한 것이다.

PD 임명

필자는 2000년 말레이시아 KL 지점장의 임기를 마치고 약 3년간 중동 영업팀장을 맡아 오면서 사우디, 카타르, UAE, 이란 등에서 갖은 문전박대를 당하면서 새로운 시장을 개척하려 했다.

그러나 IMF라는 기나긴 터널을 지나오면서, 그동안 동남아 시장에 머물렀던 당사의 위상을 높이지 못하고 단 한 건의 프로젝트도 수주를 못 한 채 인도 'L' Project의 수장인 PD로 임명을 받았다.

사실 권고사직 정도의 의미로 해석할 수밖에 없었다.

그동안 수많은 동료, 선후배가 IMF 기간 동안 명예퇴직을 해 왔고, 본인도 지난 3년간 실적도 없는 상황에 본사의 명을 거스를 수 있는 입장도 아니지만, 말로만 들어왔던 'L' Project에 대한 이미지는 모두가 알고 있던 터라 "아까운 사람 죽은 프로젝트에 묻어 버리려는구나." 하며 많은 동료들과 아쉬움의 술잔을 나누기도 하였다.

프로젝트에 참여하고 있는 조직원들은 리더의 잦은 인원 교체로 무감각한 반응이었으며, 면담을 청해 보면 시큰둥한 표정들이었다.

들어 왔던 대로 의욕도, 열정도, 생기도 없는 죽은 조직과도 같아 보였다.

와이프는 와이프대로 걱정이 많이 되는 모양새였다.

시아버님이 돌아가시고, 시어머님을 모셔야 하는 상황에서 아들과 딸은 고등학교와 초등학교에 다니고 있어 돈도 필요했지만, 무엇보다도 남편 없이 6개월 이상을 보내야 했다.

　실패한 프로젝트라는데 모아 둔 돈도 없이 실직하면 무엇을 해야 하나 걱정이 태산이라 하루하루 얼굴을 마주하기가 어려운 시기였던 듯하다.

　내가 인도에 나가 있을 동안 큰돈은 못 되지만 다녀와서 장사 밑천에 보태야 하니 파견비는 건드리지 말고 모아 달라고 부탁하고, 마지막 직장 생활이라고 단정 짓고 이것도 내 운명이라고 생각하니 홀가분한 듯했다.

파견 전 10일간의 열공

　우선 책상을 프로젝트팀으로 옮겨 놓고 보니 사업팀에는 프로젝트 지원을 위해 본사에 잔류한 인력 3~4명과 MC 전 각종 테스트와 시운전을 위해 일정 기간 채용되어 파견을 기다리고 있던 시운전 인력(직접 공장을 운전해 본 인력들로, 시운전 팀장 포함) 7~8명 등 10~12명이 있었으며 조달, 설계 및 공사팀 내에는 본사에서 현장을 지원하는 인력이 각각 2~3명씩 있었을 뿐이었다.

　파견 전 본사에 머무를 수 있는 시간은 인도 비자가 나올 때까지 약 10일간이다.

　우선 계약서를 탐독하고 주요 사항을 정리하면서 우리는 MC에 목이 걸려 있고, 사업주는 시운전 생산에 목이 걸려 있다는 사실을 특이하게 보았고, 예산은 공기 지연과 잔금에 대한 예비비 ○○%가 반영되어 MC를 기간 내에 달성하기는 불가능해 보이긴 했지만 시제품 생산은 사업주만 잘 유도하면 성공할 수 있고 사업주를 만족시키면서 우리의 책임인 MC 지연을 면책받아 지체상금을 안 물리면서 성공적으로 완수할 수 있는 방안에 대해 고민에 고민을 거듭하였다.

P&I Diagram(Process & Instrument Dia., 공장의 공정 흐름 및 Control 개념을 나타내는 도면), Lay-Out(공장 배치도), 각종 Vendor Prints(기자재 공급업체의 제작도면 등) 및 그동안 사업주와 소통(Communication)했던 서신 내용, Monthly Report 등에 대한 막대한 분량의 서류에 대한 '열공'이 시작되었다.

파견 가기 전까지 프로젝트의 현황뿐 아니라 조직 및 인력에 대한 내용 등 모든 내용을 숙지하고 있어야 판단도 하고 지시도 내릴 수 있기에 시간이 없었나.

공부는 집에서까지 이어져 밤을 새우기 일쑤였다.

회사에서는 면담이 이어졌다.

조달 인력으로부터 조달 현황 및 문제점, 설계 인력으로부터 설계 현황과 도면 변경 내역과 문제점, 그리고 공사 인력으로부터 공사 현황과 향후 추진 계획 및 문제점 등 질의응답이 계속 이어졌다.

특히 공정에 대한 이해를 높이기 위해 공정팀과 시운전 팀장과의 면담은 자주 이어졌다.

이 면담을 통해 프로세스상 원료인 'K' 물질이 투입되어 약 1개월간의 반응과 증류를 통한 프로세스를 거쳐 중간재인 'P' 물질이 만들어지고, 이 'P' 물질을 투입하여 후속 공정에서 약 1개월에 거쳐 반응과 증류를 통한 프로세스를 거치면 최종 제품이 만들어진다는 사실을 깨달았다.

중간재인 'P' 물질을 외부에서 약 20톤을 구입하여 동시에 시운전을 한다면 시운전 기간을 2개월에서 1개월로 당길 수 있다는 결론을 얻게 되었다.

또한 각 전후 프로세스 공정상 각종 증류 타워(Tower)나 반응 로(Reactor)에서의 반응을 위해 일정 온도의 열을 공급해 줘야 하는데, 열원으로 1500도에 달하는 핫 오일(Hot Oil)을 각 증류 타워나 리액터(Reactor, 반응 로)에 공급해 주어야 한다.

이 핫 오일(Hot Oil)의 온도를 1500도까지 올려 주기 위해 히터(사이즈는 10m×10m×20m) 외벽에 가스버너가 설치되고 내벽에는 내화벽돌을 쌓고 내부에는 고온에 견디는 특수강으로 제작된 직경 150㎜의 튜브가(내부에는 핫 오일이 흐르고 외부에 버너로 가열함) 하나의 관으로 연결되어 빼곡히 내부에 설치된다. 히터 내부에 설치되는 튜브로부터 프로세스 전후 공정(Front End 및 Back End라 칭함)의 각종 증류 타워나 리액터에 공급하는 Hot Oil System을 구성하는 파이프 용접 작업, 용접 작업에 대한 수압 테스트와 수압 테스트 후에 내부 청소를 위한 플러싱(Flushing) 작업 등도 많은 시간 이 소요된다.

특히 수압 테스트 후에 Flushing 작업을 통해 청소를 한 후 물을 빼 주어야 후에 기름인 핫 오일과 섞여 폭발과 이송 펌프에 무리가 가지 않기 때문에 물을 철저히 빼 주어야 한다.

이 작업은 히터 내부의 튜브가 20m 높이에 걸쳐 위아래 U자 형태의 굴곡을 가지고 있기 때문에 밑부분의 굴곡진 U자 부위의 물을 어떻게 제거해 줄 것인가 고민거리가 아닐 수 없다.

히터의 설치 작업도 오래 걸리지만 내화벽돌 설치 후 내부를 건조시키는 작업을 Refractory Dry-Out이라고 하는데 일주일 이상에 걸쳐 서서히 온도를 가열해 주고 일정 온도가 되면 일정 기간 건조 시간을 갖고 천천히 식힌 다음 사람이 들어가 내부 내화벽돌 상태를 검사하고 이상이 있을 경우에는 내부를 보수 작업을 해 주어야 하는데 이

Refractory Dry-Out 기간만 1달 이상 걸린다.

무리하게 공기를 단축하려 급격히 온도를 올리거나 급격히 식히면 내화벽돌 차체에 손상이 가고 기능을 상실하게 된다.

또한 5,000개나 되는 오일 드럼통을 히터에서 전 프로세스 구간에 걸쳐 공급되는 Hot Oil System 내에 투입하는 작업 또한 만만치 않은 작업이다.

Hot Oil System에 오일을 채우고 열을 가해 시스템 드라이 아웃시키는 작업 또한 시간을 요하는 작업으로 히터와 관련된 일련의 작업이 많은 시간을 요하고 있어 이 부분에 전략이 필요했고 이것이 사업의 승패가 달려 있는 중요한 부분임을 깨닫게 되었다.

성공을 위한 전략(대사업주)

현지 부임을 위한 파견 일자가 다가오면서 열공을 거듭한 끝에 나름의 전략이 머릿속에 흐릿하게 정리되어 가고 있었다.

현장에 가 보지 않고 사업주와 면담도 해 보지 않은 상황에서 뚜렷하게 전략이라고 확정 지어 결정을 내릴 수는 없지만, 나름의 방향이 보이기 시작한 것이다.

우선 첫째, 최선을 다해야 한다.

사업주도 사람인 만큼 최선을 다하는 모습을 보인다면 설마 지체상금(Liquidated Damage)을 물면서까지 고생한 우리를 외면할까?

추후 사업주와 접하면서 무사안일주의인 공무원들이 책임을 면하기 위해 계약서에 위배해 가면서 우리를 봐주지 않는다는 사실을 깨닫기는 했지만, 그래도 최선을 다해야 하며 마지막 100일 작전을 추진해서 마지막 승부를 걸어야 한다는 전략을 굳히게 되었다.

둘째는 클레임을 철저히 준비해야 한다는 전략이다.

그동안 사업 수행 기간 동안 사업주의 실책으로 빚어진 공기 지연이나 추가 원가 발생 부분에 대해 변호사를 고용해 전문적이며 철저한 클레임을 준비해야 한다. 추후 법정에서 중재(Arbitration)에 가더라도 유리한 위치에 있기 위해서는 사업주의 귀에 들어가지 않게 극비리에, 그리고 법률적으로 접근할 수 있도록 전문 변호사를 고용해 추진해야 한다는 전략을 수립했다.

셋째 목표 공기를 시제품 생산 일정으로 다시 수정해서 잡아야 한다는 전략이다. 그동안 사업팀의 모든 일정 및 계획은 계약서의 책임 일정인 MC, 즉 기계적 준공일인 6월 18일로 맞추어 왔으나 이를 수정하여 시운전 생산 일정인 8월 18일보다 3일 빠른 8월 15일로 모든 초점을 맞추어야 한다는 전략이다.

어차피 지금 상황으로 6월 18일에 MC를 맞추기는 현실적으로 불가능하고 MC를 마치기 위한 작업들과 시제품 생산을 위한 시운전 작업들(Activity, 예를 들면 Reactor 내부에 반응 촉매제인 Catalyst 주입, 핫 오일 주입이나 히터 Dry Out 등)을 동시에 수행하면서 종합적으로 시제품 생산 일정을 8월 15일 이전으로 마친다는 전략인 것이다.

계약적 책임 일정인 MC(기계적 준공)를 마치기 위해 남아 있는 잔여 작업들이 중요하지만, 8월 15일 시제품 생산을 성취하기 위해서는 계약서상 책임 일정이 없는 시운전 작업들도 중요하기에 동시다발적으로 잔여 업무들을 수행키로 결정한 것이다.

구체적인 전략은 현장에 파견 뒤 상세 점검을 거친 후 현장 직원들과 워크숍을 통한 공감대를 형성하며 정하기로 하고 출발 전 나름, 전략의 방향을 수립한 것이다.

현지 부임

죽음을 각오하고 이것이 내게 주어진 마지막 직장 생활이며, 이 마지막 직장 생활을 나름, 최선을 다해 멋지게 끝내자고 다짐에 다짐을 하고 떠나는 파견길이라 비장하기까지 하였다.

파견은 현장에 상주하기 전에 우선 본사 사업주에 인사하기 위해 델리에 하루 이틀 정도 묶기로 하고 델리 지점장을 통해 사업주 사장과의 면담 예약을 넣어 두라고 지시하였다. 그리고 뭄바이로 이동하여 현지 상주하고 있는 사업 인력인 PM, 그리고 재무 인력과 조달 인력들과의 사업 추진 현황 파악 및 면담을 위해 2~3일간 묶기로 하고 가급적 빨리 현장에 부임하는 것으로 일정 조율을 마쳤다.

인도로 가는 비행기는 아시아나항공으로 기억하는데, 8시간 가까이 소요되는 비행시간 내내 초조함으로 잠을 이룰 수가 없었다.

그동안 지나온 직장 생활 중 나름 성공적이었던 생활들이 주마등처럼 스쳐 지나갔다.

한국 중공업에 입사하여 해양 사업팀(Offshore Project Team)에 배치받아 수많은 프로젝트에 밤을 새워 가며 입찰에 응했던 일, 궁극적으로 수주한 인도 Offshore Well Platform Project를 위해 싱가포르에 2년 가까이 상주하며 성공적으로 사업을 수행했던 일, 필자 회사에 경력 입사하여 대산 종합화학 프로젝트, 울산 정밀화학 프로젝트, 말레이시아 셀렘반 그룹 단지 공사를 수행하며 Project Engineer에서 Project Manager, 현장 소장, 법인장, KL 지점장, Proposal 팀장, 중동 영업 팀장 등 다양한 프로젝트, 다양한 지역에서 다양한 직책을 갖고 성공적으로 살아왔던 지난날이 스쳐 지나가자, 앞으로 내게 다가올 새로운 미래의 일들이 두려움으로 다가온다.

사업주에게는 어떻게 신뢰를 회복할 것인가, PM과 소장을 어떻게 잘 이끌고 갈 것인가, 현장 직원들은 많이 지쳐 있고 의욕도 상실해 있을 터인데 이들이 잘 따라 줄까, 어떻게 하면 지체상금을 물지 않고 프로젝트를 잘 마무리할 수 있을까, 실패하면 끝장인데 집으로 가게 되면 무엇을 하고 먹고살아야 하나, 두고 온 와이프, 아이들 그리고 치매기가 있으신 어머님이 자꾸 떠오르며 지척지척 인도에서의 하룻밤이 새고 있었다.

인도 델리에서의 첫날이 밝았다.

지점장과 현지 채용 인도 영업과장을 대동하고 사업주 본사를 방문하여, 본 L Project의 PM인 J 선생을 면담하기 위해 본사 건물에 들어섰다.

건물은 상당히 오래된 것으로 보였고 7층 정도로 기억하는데, 오래된 건물에서 풍기는 묵은 냄새 때문에 발걸음이 살짝 꺼려졌다.

서너 명이 들어서면 꽉 차는 작고 낡은 엘리베이터를 타고 사무실에 들어서자 책상으로 꽉 들어찬 사무실에 책상 위에는 낡고 지저분해 보이는 서류들이 잔뜩 쌓여 있고 그 위에 작은 돌멩이들이 놓여 있어 서류들이 날아가지 않도록 고정하는 역할을 하고 있었고 천정에서는 여러 대의 낡은 선풍기가 저속으로 돌고 있었다.

4평 남짓한 J 선생의 작은 방에 우리가 들어서니 사무실이 꽉 들어차 버렸고, 차와 커피를 놓을 자리도 마땅치 않아 대충 들고 어정쩡한 상태에서 면담이 시작되었다.

주로 필자의 경력에 대한 질문이 이어졌고 필자인 내가 면접을 보는 상황으로 전개되면서 면담이 아니라 취재의 형태로 변해 가고 있었다.

대답을 할 때마다 고개를 좌우로 가볍게 저어 보여 기분이 좀 묘한 느낌이었으나, 인도 사람들의 긍정 표현은 고개를 상하가 아니라 좌우로 젓는 것이라 지점장이 알려 주는 덕에 의구심이 풀리며 자연스러운 대화로 이어졌다.

J 선생의 표정이 썩 밝아 보이지 않는 것으로 보아 영업팀장이었던 최근의 나의 경력이나 면접 결과가 그리 만족스럽지 않은 모양새다.

"그동안 여러 지원 인력이 다녀갔고, 최근 3개월간은 소장의 시니어가 직접 상주하며 현장을 독려 추진했지만 별다른 성과가 없었으며 우리 회사 내부 고위층 인사들은 귀사의 사업 수행 역량에 신뢰를 잃었고 프로젝트가 상당히 지연되어 걱정스러운데, 별다른 대책이 있는가?" J 선생이 일그러진 표정을 지으며 직설적으로 물었다.

"한국에서 출발 전 대충 프로젝트의 상황은 알고 있으며, 지금 이 자리에서 새로운 전략이나 대책을 답할 입장은 아니지만, 현장에 내려가 상황을 좀 더 파악한 후 한 달 뒤 월간 회의인 Monthly Progress Meeting 시 현황 및 대책에 대해 보고하겠다."

필자의 답에 그는 얼굴을 빤히 올려다보면서 톡 쏘듯이 또 한마디 던진다.

"왜 우리 회사 사장을 만나려 하는가? 당신의 카운터 파트너는 PM인 나 아닌가?"

"내가 알기로는 L Project가 국가적 차원의 프로젝트로 상당히 중요하고, 사장도 직접 챙길 정도로 관심을 갖고 있는 것으로 알고 있다. 나는 비록 L Project의 총괄 책임자인 PD로 선임되어 왔지만, PD의 직책을 떠나 인도 내 우리 회사의 최고 선임자이며 대표자의 위치에 있고 당연히 회사를 대표하여 새로 부임한 만큼 당신네 사장에게 인사를 드리는 것이 마땅하다고 생각한다."

한 달 뒤 월간 회의(Monthly Progress Meeting) 시 보자는 말과 함께 사업주와의 첫 대면 인사가 끝났다.

그 당시 사업주와의 미팅은 현장에서 각 공종별 담당자끼리 하는 일 일 회의(Daily Meeting), 소장 주제 주간 미팅(Weekly Progress Meeting), PM이 주재하고 사업주 공장장 및 PM과 주요 멤버들이 참석하는 월간 미팅(Monthly Progress Meeting)이 있었고 현장에서의 월간 미팅이 끝나 면 델리에서 델리 사업주의 PM과 주요 임원들(J 선생보다는 고위 임원급 인사들로 약 10명 내외 참석) 대상 월간 회의가 한 번 열린다.

즉, 월간 회의는 현장과 델리 본사를 대상으로 두 번 열리는 것이다.

사업주 사장과의 면담을 앞두고 건물 밖으로 나와 두어 시간을 대기 하면서 초조하기도 하지만 착잡한 마음에 그동안 끊었던 담배를 다시 피워 물게 되었다.

사업주 사장과의 면담은 바쁜 와중에 짧은 시간 동안 이루어졌지만 아주 인상 깊고 도움이 되는 면담이었다.

L Project는 인도 정부가 심혈을 기울여 추진하는 프로젝트로 사장 본인도 산업자원부 장관에게 직접 보고를 할 만큼 중요한 프로젝트이 며, 인도가 영국으로부터 독립한 독립 기념일이 8월 15일인데 우리 회 사는 무슨 일이 있어도 8월 15일까지는 시제품을 생산하여야 하고 이 를 위해 최선을 다해 달라던 모습이 아직도 눈에 선하다.

8월 15일까지 시제품 생산을 위해 도움이 필요하면 언제든지 요청해 달라는 말도 잊지 않았다.

이에 진지한 표정을 지으며 앞으로 한 달에 한 번 Monthly Progress Meeting을 위해 델리를 방문할 예정이며, 방문 시 사업주 사장과 면담 을 요청하고 면담 시 프로젝트 현황과 함께 도움을 요청하겠으며 최선을 다해 8월 15일 시제품 생산을 위해 노력하겠으니 적극적으로 지원해 달라고 요청하였다.

자리에서 일어나려는데, 사업주 사장이 갑자기 필자의 손을 잡더니 더욱 진지한 표정을 지으며 "Mr. Kang, 8월 15일 꼭 시제품 생산 일정을 맞추어 달라. 독립기념일 날 장관과 함께 샴페인을 들고 직접 현장에 내려가 당신과 함께 축배를 마시겠다. 도와달라."라고 말했다.

이렇게 사장과의 미팅은 가까운 장래의 기적과 같은 좋은 장면을 연상시키며 끝이 났다. 힘 있는 후원군을 얻은 기분으로 다음 날 뭄바이행 비행기에 몸을 실었다.

뭄바이는 2월임에도 날씨가 습하고 더운 데다가 도시가 지저분하고 교통체증으로 짜증이 났던 20여 년 전 인도 Offshore Project의 입찰을 위해 출장 왔던 기억을 되살리면서 이 대도시는 아직도 큰 변화가 없구나 하는 생각이 들게 했다.

뭄바이에서의 회의는 조달 현황, 자금 및 재무 현황과 사업 추진 현황에 대한 보고와 문제점 그리고 대책에 대한 협의로 이틀간에 걸쳐 이어졌다.

원래 예산상의 손익 ○○% 이익을 고려하여 추진 중이었으나 공기의 지연 및 이에 따른 인력의 추가 투입 등 향후 발생할 원가를 고려할 때 지속적으로 까지는 구조로 손익상 적자가 우려되는 상황이었고, 재무 상황도 그동안은 사업주로부터 현지화를 수금하여 현찰 흐름인 캐시 플로(Cash Flow)가 긍정적으로(Positive Cash Flow, 현금 흑자 흐름) 운영되어 왔지만 공기 지연에 따른 공사 과정 지연으로 현찰이 부정적으로(Negative Cash Flow, 현금 적자 흐름) 돌아설 가능성이 농후하여 현지 운영이 어려울 수도 있으며 은행으로부터 차입을 할 수도 있지만 이자에 대한 추가 원가 부담이 우려된다는 보고가 이어졌다.

무엇보다도 공기 지연의 가장 큰 현안으로 인도 내 전국에 퍼져 있는 벤더, 즉 제조 업체들의 납기 준수가 이루어지지 않고 있다는 지적이다.

도로 사정도 안 좋아 운송도 지연되고 있지만, 부도가 나는 바람에 재발주해야만 하는 아이템, 돈을 더 주어야만 납기를 맞출 수 있다고 으름장을 놓는 업체, 그동안 제작 중이라고 공정상 허위 보고를 해 왔다가 방문해 보면 제작도 하지 않아 거짓이 들통나는 업체, 분명 제품을 현장으로 출하했다는데 운송 도중 운전자가 트럭을 몰고 고향으로 들르는 바람에 행방불명된 탱크(Tank)나 베셀(Vessel)들, 이루 말할 수 없는 이유들로 현지 제작 아이템들이 속을 썩이고 있었고 손발이 부족한 우리 직원들의 고생은 말로 표현할 수 없었다.

사업 전반에 대한 PM의 보고는 현장 소장에 대한 불만과 소통 부족으로 인한 현장 직원들의 불만이 팽배하고 각자 제멋대로 움직이고 있었다.

이미 뭄바이 사업 PM과 현장 소장과의 대화는 끊어진 지 오래되었으며 고생들은 하고 있지만 공기가 개선(Catch Up)되기는커녕 지속적으로 지연되고 있는 상황이라는 보고가 이어졌다.

지연 시 사업주에 페널티, 즉 지체상금에 대한 대책에 대해서는 그동안 사업주에 추가 용역(Change Order)이나 클레임으로 상황 발생 시마다 정식 레터를 통해 공기 연장과 추가 금액을 사업주 측에 요청해 왔고, 최종적으로는 예산에 지체상금 최대 금액인 ○○%가 반영되어 있다는 대답이다.

지연되면 ○○%로 막을 수 있다는 수동적 대답에 필자의 향후 추진 방향과 전략 그리고 업무 지시가 내려졌다.

사업주 사장을 만나 보니 시제품 생산 일정에 목을 매고 있으며 성공적 일정 준수를 간절히 원하는 만큼 사장으로부터 지원을 받을 수도 있다.

우리는 MC 일정에 목을 매고 있지만 시제품 생산 일정을 잘 이용하여 이들을 만족시킨다면 프로젝트의 반전이 생길 수 있다는 말과 함께 전략과 업무 지시가 이어졌다.

첫째, 최선을 다하는 모습을 보이자.

이들도 사람인데 우리가 고생하며 최선을 다하면 도움을 받을 수도 있고, 설마 지체상금을 물어 가며 우리를 무시할 수 있겠는가?

현장을 상세히 파악한 후 가까운 시일 내 사업-공사 전 직원 간 워크숍을 현장에서 가질 예정이고, 이때 각 파트장들은 파트별 전략과 공기 준수 목표를 발표하고 이때부터 100일 작전에 돌입하니 뭄바이 직원들도 준비하고 현장 워크숍에 참여할 것을 지시하였다.

둘째, 클레임을 철저히 준비하자.

현 상태로는 MC 일정 준수가 불가능하니 이에 따른 지체상금 ○○%를 보존하기 위해서는 이들과 싸워야 하고 법정투쟁인 중재(Arbitration)도 대비해야 하고, 치밀하고 법률적으로 준비해야 하니 전문 변호사를 고용하고 사업부 직원 1명을 전담으로 맡겨 그동안 사업주에 발송해 왔던 레터 자료들을 바탕으로 변호사와 함께 법정에서 싸울 수 있도록 전문적으로 준비하라고 지시하였다.

셋째, 목표 일정(Target Schedule)을 8월 15일 시제품 생산 일정으로 바꾼다.

그동안 시제품 생산 일정에 대해서는 계약서상 계약자의 책임 부분이 아니므로 MC 일정에만 모든 초점이 맞춰져 왔으나, 앞으로는 시제품 생산 일정에 모든 포커스를 맞추어 새로운 스케줄을 만들고 이에 맞추어 잔여 작업(Activities)에 대한 새로운 일정을 만든다.

워크숍에서 구체적 전략이 만들어질 예정이지만 예를 들면 MC 이후에 해야 할 작업이었던 히터 Refractory Dry-Out, 촉매제인 Catalyst Charge(Reactor 내부에 불입), Hot Oil Circulation 등과 같은 업무들을 MC 달성을 위해 수행해야 하는 잔여 업무들과 병행·추진한다는 전략인 것이다.

이와 같은 세 가지 주요 추진 전략 외에 상세 업무 지시도 이어졌다.

앞으로 공기와 직결되는 인도 제조 업체들에 대해서는 추가 원가를 투입해서라도 DNV, LLOYD와 같은 국제적 제3의 검수 업체들을 추가로 고용하여 이들로 하여금 직접 업체들을 방문하고 검사도 하지만 납기 준수를 위한 공정 관리도 함께하여 전 아이템에 대해 필자가 상주하는 현장으로 일일 보고를 할 것을 지시하였다.

주요 기자재는 제조 업체를 떠나는 순간부터 제품이 어디에 있는지 정보가 끊기고 탱크나 반응기인 Reactor 등과 같은 대형 아이템이 첸나이 등과 같은 남동 지역 또는 캘거리와 같은 북동 지역에서 오는 경우 2주씩이나 걸리는 만큼, 트럭 운송 업체에게 무전기나 통화가 가능한 저가 핸드폰을 구매하여 운전자가 소지하고 현장 도착 시까지 계속 독려하고, 모든 기자재의 상황이 운송 도중에도 끊기지 않도록 하라고 지시하였다.

추후에 전화기를 잃어버렸다고 거짓말하는 친구, 집에 몰래 들렀다 오면서 타이어가 펑크 났다고 하는 친구 등등 속을 많이도 썩였지만 그래도 나름의 납기 관리가 되었던 것으로 기억된다.

그동안 대사업주와의 소통은 뭄바이는 PM 주관으로 별도 사업주와 소통하고 있었으며, 현장은 현장대로 PM에게 보고 없이 현장에 상주하는 사업주에게 직접 소통하고 있는 상황으로 뭄바이와 현장 간의 소통이 단절되어 왔다.

그런 만큼 앞으로의 모든 대사업주 공문과 소통은 현장에 상주하고 있는 필자를 통하여 할 것과 모든 정보는 현장에 집결되고, 현장의 상황도 뭄바이에 실시간으로 전달되어야 하니 모든 정보가 공유되어야 함을 거듭 강조에 강조를 하였다.

재무 상황도 주간 단위로 보고하고 정 어려우면 사업주 사장에게 요청을 해 볼 테니 현지 제조 업체들과의 무리한 논쟁과 싸움을 피하라고 지시하였다.

현지 업체들은 돈을 먼저 주어야 제품을 출하시키겠다고 으름장을 놓고 출하 시기를 미루는가 하면, 재무 담당자는 우리 입장에서 계약서 명시된 대로 납품을 먼저 하고 추후 불량이 없다는 것이 확인되고 당사에게 제출하여야 할 최종 도면, 보증서류, 검사 증명서, 매뉴얼 등등 잔여 서류가 완결되어야 잔금을 지불하겠다고 우겨 싸우는 일이 빈번한 것도 인도 업체들의 속성을 보면 알 것만 같다.

이렇게 뭄바이 방문 일정도 끝이 나고 현장으로 가는 일만 남았다.

이제 가면 현장에 묻혀 살아야만 하는데, 거기서 죽이 되든 밥이 되든 나의 모든 열정을 쏟아야만 한다는 생각에 착잡함과 함께 두려움이 몰려오기까지 하였다.

어차피 마지막 회사 생활이며 죽기로 한 마당에 무엇이 두려운가…. 한편으로는 새로운 도전에 의욕이 솟기도 하며 뜬눈으로 뭄바이에서의 마지막 밤을 보내고 현장으로 향하는 단발 소형 비행기에 몸을 실었다.

현장 부임

공항에 도착하여 바로다 시내에 위치한 숙소에 도착하니 어둑어둑 날이 저물어 가고 있었다.

숙소는 오래된 우리나라 모텔 규모의 호텔을 통째로 빌려 우리 직원들의 숙소로 활용하고 있었으며, 현장까지는 차로 20여 분 소요되는 거리로 소장 및 각 팀장급 인력들을 위한 SUV 10여 대와 직원들 출퇴근용으로 대형 버스 2대가 운영되고 있었다.

식사는 주로 현장에서 아침, 점심, 저녁이 준비되고 있었고, 숙소도 간단한 라면이나 양식 및 간단한 한식을 요리할 줄 아는 아주머니를 고용하여 야식이나 현장에서 식사를 거른 인력들을 위해 간이식으로 운영하고 있었다.

필자를 위해서는 허름하고 냄새가 나지만 그래도 조그만 응접실이 딸린 방이 배정되었고, 차량은 운전기사와 함께 이름이 기억에 없지만 소형 도요타 승용차를 렌트하여 준비된 상태로 공항에 마중 나온 총무팀장으로부터 대충 생활 일과에 대한 보고를 받았다. 숙소에 대기하고 있던 사업부 인력 몇몇으로부터 인사를 받고, 대충 짐을 정리한 후 응접실에 둘러앉아 현장 상황과 문제점 등에 대해 대화를 나누다가 밤 늦게 잠이 들었다.

숙소는 아침 6시 이전부터 부산을 떨더니 삼삼오오 SUV 승용차로 떠나는 인력과 버스에 오르는 인력들로 북적이다가 6시가 되면 숙소는 다시 조용해졌다.

첫날은 이들이 떠나는 모습을 다 지켜본 후에 현장으로 떠났다.

현장으로 가는 길은 도로 상태도 좋지 않지만, 무너질 듯 허술한 동네 집들이 다닥다닥 붙어 있는 농가 마을들을 지났다.

아침 물안개가 뿌옇게 피어오르는 새벽길은 여기저기 들녘이나 낮은 웅덩이 같은 곳에 아침 볼일을 보기 위해 물병을 들고 남정네들이 여기저기 모습을 보이기도 하고 이미 엉덩이를 까고 앉아 볼일을 보고 있기도 했다.

시골의 아침 풍경은 그렇게 시작되고 있었다.

추후에 안 사실이지만, 비가 많이 와 온 동네 사람들이 볼일을 보던 낮은 웅덩이에 물이 차면 아이들은 좋다고 수영을 하고, 아낙네들을 빨랫거리를 가져와 빨래를 했다.

그 모습을 보고 아연실색하지 않을 수 없었다.

시골 사람들의 순수함일까 아니면 청결 개념이 없어서일까?

아마도 인프라가 절대 부족한 현실에 순응하며 사는 것이 아닌가 싶다.

색다른 시골 풍경을 접하며 현장에 도착하여 보니, 새벽에 숙소를 떠난 직원들이 아침 식사를 하느라 분주한 모습들이다.

본사에서 얼굴을 보았던 낯이 익은 친구들도 있었지만, 대다수는 초면들이었다.

각 팀장들의 소개로 직원들과 일일이 악수를 나누었다.

소장과는 구면이었지만 성격이 내성적이고 고집이 세며 사회성이 아주 부족한 그런 친구로 기억하고 있었고, 그동안 나름 고생은 많았지만 필자의 부임에 상당한 반감과 본사에 불만을 품고 있던 터라 필자와의 인사는 형식적 악수 이외는 별다른 대화가 없이 끝나고 말았다.

사업주와의 인사는 현장 Patrol(순찰) 후 하기로 하고 사업부 인력 몇몇을 대동하고 현장 순찰이 시작되었다.

MC 4개월을 남긴 시점이면 웬만한 설치 공사는 마무리 단계이고 각종 테스트 작업인 배관의 수압 테스트, 설치된 기계 중 탱크와 Reactor, Vessel류와 같은 Stationary(장치류)에 대한 공기압 테스트 후 질소 봉입, 펌프, 터빈, 컴프레서 등과 같은 회전 기기에 대해서는 모터 방향 및 부하 테스트와 연동 테스트, 전기 케이블 메가 테스트, 계장 Loop 테스트 등이 사업주가 발행한 펀치(Punch, 설치 또는 제작 결함을 지적한 내용으로 수정 작업해야 하는 지적 사항)를 Killing(Punch 내용을 수정작업하고 끝내는 일을 말함)하는 작업을 해야 할 시점이지만 현장은 말 그대로 도떼기시장이었다.

설치되어야 할 기계류나 설비들이 입고가 안 되어 여기저기 이 빠진 상태였으며, 도로나 기계 장비가 설치된 지역에는 아스팔트나 콘크리트 로 Paving(포장)되어 있어야 하나 흙먼지가 날리고 있었고 지하 배관 공사도 마무리가 안 되어 여기저기 사방으로 땅이 파헤쳐져 있었으며, 전기나 계장 설치 작업들로 아수라장이었다.

머릿속으로 그리고 있었던 현장의 모습과는 너무도 차이가 많았고, 공기가 4개월이 아니라 5개월 이상 지연된 것으로 판단되어 '아'라는 비명이 절로 나왔던 것으로 기억된다.

더욱 나를 놀라게 한 것은 현장에 하루 동원 인력이 3,000명에 달해 명동 거리를 방불케 할 정도로 복잡할 뿐 아니라, 운송 트럭이나 크레인 이 이동하려면 하던 작업을 중지하고 교통정리를 해야만 이동이 가능할 정도로 현장 내 일의 저효율이 심각할 지경이었다는 것이다.

현장 내 포크레인도 1대 있기는 했으나 대부분의 땅을 파는 터 파기 작업은 곡괭이로 이루어지고 있었고, 밑에서 곡괭이질을 하면서 파낸 흙을 세숫대야에 담아 올리면 세숫대야를 들고 줄을 서서 기다리고 있던 5~6명의 아주머니가 자기 세숫대야를 던져 주고는 흙 담은 세숫대야를 머리에 이고 나르는 식이었다.

심지어 어린아이를 등에 업고 작업장에 나오는 사람도 있었고, 머리에 안전모를 쓴 작업자는 거의 없었고 심지어 신발도 없이 맨발인 사람도 눈에 보였다.

탄식이 절로 나왔다.

후에 안 일이지만, 주 정부의 권고로 포크레인보다는 극빈자들을 최대한 많이 고용하라는 압력이 있었고 주 정부의 등쌀에 못 이겨 현장에 나오지는 않지만 일당만 주어지는 일명 'Sleeping Labor List'가 있다는 것이다.

추후에 토목 공사 업체 대표를 불러 포크레인을 추가로 공급하고 안전을 위해 안전모와 안전화 지급할 것을 요구했으나, 지급하면 집에다 모서 놓고 신지 않을 뿐만 아니라 시중에 팔아 버리고 착용을 하지 않기 때문에 당사가 추가로 웃돈을 지불한다 해도 착용을 강요할 수 없다는 것이다.

이들과 최종 합의로 안전화는 아니더라도 신발은 꼭 신고 작업장에 올 것과 어린아이를 대동하지 않을 것을 약속받고, Sleeping Labor를 늘리면서 포크레인을 추가 투입하기로 약속받은 것으로 기억한다.

현장의 첫인상은 뒤통수를 한 대 맞은 듯 그저 한숨만 나올 뿐, 아무런 말도 할 수가 없었다.

큰 충격을 받고 마음을 진정시킨 후, 사업부 인력을 대동하고 공단 사무실에 있는 사업주를 만나러 갔다.

별로 반가워하는 눈치가 아니었다.

그동안 여러 차례에 걸쳐 본사 지원 인력이 나왔었고, 전혀 변화나 개선된 것도 없이 '또 한 놈이 인사 왔구나.' 하는 정도였다.

조달 담당 매니저만 그런대로 필자를 반기며 적극 지원해 줄 테니 잘해 보자 했고, PM인 B 선생은 담담한 눈치였다.

공장장은 설계 초기에 서울로 자신의 사업 인력을 파견 보내지 않은 것은 자신의 판단 부족으로 지연이 된 부분도 있지만, 전적으로 필자 회사의 사업 수행 능력에 대한 리더십이 부족 탓이라고 지적했다.

현장의 PM인 B 선생의 리더십 또한 문제라는 말도 잊지 않았다.

B 선생보다는 상관이고 보고를 받는 입장이지만 정년퇴임을 2~3년 앞둔 B 선생은 공장장에 대해 그다지 신경 쓰지 않는 눈치이며, 공장장도 PM을 무시하는 입장으로 때로는 서로가 언성을 높이며 다투는 것을 보면, 서로가 따로 일을 보는 듯한 인상이었다.

그렇게 사업주 키맨(Key Man)들의 사무실을 돌며 인사를 끝내고 사무실로 돌아오니 필자 앞에 놓인 현실에 무엇부터 해야 할지 손에 잡히질 않고, 현장의 모습만 눈에 아른거려 도저히 사무실에 앉아 있을 수가 없었다.

다시 현장으로 나가려 안전모를 쓰고 사무실을 나오니 사업부 직원 한 명이 따라 나오려 한다.

혼자 현장 순찰을 하며 좀 더 자세히 현장을 볼 테니 따라 나올 필요 없다고 이르고는 혼자서 오후 내내 현장을 돌며 무엇부터 풀어야 하는지를 곰곰이 생각하며 3~4바퀴 돌며 이 타워, 저 타워도 올라가 보았다.

그렇게 첫날이 지나가고 있었다.

2. 현장 운영 방안을 정립하다

PD, PM, CM의 역할과 책임

우선 PD(Project Director, 필자), PM(Project Manager), CM(Construction Manager, 소장)의 R&R(Role & Responsibility), 즉 역할과 책임을 정해야 혼선이 없고 한 방향으로 나아갈 수 있기에 PM은 설계와 조달에 책임을 지고 현지 인허가와 설계 변경 사항에 대한 Follow up과 기타 대사 업주 클레임에 대한 책임을 지는 것으로 하고, 소장은 현장의 공사에 대한 책임을 지고 일일 공정 회의(Daily Progress Meeting)를 주관하는 것으로 기존의 R&R과 큰 차이가 없지만, PM, CM 모두 PD에게 일일 보고를 하는 것으로 정했으며 일주일에 한 번 실시하는 주간 공정 회의(Weekly Progress Meeting)은 필자인 PD가 주관하되 PM, 설계, 조달 및 CM, 공정별 공사 담당자인 SI급 인력, 시운전 팀장, 공무팀장 과 총무팀장 등 전 조직의 리더급이 참석하는 것으로 정했다.

그리고 소장과는 아침에 간단히 차 한잔하면서 하루의 주요 추진 업무를 협의하고 서로 간 공유해야 할 사안들에 의견을 교환하는 시간을 갖기로 했지만, 지켜지지 않았다.

본인의 부임에 불만도 많았지만 공사는 자기 주관대로 추진하겠다는 의지가 강하고, 아침에 잠깐 필자의 방 문턱에 서서, 오늘 오후에 사업주를 만날 계획이라는 등 기자재가 입고되면 설치 예정이라는 등

한두 마디 던지고는 가 버리는 것이 전부였다.

소장의 비협조적인 태도는 대의를 위해 참기로 하고 소장의 권한도 보장해 주며 일을 성공적으로 이끌기 위해 조심스럽게 유도하려 했지만 물거품이 되어 버렸다.

최우선 과제 - 일의 효율화와 Traffic Management(교통 관리)

우선 최우선 과제는 현장의 일에 대한 효율을 높여야 한다는 생각으로, 지하 배관 매설 작업을 밤샘을 하더라도 빨리 끝내고 땅을 덮어 버린 후 콘크리트든 아스팔트든 포장을 끝내야 깨끗한 환경 속에서 작업을 이어 갈 수 있었다.

또한 하루의 추진 업무 중 우선순위를 정하고 이를 지키기 위해 토목, 건축, 철골, 배관, 기계, 전기, 계장 등 각 담당자들의 도로 및 특정 구역(Area) 점유 시간 등을 미리미리 정해 서로 간 일에 간섭해 중단되는 일이 없도록 협의하고 이를 지키는 것이 중요했다.

따라서 필자는 지하 배관 매설 작업(Underground Work)에 집중하면서 토목 담당자와 함께 토목 시공업체에 구역(Area)별 완료 일정에 대한 과제를 부여하고 그와 함께 인센티브를 걸고 지하 매설 공사 및 토목 공사의 조기 마무리를 위해 매진하게 되었다.

팀장들과의 대화 - 경청과 지시

현장 내 교통 관리와 일의 효율화를 위해 각 공종별 담당자들과의 협의가 잦아졌으며 특히 토목 및 지하 배관 공사 담당자와의 협의는 잦을 수밖에 없었다.

문제가 무엇인지, 무얼 도와주면 되는지, 왜 일의 진척이 안 되는지

묻고는 그들의 의견을 들어 보면 소신껏 일을 할 수가 없다는 것이다.

소장의 생각이 달라 토목이 지금 중요하지 않고 배관이나 타 공정이 중요하다는 이유로 일을 소신껏 추진하기가 어렵다고 호소한다.

타 공정 팀장들도 소장과 현장에 대한 불만은 매한가지다.

심지어 일을 포기하고 귀국하고 싶다는 직원이 있을 지경이다.

더욱이 필자가 PD로서 지시한 사항도 소장에 의해 무시당하고, 일이 중단되는 사례가 여러 차례 발생해 리더십에 심각한 문제를 유발하고 있었다.

이대로는 안 되겠다는 생각이고 역시 한 개의 성안에 성주가 둘일 수 없듯이, 한 현장에 소장이 둘일 수는 없는 것이다.

소장과의 충돌

현장에 부임 후 처음으로 일일 소장회의에 참석해 빈자리에 앉아 회의 내용을 경청해 보았다.

소장 주재 일일 공정 회의에는 토목, 건축, 기계, 배관, 전기, 계장 등 각 시공팀의 팀장 격인 SI(Super Intendent, 관리자) 및 공무팀장(현장 내 스케줄 및 예산을 담당하며, 하청 협력사 공정률에 따른 기성금 및 사업주 공정 보고서 작성과 기성금 요청 등 현장 내 기획 관리 부서)과 각 공종의 팀장 격인 리더들이 참석하여 그날의 일정, 서로 간 협조 사항과 공유해야 할 사항들을 협의한다.

하루 중 가장 중요하고 큰 미팅이다.

10~20여 명이 참석하는 미팅은 각 시공팀 간 소통의 장으로, 서로 자기 입장에서 하고자 하는 일들을 밝히고 협조를 요구하는 과정에서 서로 양보하고 협조해야 할 사항을 논의하고 결정해야 할 중요한 미팅

임에도 불구하고 쌍방향 소통은 없고 소장의 일방적 지시로 시작해서 SI들의 침묵으로 일관하는 살벌한 분위기 속에서 소장의 원맨쇼로 끝나고 말았다.

황당함을 따지기 전에 각 담당자를 불러 무엇이 문제인지, 무엇을 도와주면 일의 진행이 잘될 것인지, 왜 소장 회의에서는 침묵으로 일관하는지에 대해 물었더니 돌아오는 답이 그렇게 얘기하면 소장의 거친 욕설과 함께 모욕감을 주는 언사로 일축하니 그저 듣고 지시한 사항만 수동적으로 할 수밖에 없었다는 실망스러운 답이 돌아왔다.

현장의 일들은 소장 한 사람의 머릿속의 구상대로 수동적으로 움직일 뿐 일의 진행은 더디고 창의적 발상은 묵살되었으며 더 이상의 성공은 보이질 않았다.

소장은 리더로서 각 분야의 전문가들인 팀장들의 의견을 경청하고 존중하며 잘 듣고 난 후, 우선순위를 정해 모두가 잘 성취할 수 있도록 교통정리를 해 주어야 하는 것이 리더의 덕목임에도 혼자서 독불장군 식의 지시로 일관하고 있으니 현장이 잘될 리가 없었다. 공포의 리더십, CM과 PD 사이의 지시 사항 충돌로 인한 부하 직원들의 고충 그리고 거꾸로 가는 현장 운영으로 고민스러울 수밖에 없었다.

되도록이면 화합으로 모두를 껴안고 한 방향으로 가야 하는 것이 리더로서의 역할임에도 소장을 어찌해야 할지 고민스러웠다.

그날도 일일 공정 회의가 끝나고 나오는 토목 담당자에게 특정 지역 터 파기 작업을 마무리하고 금일중에는 꼭 흙을 덮어야 한다면서 기지시사항에 대한 확인 지시를 하였으나, 오늘 크레인이 통과해야 하니 그 지역에서 터 파기 작업을 중지하라는 소장의 강한 외침에 토목 담당자는 기가 죽고 만다.

PD인 필자의 지시를 무시하고 소장 자신의 지시를 따르라는 것인데, 내게 조용히 설득하려는 것이 아니라 다수의 직원들 앞에서 PD의 지시를 무시하고 자신의 지시를 따르라 고함을 지르는 소장을 보고, 더 이상 최고 책임자였던 필자의 리더십이 무너지는 것을 묵과할 수 없었다.

순간을 참지 못하고 몸을 날려 함께 엉키는 충돌이 일어나고 말았다.

소장을 무력으로 저지하고, 다시 구두 지시를 내리면서 무슨 일이 있어도 오늘 터 파기 작업 끝내고 흙을 덮으라고 지시하였다.

그리고 전 직원에게 명령을 내렸다.

금일 부로 현장의 소상의 식책은 박탈뇌고 부재하며, 본인이 소장을 겸하며 소장 주재 일일 공정 회의 주관은 물론 모든 소장의 업무는 PD가 겸임하는 것으로 공표하였다.

그로부터 소장은 모든 회의에 초대도 받지 못하였고, 지시를 따르지 말 것을 공표하였기에 지시할 입장도 되지 못했다.

공사 담당 리더 팀장들은 내심 무척이나 반기는 눈치였고, 사무실 내 분위기는 활기까지 돌았다.

3. 현장 운영 방안을 수정하다

소장 배제

이 일로 필자의 업무는 가중되었다.

소장의 업무를 빼앗아 왔으니 일인삼역을 해야 할 판이다.

소장은 그 일이 있은 후로는 필자 주재하의 일일 공정 회의에는 참석을 하였지만, 침묵으로 일관하고 현장에서도 지시도 없이 그저 현장의 평직원으로 전락하고 말았다.

PM의 현장 복귀

본사에 보고하고 귀국 조치를 시키게 되면 본인 인사상 불이익은 물론 심한 상처를 입게 될까 당분간 그대로 두기로 하고, 대신 뭄바이의 PM을 현장에 복귀시켜 업무 효율을 높이기로 하였다.

일일 공정 회의에 PM도 참석하도록 하여 모든 기자재의 입고 현황을 모든 직원이 공유하여 공사 스케줄에 반영할 수 있도록 하였고, 모든 공종별 팀 리더들이 자유롭게 자신의 일일 업무 일정과 요구 사항을 자유롭게 발표하고 서로 간 조정을 하기도 하였으며, 충돌 시에는 필자가 교통정리를 해 주는 식으로 운영이 바뀌자 모두가 신바람 나는 화기애애한 회의가 되었다.

우선 급한 일부터 끄고 보자는 식으로 지하 배관 작업, 터 파기와 흙 덮기 작업의 조기 마무리와 현장 내 교통 관리에 중점을 두었지만, 하루빨리 전 직원 공동의 일정을 가지고 하나의 목표를 향해 일사불란하게 일을 추진할 수 있도록 워크숍을 통해 '100 작전'을 수립해야겠다는 생각이 떠나질 않았다.

Daily Night Time Meeting - 숙소 회의

일일 공정 회의는 각 공정별 팀 리더들인 SI들이 일일 공정 회의 내용을 바탕으로 하청 협력사의 소장들과도 협의하고 그 내용을 공유하여 현장 업무를 지휘 감독해야 하므로 매일 핵심적인 부분만 의견 교환을 하고 1시간 내에 마쳐야 한다.

그러니 직원들과 충분히 협의할 시간적 여유가 없었다.

하지만 직원들과는 협의해야 할 사항과 듣고 싶은 속마음이 무엇인지 등 하고 싶은 대화는 무지 많았지만, 모두가 바쁜 현장에서 이들의 시간을 마냥 빼앗을 수는 없었다.

이런 이유로 마련한 것이 'Daily Night Time Meeting'인 것이다.

각 공종별로 공종 리더인 SI 팀장과 팀의 주요 인력 서너 명을 필자의 방으로 초청하여 업무를 끝낸 후 숙소의 자유로운 분위기 속에서 9시부터 11시까지 회의를 하는 것으로, 때로는 12시까지 이어지곤 했다.

자유로운 분위기를 연출하기 위해 양주 한 병과 간단한 안주를 준비하라 지시하고, 토목, 건축, 철골, 기계, 배관, 전기, 계장, 시운전 등등 필자는 매일, 담당 팀원들은 돌아가면서 7~10일에 한 번씩 숙소 회의를 하는 것이다.

원래 '구자랏'주는 마하트마 간디가 태어난 주로, 금주가 법으로 되어 있으나, 외국인에 한해서 허가된 알코올 판매 업소에서 일주일에 한 번씩 구입할 수가 있기에 비교적 값이 싼 현지 로컬 양주를 사 두었다가 이용하곤 하는 것이다.

회의 내용은 몸이 불편한 곳은 없는지 같은 내용으로 시작하여 무엇이 문제인지, 왜 공사 진척이 안 되는지, 내가 무엇을 도와주면 되는지, 공기를 맞추려면 좋은 아이디어는 없는지 등등 허심탄회했으며, 말미에는 이 프로젝트는 꼭 성공할 것이며 우리는 할 수 있고 보너스 타고 귀국할 것이라는 격려도 잊지 않았다.

처음에는 어색해하고 어려워했지만, 거듭할수록 요구 사항도 나오고 좋은 아이디어도 나오고 정말로 유익하고 서로 간에 정이 싹트는 그런 가족 같은 모임이 되었다.

현장 조직 개편

공사 현장의 원가 관리와 스케줄 관리는 공무팀장이 맡아서 하는데, 각 공종별로 팀장 격인 SI들이 하청 협력사 월간 공정률과 기성을 사정해서 확정하게 되면 이를 반영하여 공무 팀에서는 하청 협력사의 월 기성금을 확정하고, 대사업주에게도 공사 Progress Report와 기성금을 작성 신청하게 되는 중요한 직책이다.

그동안 사업팀에서 맡아 오던 자리를 공사팀 소속 직원으로 교체하고 현장의 공사 현황 및 현안에 따라 조직을 수시로 바꾸어 갔다.

현장의 상황은 하루가 다르게 변해가고 있는데 현장 조직을 초기 모습 그대로 가져갈 수는 없고, 토목 공사가 줄어들면서 철골이나 배관 공사가 피크를 이루게 되면 가급적 본사의 인력 지원 없이(인력 지원 요청 시 상당 시일 소요됨) 가용 인력의 재배치를 비롯하여 현지에서 현지 임시직을 고용하여 수시로 변하는 조직 개편을 단행하였다.

때로는 철골이나 하자 보수 작업 직영팀을 만들어 운영하기도 하고, 핫 오일용 Oil Drum 5,000통을 날밤을 새워 가며 48시간 내에 로딩(Loading)하기 위해 20여 명으로 임시 조직된 오일 드럼 돌격대와 촉매제인 캐털리스트 로딩(Catalyst Loading) 시에는 로딩 전담팀을 조직하여 운영하기도 하였다.

하루의 일과

현장 소장을 겸임하면서 하루는 24시간으로도 부족할 지경이 되었다.

아침 새벽 5시에 현장으로 출발하여 혼자 현장 순찰을 돌면서 지적 사항이나 금일 추진 사항을 머릿속에 정리하고, 소장으로서 주관하는 일일 공정 회의를 주관하고 일과를 시작한다.

일과 중에 중점 관리 사항을 위해 세 번의 현장 순찰을 실시하였고, 간헐적이긴 하지만 대사업주 미팅, 때로는 하청 협력사와의 미팅 외에 관공서나 델리 본사 사업주의 PM인 J 선생과의 통화도 자주 있었고, 저녁 식사 후에는 배관이나 철골 등 그날의 주요 공정이었던 팀과 그날의 작업 결과 및 명일 추진 내용에 대해 협의를 한다.

이렇게 하루를 보내고 숙소로 퇴근을 하면 8시를 넘기고 숙소에서 샤워를 한 후 다시 또 Daily Night Time Meeting이 이어져 잠자리에 들기까지 미팅을 끝내면 다시 새벽 5시에는 출근을 한다.

이렇게 부지런을 떨며 현장의 상황을 속속들이 파악하다 보니, 직원들도 거짓 보고를 할 수 없었고, 예전과 같이 하루하루를 게으름으로 지시에 의한 수동적 일과를 보낼 수가 없었다.

그렇게 하루하루 부족한 시간을 메우기 위해 매일 아침에 행하는 일일 공정 회의의 장소를 사무실에서 현장으로 바꾸어 버렸다.

사무실과 현장 오가는 시간을 줄이고 직원들과 현장의 상황을 같이 느끼고, 같이 의사 결정을 할 수 있도록 일일 공정 회의를 회의실이 아닌 현장에서 서서 하는 회의로, 즉 'Standing Daily Progress Meeting'으로 바꾼 것이다.

새벽에 필자가 5시에 출발하여 5시 20~30분쯤 현장에 도착하면 혼자 현장 순찰을 한 후 사무실로 들어가지 않고 현장에서 기다리다가 SI들이 식사를 마친 후 현장에 도착하면 함께 현장 순찰을 돌면서 현장에서 서로 간 의견 교환하고 의사 결정을 바로바로 하는 것이다.

그렇게 현장을 돌면서 때로는 30~40m 높이의 타워 꼭대기에서, 때로는 터빈 하우스 내에서 또는 히터 작업 현장 내부에서 둥그렇게 돌아서서 아침 미팅을 하는 것이다.

공무팀장은 둥그렇게 서서 하는 미팅 동안 내용을 메모했다가 사무실에서 다시 회의록으로 서면 작성하여 전 직원에게 회람시킨다.

그렇게 서서 돌아가면서 자신의 금일 추진 일정과 협조 사항을 언급하고, 필자가 지시 사항을 전달한 후에는 주변의 쓰레기들을 줍고 해산하는 것이다.

이렇게 Standing Daily Progress Meeting으로 바꾸고 보니 시간이 절약되고, 각 공종 서로 간의 이해가 명확해지고 현장에서 바로바로 의사 결정이 이어져 본인들도 만족하고 또한 회의 후 주변 쓰레기 청소를 하면서 마무리를 하니 우리 직원들은 물론 하청 협력사 직원들에게도 솔선수범의 자세를 보여주게 되어 현장이 더욱 활기를 띠고 속도가 붙게 되었다.

그런데 현장에 갑자기 '비타민 C 소동'이 생겼다.

직원들이 필자의 체력에 의구심을 갖기 시작한 것이다.

철인도 아니고 새벽에 나와 땀범벅에 하루 세 차례 현장 순찰을 거르지 않고 밤에 양주 한 병에 야간 숙소 미팅까지. 더군다나 일요일에는 직원들은 2주에 한 번씩 쉬게 되는데 일요일에도 혼자 사무실에서 본사 보고서 작성 및 차주 주요 일정 정리 등 단 하루도 쉼 없이 일에 전념하는 것을 보고는 무슨 명약이 있지 않고서는 배길 수 없을 터인데 무슨 보약을 먹길래 저렇게 철인과도 같을까 해서 필자 모르게 필자의 사무실 책상을 뒤졌는데, 책상 속에서 나온 것은 기대와는 달리 수북이 쌓여 있는 비타민 C였던 것이다.

총무팀장에게 우리도 비타민 C를 먹게 한국에 주문해 달라고 요청을 하게 된 것이다.

이에 총무팀장에게 비타민 C는 본인이 수년 전부터 영양제로 먹던 것이나 이왕 준비할 바에는 직원들에게는 종합 비타민제를 구입해서 보급해 주라고 지시하였다.

그것이 현장의 비타민 C 소동이었다.

4. 하청 협력사와 담판을 짓다

기계 및 배관 공사 업체와의 담판 - A 사

하청 협력사는 토목과 건축 공사 업체, 기계, 배관 그리고 철골 공사 업체, 전기 및 계장 업체 외에 보온 도장 업체와 기타 특수 공사 업체로 10여 곳 이상이었으나 그중에도 기계, 배관 및 철골 공사 업체인 'A 사'는 공사 규모, 계약 규모 및 인력 동원 규모 등 모든 면에서 가장 큰 영향을 미치는 핵심 하청 협력사였다.

아직도 현장은 명동거리를 방불케 할 정도로 복잡하고, 동원된 크레인 3대(150톤 및 75톤, Crawler Crane - 철제 궤도 바퀴 장착 크레인, 75톤 Hydraulic Crane - 타이어 바퀴 유압 크레인)를 서로 쓰려고 각 지역별로 아우성이었고, 시간대별 이용 시간을 협의했더라도 이동 시간을 고려하면 지독히 비효율적인 운영이었다.

타워 크레인을 설치하여 전 지역을 커버할 수 있었으면 효율적이겠으나, 타워 크레인으로 커버할 수 있는 용량이 아니고 현장 여건상 설치할 수도 없었다.

대형 크레인을 추가로 투입하여 크레인은 움직이지 않고 전 지역을 커버할 수 있도록 해야만 효율적인 운영이 가능하고 또한 스케줄을 획기적으로 당길 수 있다는 판단이 들었다.

또한 조만간 히터 내부 및 상부 Convection Area(히터의 열효율을 높이기 위해 히터 상부에 핫 오일 튜브를 좌우로 길게 배열하는 공간)에 핫 오일 튜브를 설치하기 위해서라도 대형 크레인이 추가 배치되어야 할 판인데 A 사 측은 공정률 대비 손익에 영향을 주는 추가 원가 투입을 철저히 거부하고 있는 상황이라 여러 차례 요구에도 불응하고 있던 터였다.

협력사를 방문하여 사장과 담판이 이루어졌다.

크레인 추가 공급해 달라는 요구에 공사가 적자이고 추가 원가 투입은 절대 안 된다는 초강경한 입장이었다.

여러 차례 현장 상황 설명과 함께 대형 크레인이 절대 필요하다는 요구에도 인건비가 몇 푼 되지 않는 추가 인력 동원은 고려해 보겠다는 입장만 반복할 뿐이다.

회의 도중 기계 담당 SI와 통화를 통해 추가로 필요한 크레인과 중장비 대여 업체를 통해 임대할 경우 1개월 임대료 및 운영비를 확인하고, 공무팀장과도 예산을 추가로 확인한 후 마지막 제안을 던졌다.

180톤 Hydraulic Crane을 우리 경비로 현장에 3개월 이상 끝날 때까지 무상 공급할 테니, 이를 이용해 공사 공정률도 올리고 공사를 조기 끝내면 A 사 측도 원가 절감과 함께 손익이 개선되어 이익을 남길 수 있으니, 450톤 Crawler Crane을 히터 설치 공사 완료 시까지 만이라도 공급해 달라는 제안에 사장도 잠시 회의를 뒤로하고 자신의 직원과 전화로 한참을 통화한 후에 기꺼이 승낙하게 되었다.

이로써 추가로 2대의 대형 크레인을 확보함에 따라 현장 내 크레인 이동 없이 한 장소에서 각 크레인이 기계 및 배관 설치 공사를 효율적으로 수행할 수 있게 되었다.

정말로 획기적인 일이었다.

공사가 조금은 한적한 일요일을 기해 크레인 붐 대, 무한궤도 바퀴,

몸체 등 20여 대의 트레일러에 나뉘어 현장에 이송한 후 이틀간에 걸쳐 조립을 하고 보니, 현장은 크레인과 인력으로 꽉 찬 느낌이었다.

이로서 3,000~3,500여 명의 인력 동원에 5대의 대형 크레인으로 전 현장에서 숨 가쁘게 움직이게 되었다.

Heavy Crane Arrangement Plan

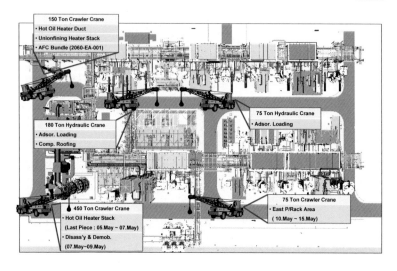

Reactor & Column 공급 업체와의 담판 - B사

B사는 인도 내 대형 저장탱크, Column, Reactor 및 열 교환기 등과 같은 대형 구조물을 제작 공급하는 업체로 인도 굴지의 그룹으로서 필자 회사 와도 여러 차례 공급 관계를 이어 오며 협력 관계에 있다.

L Project에도 Reactor를 비롯 다수의 Column을 공급하기로 되어 있는 아주 중요한 벤더였다.

다수의 Column이 공장에서 성공적으로 검사를 마치고 출하되었다는 보고가 있었고, 현장에서 가장 중요한 Reactor(직경 4.0m×높이

20.0m 초대형 반응 로) 출하를 앞두고 이유 없이 계속 출하가 지연되고 있다는 보고가 있었다.

현지 출장 지원을 나가 있는 검수 담당자는 각종 검사 및 수압 테스트 가 성공적으로 마무리되고, 현장으로 출하하기 위해 트레일러에 싣고 있는 것을 확인한 후에 철수했다고 보고했고 왜 출하가 지연되고 있는지는 확인이 안 되고 있었다.

조달 담당자 및 델리 지점장 등 가용한 모든 인력을 통해 확인을 해보니 잔금 지불이 있어야 출하가 가능하다며 부사장 지시로 출하가 정지된 상태라는 것이다.

계약서에 따르면 잔금은 현장 입고 후 설치 검사가 끝나고, 관련 서류가 모두 제출된 후에 지불하는 것인데 지난번 수행했던 프로젝트에 묶여 있는 잔금을 포함해서 지불을 요구하고 있으며 당사의 최고 책임자가 오기 전에는 그 누구도 면담을 하지 않겠다는 입장이라는 보고를 받았다.

급히 델리의 지점장을 뭄바이 B사 공장으로 오라고 지시하고, 필자도 한시가 급한 시기에 갑갑한 마음으로 뭄바이행 비행기에 몸을 실었다.

B사 측 부사장과 담판이 이루어졌다.

양복을 단정히 빼입고 넥타이까지 깔끔하게 맨 훤칠한 키의 50대 중년의 남자가 합리적이지도 않고 황당한 고집만 부리고 있었다.

지난번 프로젝트에서 기자재 납품하고 받지 못한 잔금과 이번 Reactor 계약 관련 잔금을 포함해서 선지불해야만 출하가 가능하다는 으름장이었다.

지점장 말에 따르면 지난번 프로젝트는 B사 측의 공급 지연과 잘못으로 필자 회사도 사업주로부터 잔금도 못 받고 페널티를 받았다는 것이다.

프로젝트별로 해결해야만 하고, 본 L 프로젝트 건으로는 본인 책임하에 현장 설치 후 이상이 없을 경우 잔금을 100% 지불하겠다는 확인서를 써 줄 테니 우선 출하부터 해 달라고 요구해도 막무가내식이었다.

지난번 프로젝트의 잔금을 일부 지불하고 조정하는 방안을 지점장에게 확인하고, 제안을 해 보았지만 통하지 않았다.

필자 회사의 사업주는 이들 B사에게도 대사업주이면서 영원한 고객일 수밖에 없다는 사실을 잘 알고 있기에, 사업주 사장을 끌어들일 수밖에 없다는 결론을 내리고 최후의 통첩을 던졌다.

"본 L Project는 사장이 직접 산업자원부 장관에게 보고하는 중요한 프로젝트로, L 프로젝트 공장에 가장 중요한 Reactor가 납품되지 않아 발생하는 모든 책임은 B사에 있으며, 우리는 계약서에 준해 성실히 임해 왔으나 B사가 납품을 거부하고 있으니, 이 사실을 사업주 사장에게 보고하고 우리는 더 이상 Reactor를 받지 않겠다.

내가 저 문을 통해 나가는 순간부터 무슨 조건으로도 Reactor를 받지 않겠으니, 다른 곳에 팔든지 B사가 영원히 소유하라." 이 말을 끝내고 부사장이 지켜보는 가운데 지점장에게 사업주 사장에게 전화를 넣으라고 지시하였다.

지점장이 핸드폰의 다이얼을 누르려는 순간, 부사장의 얼굴이 흙빛으로 변하더니 이내 손사래를 치며 전화 거는 것을 만류하는 것이 아닌가.

본인도 체면이 있었던지 추후 Reactor에 이상이 없을 경우, 잔금을 보장한다는 확인서를 써 주겠다는 이전의 필자 제안을 받아들이면서 우여곡절 끝에 Reactor는 현장으로 향하게 되었다.

Over Head Heat Exchanger(상부 열 교환기) 공급 업체와의 담판

O/H 열 교환기는 여러 가지 사이즈가 있으나 대충 5m×5m 크기의 사각 틀에 튜브가 지그재그식으로 연결되어 있고, 자동차 라디에이터처럼 튜브 외부에 접촉 면적을 넓히기 위해 핀이 달려 있고 하부에 선풍기처럼 팬을 돌려 튜브 내부에 흐르는 주원료의 온도를 낮추어 주는 역할을 하는 것으로, 수십 기의 교환기가 여러 가지 재질로 공급하게 되어 있다.

이 업체는 한국의 에이전트사에게도 중개 수수료(Agent Fee)를 주지 않고 적자로 돈이 없어 제작을 못 하겠다는 식으로 핑계를 대고 납품 일정을 지연시키는 악덕 업체로 보고받았다.

그동안 기성금을 풀어 가며 회유하고 설득해 가며 기자재를 납품해 왔지만, 마지막 최고 온도에서 견디는 가장 고가 재질로 만들어진 교환기의 납품 일정을 앞두고 B사와 마찬가지로 잔금 지급부터 하라고 으름장이었다.

아무리 설득해도 좀처럼 협조적이지 않고 실랑이를 벌이던 차에 사업주 사장으로부터 전화가 왔다.

이 업체는 B사와는 달리 거꾸로 국회의원인 정치가가 압력을 넣어 사장을 움직인 것이다.

그동안의 히스토리와 현 상황 그리고 계약서 규정을 상세히 설명하고, 잔금 5%가 남아 있는 상황인데 이를 지불하고 나면 추후 하자 발생 시 더 큰 문제가 야기될 수 있음을 언급하고 오히려 압력을 넣어 도와달라고 호소하였다.

사업주 사장도 답답하기는 마찬가지였다.

상부로부터 내려온 압력이라 도와줄 수밖에 없는데 어찌하면 좋겠

냐는 식이다.

일단 계약 금액의 5%인 잔금 중 3%를 풀어주고, 2%는 끝까지 보류하는 것으로 제안하여 합의를 보고 최종 현장에 입고되었다.

추후 이 업체에게는 2% 잔금을 받기 위해서는 계약서에 언급된 내용의 확인서 외에 한국 Agent 사에 Fee를 송금했다는 은행확인서를 첨부하라고 했다.

Agent Fee를 포기하고 있었던 한국 Agent 사가 깜짝 놀라 당사로 찾아와 감사의 말을 전한 에피소드는 아직도 필자를 웃음 나게 한다.

5. 사업주 사장과
사업의 성패를 가르는 담판을 짓다

델리에서의 월간 공정 회의(Monthly Progress Meeting)

현장에 부임한 지 한 달이 지나고 월간 공정 회의가 개최되었다.

회의 자료로 배포될 Monthly Progress Report는 새롭게 목차를 바꾸어 월간 주요 작업(Activities), 전체 계획 대비 공정률(%), 각 공종별 계획 대비 공정률(%), 문제점 및 차월 추진 계획 이외의 지연 원인과 대책 그리고 협조 사항을 추가하였다.

현장에서의 회의는 공장장을 비롯하여 사업주 PM과 각 공종별 리더들이 참석하였고 필자의 회사 또한 필자를 비롯하여 PM, CM 그리고 각 공종별 SI급 팀장 등 30~40여 명이 참석하는 대회의였다.

문제의 원인과 대책 그리고 협조 사항을 발표할 때에는 양사가 서로 상대에게 잘못이 있었다는 핑계와 책임 회피로 때로는 고성이 오갔다.

필자 회사에서는 사업주의 검사가 제때 이루어지고 빠른 검사로 후속 공정을 이어 갈 수 있도록 협조해 달라고 요청했고, 제조 업체에서 검사한 항목을 다시 현장에서 추가 검사를 제외하자고 요청했다.

반면 사업주 측에서는 현장의 상황이 검사할 상태도 아니고 완벽한 시공 완료가 되어야 검사가 가능하다는 주장을 해 서로가 이견을 보이며 씩씩거리는 식이었다.

이렇게 현장에서의 월간 공정 회의가 끝나면 델리로 이동하여 델리 본사 사업주의 고위 임원들을 모시고 다시 PT와 함께 월간 보고를 행하는 식이다.

그동안 델리 PM인 J 선생은 필자의 일거수일투족을 실시간으로 보고 받고 있던 터라, 필자의 행적에 대해서는 잘 알고 있어 나름 필자에 대한 신임을 쌓아 가고 있었던 듯하다. 그동안은 PM, CM, 공무팀장과 각 공종별 팀장 격인 SI들로 10~15명 이 비행기를 타고 델리로 이동하여 바쁜 시간임에도 이틀씩 소비하며 월간 공정 회의에 참석해 왔으나, 필자 혼자 델리 월간 공정 회의에 참석하는 것으로 바꾸었다.

경비도 경비지만 무엇보다도 바쁜 시기에 사업주 보고를 위해 그 많은 인력이 현장에서 이탈한다는 것은 무의미하며, 돈이나 시간적으로 낭비일 뿐이라 생각했기 때문이다.

필자를 본 J 선생은 무척이나 반기는 눈치다.

그러고는 이내 얼굴을 붉히며 역정을 내는 것이 아닌가?

이 중요한 미팅에 PD 혼자서 왔냐고 말이다.

이곳 참석자들은 현장 실무자인 참석자들보다 더욱 높은 고위 임원직으로 PM인 자신보다도 직급이 높은 임원들로서 사장에게 보고가 되는 중요 미팅이라며 화를 내는 것이었다.

당사는 델리 지점장과 현지 영업 담당 과장을 포함하여 3명이 참석하였고, 사업주는 J 선생과 대다수 초면인 임원들로 약 10여 명이 참석하였다.

J 선생의 얼굴이 일그러지며 어쩔 줄 몰라 하던 표정이 지금도 생생하다.

그렇게 월간 공정에 대한 필자의 PT가 시작되었다.

중간중간 질문이 이어졌고 상세한 답변이 이어졌다.

각 공종별 현장의 상세 내용까지도 질문이 있었고, 특히 J 선생은 필자를 곤경에 처하여 다음부터는 공종별 담당자들을 대동하고 참석하게 하려고 일부러 현장 내의 본인만 아는 사항에 대해 아주 상세한 질문까지도 쏟아 냈다.

답변은 조금도 망설임이 없었다.

델리 지점장과 현지 영업 담당 과장도 놀라는 눈치다.

PT 자료 기안도 필자가 했을 뿐 아니라, 현장을 그리도 싸돌아다녔으니 굴러다니는 돌멩이도 아는 처지이고 보니 거침없는 답변이 이상할 리가 없었다.

계장의 압력계, 온도계, 레벨 게이지 등 Instrument가 총 몇 개며, 이 중 몇 개가 설치되었고, 몇 개는 불량품으로 교체 대상에 있고, 몇 개는 설치 후 파손을 우려하여 설치 보류 중이라는 식으로 상세히 답변하니 기가 질릴 수밖에 없었다.

J 선생의 놀라는 표정과 함께 감탄의 소리가 여기저기서 터져 나왔다.

예전의 미팅에서는 담당자들도 답변을 못 해 다음번에 또는 현장에 돌아가서 확인 후 답변하겠다는 대답이 비일비재하였는데, 어떻게 PD 혼자서 모든 공종의 업무 사항을 다 꿰뚫고 있고 순간의 망설임도 없이 답변을 할 수 있다는 말인가.

참석자 모두가 필자의 말을 신뢰하고 있음을 느낄 수 있었고, 긍정의 표시로 고개를 가로저으며 필자의 답변에 귀를 세워 경청하는 모습이었다.

PT 말미에 필자의 사업주 협조 사항에 대해서는 그 자리에서 누구도 확답할 수 있는 처지는 아니었지만, 모두가 공감하는 긍정의 분위기로 변해 있었다.

그렇게 델리에서의 월간 공정 회의는 신뢰를 회복하는 자리인 동시에, 프로젝트가 제대로 흘러간다는 긍정의 신호로 사업주로부터 협조를 끌어낼 수 있다는 희망의 신호탄이기도 하였다.

그 뒤로는 델리 월간 공정 회의에는 필자와 델리의 지점장 그리고 영업 담당 과장 3명이 참석하는 것으로 정례화되어 버렸다.

사업주 사장과의 담판

델리에서의 월간 공정 회의가 끝나면 이어서 사업주 사장과 면담이 이어지도록 지점장이 사전에 예약을 넣어 둔 관계로 매월 미팅 때마다 자연스레 면담이 이루어졌고, 이 소문이 사업주 내 전 직원에 알려지게 되었다.

필자에 대한 사업주 내 존재감이 크게 부각되는 계기가 되었다.

첫 면담에서 필자의 손을 잡으며 꼭 제품 생산 일정을 맞추어 달라던 사장의 간절한 얼굴이 면담이 이어질수록 필자에 대한 강한 신뢰감으로 변해 가고 있음을 실감할 수 있었다.

필자의 일거수일투족을 면밀히 감시 보고받고 있는 J 선생으로부터 필자에 대한 신뢰와 현장의 변해 가는 모습을 보고 받고 있는 터라 신뢰가 쌓여 가고 있음을 알 수 있었다. 필자에 대한 신뢰를 확신한 후 사장과의 세 번째 면담에서 필자의 본심을 드러내 보이며 협조를 요청했다.

계약서상 당사는 6월 15일 MC, 즉 기계적 준공을 마쳐야 하는데 그동안 양사 간의 리더십 부족으로 이는 현실적으로 어려우며 당사가 기계적 준공을 위한 잔여 업무만 추진하는 경우에는 8월 15일 시제품 생산 일정을 결코 맞출 수가 없다.

따라서 지금부터는 기계적 준공을 위한 잔여 업무와 시제품 생산을 위한 시운전 업무를 병행해서 추진해야 한다.

모든 초점을 시제품 생산 일정에 맞추어 수행할 테니, MC 일정 미준수에 따르는 페널티 부과는 없어야 하며 MC 일정 또한 연장되어야 함을 강조하였다.

이에 대해 사업주 사장은 당사의 목줄은 MC 일정에 달려 있음을 알고 있기에 이를 이용하려는 것이 사업주 측 입장이므로 검토해 보겠지만, 일단은 모두가 시제품 생산 일정에만 전념하자는 식으로 필자의 요구에 끝까지 확답을 주지 않았다.

두 번째 요구 사항은 시운전 생산 시 중간 제품인 'P' 물질 20톤을 무상 공급해 주면, 공정상 Front End, Back End 동시에 시운전을 추진하여 1개월을 당길 수 있으니 도와달라는 것이었다.

원래는 원료인 'K' 물질을 공급하면 시운전을 통해 Front end 공정 1개월 가동 후에 중간제품인 'P' 물질을 얻고, 이를 Back end 공정을 통해 1개월 후 최종 제품을 생산하게 되어 총 2개월이 소요되는 일정이었다.

필자의 간절한 요청에 사업주 사장은 가격이 만만치 않은 'P' 물질 20톤을 흔쾌히 구입해 제공해 주기로 하였다.

세 번째 요구 사항은 라이센서인 미국의 'U' 사(미국의 'U' 사 기술로, L 프로젝트 공장을 짓는 경우였음) 슈퍼바이저를 조기 투입시켜 달라는 요구였다.

원래 공사가 끝나고 Punch Clear 작업이 마무리되는 단계에 최종 U 사 기술자 3~4명이 최종 점검을 하면서 U사 측 Punch를 발행하게 되는데 이 또한 상당한 작업 물량으로 추가로 1~2개월이 소요되기도 하는 작업이다.

이들의 공장 준공에 대한 합격 선언, 즉 자기 원천 기술대로 공장이 건설되었다는 최종 확인이 있어야 원료 투입이 가능하고 이들과 안정적으로 시운전이 되어 생산이 정상화될 때까지 함께하기에, 이들의 최종 공사 감리(Supervisory) 업무가 스케줄에 상당한 영향을 주기 때문에 조기 투입을 요청하게 된 것이다.

사업주 입장에서는 Supervision Fee뿐 아니라 이들의 일당과 숙박 등 모든 생활비를 지불하는 입장이라 상당한 금액의 추가 부담이 되어 부정적 입장이었지만 필자의 시제품 생산 일정에 대한 열정과 그들의 간절함에 동의하지 않을 수 없었다.

하지만 문제가 생겼다.

U사 측에서 조기 투입이 어렵다는 입장을 표명해 왔기 때문이다.

U사 측 인도 지점에 근무하는 담당 직원이 현장을 방문하고는 현장 상황에 대한 본사 보고 후, 현장이 아직 공사가 마무리 안 되었을 뿐 아니라 슈퍼바이저(Supervisor) 파견 시점이 아니라는 것이다.

이들에 대한 설득 작업이 시작되었다.

국제 전화를 수차례에 걸쳐 실시하며 설득을 하였지만 그래도 안 된다는 입장이었다.

결국 사업주 사장이 나섰다.

장관의 목이 달린 프로젝트이니 현장이 공사가 다 끝나지 않아 Supervisory 업무 수행 시점이 아니더라도 같이 감독 업무를 미리미리 하여 일정을 당겨 보자는 요청에 결국은 우리의 청을 들어주게 되었다.

마지막 요청은 인도 법인의 자금 사정이 안 좋아 현지 제조 업체에 자금 지불이 늦을 수 있기에 이들의 납기 지연으로 공기에 영향을 줄 수 있어 선자금 지원을 요청하였다.

달러 지불금은 기존대로 지불하기로 하고, 현지 업체에 지불해야 하는 현지화 루피 지불금에 대해서 기성과 무관하게 그때그때 업체가 제품을 제때 납품할 수 있도록 납기 시점에 해당 잔금만 선 지불하기로 하고 매달 말 당사 기성금에서 제외하기로 협조받았다. 사업주 사장과의 담판은 몇 달에 걸쳐 당사 요구 사항을 모두 협조받기로 가닥을 잡았고, MC 일정 연장 요청에 대해서만은 끝내 확답을 못 받았다.

그대로 시제품 생산 일정이 실패로 끝나면 MC 지연에 따른 페널티 등 모든 리스크를 떠안게 되므로 현장은 그야말로 활기와 함께 불꽃 튀는 전쟁터를 방불케 했다.

6. 공기단축을 위한 전략, 기적을 이루다

100일 작전 수립과 워크숍

현장에 대형 크레인이 추가 동원되고 하루 3,000~3,500여 명의 인력이 투입되다 보니 현장은 장비와 인력으로 꽉 들어찬 모습이지만, 그래도 장비의 이동 없이 작업이 이루어지니 효율적이고 작업 진척도인 공정률이 눈에 띄게 개선되고 있었다.

지난 2년 가까이 MC 달성에 초점을 맞춘 모든 스케줄을 8월 시제품 생산 일정으로 초점을 바꾸고 새롭게 추진하기 위해서는 각 공종별, 팀별 목표 달성을 위한 공감대를 형성하고 상호 간에 협조 사항과 일의 선 후 공정을 정리하고 이에 대해 모두가 이해하고 공감대를 형성해야 하기에 워크숍을 실시하고 잔여기간 100일 동안의 작전을 수립한 후 마지막 도전을 해야 한다는 생각이었다.

우선 시운전팀을 모아 놓고 8월 15일 제품 생산을 위해 시운전 스케줄을 작성하고, 그 스케줄에 따라 시운전을 수행하기 위해서 기계, 배관, 전기, 계장 등 각 공종별 사전에 일을 언제까지 어떤 상태로 끝내주어야 만하는지 요구 사항들을 일일이 나열하도록 하였다.

이를 근거로 공무팀장과 머리를 맞대고 프로젝트 전체 일정이 보이는 마스터 스케줄을 작성하였다.

각 공종별 전 팀의 일정이 반영된, 비록 상세하지는 않지만 각 공종별 Key Issue, 즉 시운전을 수행하기 위해서 필히 일정을 맞춰 주어야 하는 핵심 작업 일정에 대해서 명시되어 있는 일종의 바이블인 셈이다.

이 마스터 스케줄을 전 팀에게 배포하고 3일간의 일정을 주고 휴일인 일요일, 전 직원이 참석하는 워크숍에서 마스터 스케줄에 맞는 각 팀별 상세 스케줄을 작성·발표하고 발표된 일정을 준수하기 위해서 타 공종으로부터 지원을 받아야 할 사항 또한 모든 직원 앞에서 발표하기로 하였다.

워크숍 장소는 숙소로 사용하고 있는 호텔 내 연회석을 빌리기로 하였고, 일요일 현장은 안전요원만 배치 감독하라고 지시하고, 뭄바이에 상주하는 직원들을 포함하여 전 직원이 참석하는 워크숍을 하루 종일 실시하였다.

각 팀별 발표가 있고 나면 연관 공종인 타 팀으로부터 요구 사항이나 일정을 조정해 달라는 요청 사항들이 발생하게 되고 이들에 대한 협의를 거친 후, 마지막으로 필자의 강평으로 각 팀별 스케줄을 확정하게 된다.

이렇게 워크숍을 통해 모든 직원이 공감대를 형성하고 100일 작전을 돌입하게 되니 직원들에게 비장함이 비치기까지 했다.

그렇게 하여 현장에는 현수막이 처지고, 출퇴근 버스 운행 시간이나 일일 공정 회의 일정도 조정되어 운영되며 100일 작전이 시작되었다.

하청 협력사 초청 강의

그렇게 100일 작전이 시작되었지만 정작 공사를 추진하는 하청 협력사가 따라 주어야 하지, 이들이 비협조적이면 만사가 물거품이 되기에 이들과도 공감대 형성이 필요하다는 것을 느꼈다.

물론 각 공종별 SI급인 팀장들이 협력사 소장들에게 워크숍을 통해 새롭게 만들어진 스케줄을 가지고 추가 인력 동원이나 일정들을 협의하고 다짐을 받겠지만 필자가 직접 이들과 소통해야 한다는 생각에 협력사 사장, 현장 소장 및 주요 간부들을 대상으로 '워크숍 결과 보고 및 100일 작전 시행'에 대한 강의를 갖기로 하였다.

약 40~50여 명이 모인 자리에서 첫 질문으로 생산 제품이 무엇인지 또 어디에 사용되며 무엇으로 만드는지에 대한 질문을 던졌더니 놀랍게도 단 한 명도 아는 이가 없었다.

참 황당한 일이 아닐 수 없다.

내가 무슨 공장을 짓는지, 언제까지 왜 지어야 되는지도 모른 채 도면대로 시키는 대로 해 왔던 것이다.

생산 제품은 샴푸 등과 같이 각종 세제의 원료로 쓰이며 수입 대체 효과가 크기 때문에 국가적 사명감을 갖고 사업주 사장뿐 아니라 산업자원부 장관이 직접 챙기는 프로젝트로, 8월 15일 독립기념일 이전에 필히 마쳐야 국가적 체면을 살릴 수 있다는 설명에 여기저기서 감탄이 나오기 시작했다.

심지어 '우리가 어떻게 하면 8월 15일까지 마칠 수 있는가?'라는 각오 섞인 질문까지 있었다.

이에 시운전 일정과 워크숍에서 발표된 마스터 스케줄과 각 공종별 필히 마쳐야 하는 핵심 일정에 대한 설명과 100일 작전 기간 동안 협조 요청 사항들에 대한 설명으로 마무리를 하였고 효과는 대만족이었다.

그동안 협력사들의 행동이 수동적이었다면, 초청 강연 후 이들의 움직임은 능동적이고 더욱 적극적으로 바뀌었다.

제작 업체 공기 절대 준수 - 히터 Tube Support

히터 외벽은 스틸 강판으로 이루어져 내부를 향해 버너들이 설치되어 있고, 내부는 내화벽돌로 쌓여 있으며 내부 공간에는 오일 튜브들이 상하로 연결되어 빼곡히 들어차게 되는데 이들 튜브들을 붙잡아 주는 Hanger Support는 내부 온도 1,500도씨가 넘는 고온과 엄청난 하중을 견뎌야 하기에 특수 혼합 강으로 제조되는데 그 제조 기간이 무려 6개월 가까이 된다.

제조 업체로부터 다급한 연락이 왔다.

다수의 Support 중 한 개가 검수 결과 내부 Crack(제조 불량으로 금이 간 상황)이 발생하였으며, 다시 제조하려면 수개월이 필요하며 한 개만 추후에 별도 공급해도 되느냐는 것이다.

사업주 공장장을 비롯한 수뇌부들이 모두 모였다.

물론 필자와 필자 회사 구매 담당 현지 책임자도 함께한 자리였는데, 너무나 고가이고 영구적 구조물의 일체이다 보니 Spare 개념의 여분 없이 필요분만 주문한 관계로 뾰족한 대안이 없었다.

이대로라면 8월 시제품 생산은커녕 연말까지도 힘들다는 계산이다.

튜브 설치 이후에 이어지는 수압 테스트, Flushing, 히터 Refractory Dry Out, Hot Oil Circulation 등등 후속 공정 업무들이 모두 지연되면 프로젝트 실패로 이어진다는 사실을 알기에 모두가 사색이 되어 제조 업체 사장 말 하나하나에 초조함의 침만 삼키고 있었다. 이러한 특수강 Tube Hanger Support는 제조 작업 시에 바코드와 같은 개념의 주물 괴인 Ingot상에 일련번호를 새겨 함량, 인장 강도, 내열 강도 등 검수 내용을 알 수 있도록 하는데, 제품이 뒤바뀔 가능성도 배제된다.

제조 과정, 사고 경위 등등에 대한 제조 업체 사장의 설명이 있었지만 뾰족한 대안이 없는 상황에서 유사 재질 및 강도를 가진 제조 막바지에 있는 다른 주물 괴가 있는데 이는 타 업체 공급분으로, 이들로부터 양해를 구한다면 1개를 1개월 내로 급조할 수 있으며 이들 업체는 약 2~3개월 공급 지연의 영향이 있을 수 있다는 안이 제시되었다.

우선 당 현장 히터 조건에 맞게 사용 가능 여부를 조사하기로 하고, 히터 설계 업체를 비롯한 사업주 및 필자 회사의 금속 재질 전문가를 통해 유사 Ingot의 사용 여부를 세밀히 조사 검토한 결과, 다행히도 사용 가능하다는 판단이 나왔다.

이제는 타 업체에게 양보를 부탁하는 일만 남았다.

타 업체는 인도 내 민간 정유공장 업체에서 기존의 히터를 교체할 예정으로 Tube Hanger Support를 선발주한 것으로 담당자 선에서 협조가 이루어지지 않아 사업주 사장의 힘을 빌려 어렵게 1개를 급조할 수 있었다.

이렇듯 모든 작업이 현장의 부품 하나하나가 전체 준공 일정과 직결되는, 살얼음판을 걷는 심정으로 이루어지고 있었다.

시운전 관련 업무와 잔여 MC Work의 Mixed Up

현장의 모든 업무를 시운전 중심으로 운영하면서 매일 각 공종별 팀들과 시운전팀들 간의 싸움이 이어졌다.

이를 조정하고, 이해시키고 북돋아 주는 것이 필자의 임무이기도 했다.

배관의 예를 들면 배관의 용접 작업이 끝나고 나면 각 구간별로 나누어 수압 테스트를 끝낸다.

여기까지가 배관팀 업무이며, 이를 시운전팀으로 넘기면 시운전팀은 수압 테스트가 끝난 여러 개 구간의 라인을 묶어 Flushing 즉, 물청소를 하는데 대형 관일 경우 사람이 직접 들어가서 걸레 청소를 한다거나 공기압을 이용하여 내부 청소를 하는 것이 업무이다.

하지만 배관 공사나 수압 테스트가 시운전팀 입맛대로 깔끔하게 라인을 형성해서 끝낼 수 있지 않다 보니 시운전팀 불만이 이만저만이 아니다.

Flushing을 다 끝낸 라인의 구간에 용접 작업이 일부 발생하여 이에 대한 수압 테스트가 재실시되는 경우에는 라인 전체에 대해서 Flushing 작업을 다시 해야 하는 관계로 시운전팀과 배관팀 간에 고성이 오고 가는 것이 다반사이다.

기계의 경우에도 Reactor, Column, Vessel 등에 설치가 끝나고 공기압을 채워 Leak Test(공기 밀폐검사)가 끝나면 Box-Up(맨홀 등을 닫고 봉함)을 하고 나면 기계팀의 업무는 끝나고 시운전팀이 인수하여 내부 청소 및 질소 가스 봉입하든지 아니면 반응 촉매제인 Catalyst, Ceramic Ball 등을 채워 넣고 봉하는 것은 시운전팀 업무인 것이다.

시운전팀도 이러한 작업은 일정한 날을 잡아 한 번에 투입하려고 하지만 이들 입맛대로 시공이 한 번에 끝나지도 않고, 백금 촉매제와 같은 고가의 내부 삽입물들은 청명한 날에 주변 작업이 다 끝난 깨끗한 상태에서 해야 하지만 현장 상황이 잔여 작업을 해 가면서 수행해야 하는 관계로 신경이 곤두서 있을 뿐 아니라 삿대질이 매일 이어지는 것이다.

심지어 U사 측 Supervisor들까지도 철수하겠다는 으름장을 놓으며 작업을 만류하는가 하면, 현장은 글자 그대로 도떼기시장인 것이다.

U사 직원들을 다시 설득하고 설득해 Catalyst 투입을 허가받았지만 백금 촉매가 일부 포함되어 있는 Catalyst는 고가인 데다가 습기나 물

에 취약해 시도 때도 없이 비가 내리는 인도에서는 상당히 조심스러운
작업인 것이다.

이를 대비하여 구조물 상부 Reactor 상부에 대형 천막을 치고 습기
에 대비해 온풍기를 대동하면서 Catalyst를 투입했던 것이 지금도 눈
에 생생하다.

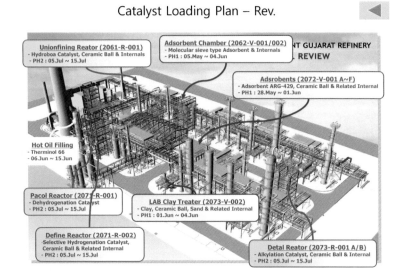

공기단축의 핵심 Hot Oil System 조기 정상화

중간제인 'P' 물질 20톤 확보로 시운전 기간 1개월 단축 및 대형 크레
인 2대 추가 동원에 따른 작업의 효율화로 1개월 이상의 단축 효과를
보았지만 이것 만으로 지연된 공기를 만회하고 8월 15일 제품 생산을
이루기에는 턱없이 부족한 일정이었다.

본사에서 L Project PD로 발령이 난 후 10일간의 열공 시기부터 고
민에 고민을 거듭해 온 것이 Hot Oil System과 관련된 일련의 작업 들

이다.

Hot Oil System 관련 작업들은 장기간을 요하는 잔여 일정의 핵심으로 사업의 성패를 좌우하고 있기 때문에, 여기서 획기적인 공기 단축을 이루지 못한다면 실패할 수밖에 없다는 생각에 시운전 팀장에게 틈틈이 자문을 받고 혼자서 작전을 짜고 메모하고 정리를 계속해 왔다.

Heater 설치 작업은 무엇보다도 협소한 공간 내에서 버너 설치와 내화벽돌 쌓기 작업이 끝나자마자 Hanger Support 및 튜브 설치 작업과 특수 용접이 필요한 U-Tube 용접 연결 작업, Heater 상부 Convection Area 내 동일 작업 등이 1개월 이상 필요하다.

설치 작업이 끝나면 Heater와 Convection Area 내의 튜브의 수압 테스트와 수압 테스트 후 물로 씻어 주는 Flushing 작업이 이어진다.

그리고 고민은 '기름과 상극인 이 물을 어떻게 깨끗하게 빼 줄 것인가?'였다.

Flushing 작업이 끝나고 나면 오일 5,000드럼을 채워 넣어야 한다.

이 또한 만만치 않는 작업으로, 1개월 이상 소요된다.

그런 후에는 Heater 및 Convection Area를 거쳐 대형 덕트(Duct)들로 이어져 굴뚝으로 연결되는 라인 내부는 버너에서 연소된 고열의 Flue Gas(연소 가스)가 나가는 통로로 내화벽돌로 쌓이는데 이런 작업을 Refractory 작업이라 한다.

이 작업 또한 1개월 가까이 소요된다.

설치 작업이 모두 끝나면 이 내화벽돌을 건조시켜야 하는데 이 건조 작업을 Refractory Dry Out이라고 한다.

건조는 Hot Steam을 이용하는데 일주일 이상 시간을 가지고 서서히 가열시켰다가 일정 기간 건조시킨 후 일주일 이상의 시간을 갖고 서서히 온도를 내려 사람이 들어가 직접 내화벽돌 상황을 검사하고 보완 작업이 필요할 때에는 보완 작업을 한 후 마무리하게 되어 있어 적어도 Refractory Dry Out 작업만 1개월 이상 소요되는 것이다.

이러한 일련의 작업들이 끝나게 되면 Hot Oil System Circulation을 시켜 줘야 하는데, 이를 위해서는 버너를 가동해 Heater 내부를 가열시키고 핫 오일을 1,500도씨 이상 가열시킨 후 대형 펌프인 Hot Oil Circulation Pump 작동에 공장 전 시스템에 핫 오일을 공급하고, 식힌 핫 오일을 다시 히터 쪽으로 리턴시켜 연속적으로 순환시켜 주는 것이다.

이렇게 Hot Oil System과 관련된 일련의 작업을 마무리하려면 절차상 무리 없이 잘 수행된다는 조건하에 4~5개월이 소요되므로, 프로젝트의 성패를 가르는 잔여 업무의 핵심 작업인 것이다.

필자의 아이디어와 전략

우선 핫 오일 튜브와 Duct 설치 작업은 대형 450톤 Crawler Crane을 이용, 최대한 단기간 내에 설치하고 튜브 용접 연결 작업은 인도 내 최고의 특수 용접사를 10명 이상 사전 확보한다는 계획과 함께 협력사에 사전에 준비하도록 요구하였다.

Heater 내부와 Convection Area 내 오일 튜브는 크게 3~4개 라인으로 구분하여 수압 테스트를 하고, 이후 Flushing 작업은 한국의 Pigging 업체를 현지에 불러 용역 주기로 하여 단기간에 내부 물 빼기 작업을 끝내고, 3~4개 구간으로 나누어진 연결 포인트를 용접 작업 후 수압 테스트는 할 수 없는 관계로 이 3~4개 용접 포인트는 수압 테스트 대신 100% 엑스레이 테스트로 대신할 수 있도록 사업주에 사전 승인을 얻는다.

Refractory Dry-Out 작업은 별도 Hot Steam을 이용하지 않고 Heater를 가동한다는 계획이다.

즉, 버너를 이용하여 직접 Natural gas를 연소시킨 후 Flue Ga(연소 가스)를 통해 건조시키며 이때 가열되는 핫 오일을 Front end & Back End로 순환시켜 한 번에 Refractory Dry Out도 시키면서 Hot Oil Circulation 작업도 동시 수행하면서 2개월 이상 단축시킨다는 계획이다.

Natural Gas를 공장 내에 공급하려면 Fuel Gas System과 폭발이나 불안정한 연소 가스의 배출을 위한 Flare Line System이 먼저 살아야 한다는 전제 조건을 안고 있다.

획기적인 계획으로 현실성이 있지만 리스크가 따르는 일이다.

현장에 아직도 화기 작업이 안 끝난 시점인데 Natural gas를 반입한다는 점과 뜨거워진 핫 오일을 순환시키면서 이를 열원으로 사용할 매개가 없다면 핫 오일을 어디선가에서는 식혀 주어야 하는데 이를 위해서는 타워 안에 물을 가득 채우고 이를 통과시켜야 한다. 화기 작업이 한창인 현장에 Natural Gas를 유입시켜 이를 이용해 버너를 가동하고 내화벽돌들을 건조시킨다는 아이디어 자체가 어찌 보면 황당한 발상이었지만, 8월 15일 시제품 생산이라는 대명제 앞에서는 다른 대책이 있을 수 없었다.

무엇보다도 사업주의 승인 여부가 걱정스러웠다.

사실 이러한 아이디어는 필자가 종합적으로 정리한 것이지만, 사전에 Heater Licensor를 통해, 또한 Pigging 업체를 통해, 협력 업체를 통해, 시운전 팀장을 통해 그 각각의 가능성 등을 사전에 여러 차례 의견 개진한 것들이었다.

즉, Hot Oil System과 관련된 일련의 작업 각각에 대해 해당 업체와 담당자로부터 의견과 아이디어를 접수 확인하고 이들을 종합해서 필자가 정리한 것이다.

그렇게 사업의 성패를 가르는 필자 나름의 전략은 세워졌고, 이제는 사업주의 승인과 실행에 옮기는 일만 남았다.

운이 좋다면 시제품 생산 일정을 맞출 수도 있을 거라는 희망에 흥분도 되었지만, 한 번도 시도해 보지 않은 일들을 위험을 무릅쓰고 추진한다는 것이 앞으로 다가올 불확실성에 더해 불안함으로 자리 잡고 있었다.

이렇게 두렵기도 하였지만 어차피 필자는 이 프로젝트를 끝으로 집에 가야 할 몸이고, 여기서 승부를 걸어야 할 판이라 두려움이 용기로 변하는 순간이기도 했다.

7. 전략에 대한 강의와 사업주를 설득하다

내부 강의와 미션 분담

필자 자신의 전략에 대한 상세한 계획이 모두 정리되었다.

PM을 포함한 각 공종별 SI급 팀장과 공무팀장 등 핵심 인력 20여 명을 사무실에 불러 놓고 필자의 전략에 대한 강의가 아주 상세하게 진행되었다.

강의는 4시간에 걸쳐 진행되었고, 4시간 동안 모두가 진지한 표정이었고 감탄사를 거듭하며 화장실 가는 것도 잊은 채 귀를 쫑긋 세우고 눈을 동그랗게 뜨고 빛을 발하며 듣고 있었다.

역할 분담을 지시하였다.

본 미션을 성공적으로 마치기 위해 잔여 업무와 필수 과제를 정리하였고 각각의 미션에 대한 역할 분담이 이루어졌다.

핫 오일 튜브 설치 및 연결 용접 작업 그리고 수압 테스트, Flue Gas를 위한 Duct 설치 작업과 내화벽돌 설치 작업 그리고 Refractory Dry Out 작업, Pigging 업체 선정 및 현지 투입과 Pigging 작업(Pigging 작업은 Pipe 관 내부 청소를 위해 Pipe 사이즈에 맞는 Pig라는 딱딱한 스펀지를 관내에 넣고 컴프레서를 가동해 공기압을 이용하여 관내 물이나 이물질을 제거하는 작업을 말한다), 5,000개 Oil Drum 주입 작업, 사전에 마무리해야 하는 Fuel Gas Line 작업과 Flue Gas Line 작업, 순환할 핫 오일을 식혀 줄 수 있도록 타워 선정 및 물 Filling 작업, 사업주 사전 승인을 얻기 위한 공문서 작성과 설득을 위한 PT 자료 준비 등등의 업무에 대한 역할 분담과 각 미션에 대한 책임자를 지정하여 목표 일정까지 지시하였고, 4시간에 걸친 전략 강의를 마치며 마지막으로 추가 질문 사항이 있냐는 필자의 언급에 모두가 박수를 치며 환희에 찬 모습을 보였다.

바지를 움켜쥐며 화장실로 향하는 친구가 있는가 하면, 그동안 필자에게 프로세스에 대한 설명과 조언을 해 주었던 시운전 팀장이나 L 프로젝트 공장에 다년간 근무 경험이 있던 직원들까지도 감탄을 연발하며 "그런 방법도 있겠구나", "공기를 맞출 수도 있겠구나", "정말 기발한 아이디어며 전략이다", "희망이 보인다" 등등 감탄사를 연발하며 신바람 나 있던 모습이 지금도 감동으로 다가온다.

대사업주 PT 실시와 그들의 반응

공무팀장과 대사업주 제출용 공문서 'Hot Oil System 관련 추진 일정 및 전략'이라는 PT 자료를 만들고, PT 및 설명회 개최를 알리는 공문을 발송하였다.

공장장을 비롯한 사업주 관련 직원 30여 명이 모였다.

Hot Oil System과 관련된 잔여 일들을 절차에 따라 추진하려면 U 사 측 Licensor의 Punch나 코멘트에 의한 추가 일들이나 수정 작업이 없고, 모든 일이 순조롭게 진행된다 하더라도 4~5개월이 소요되어 시제품 생산 일정을 맞출 수 없다는 것은 이들도 잘 알고 있는 터였다.

PT가 시작되었다.

사전에 공문을 접수한 후에 참석하는 입장이라 발표 내용에 상당한 관심과 흥미를 갖고 있는 듯한 인상이었으며, 모두가 진지한 표정으로 필자의 PT를 경청하고 있었다.

질문이 봇물 터지듯 쏟아지기 시작했다.

'Pigging이 무엇인가?'

'배관 내부 물이나 이물질을 빼다가 나오지 않으면 어떡하나?'

'Pigging 업체는 경험이 있는 업체인가?'

'회사 소개 자료나 승인을 위해 별도 자료를 제출해 줄 수 있나?'

'오일 드럼 5,000개를 48시간 내에 시스템 내부에 채우는 것(Filling) 가능한가?'

'어떻게 채울 것인가?'

'Refractory Dry Out을 Hot Steam을 이용하지 않고, 직접 히터를 사용해서 건조해도 되는가?'

'Heater Licensor의 동의는 구했는가?'

'Heater를 직접 가동하여 Refractory Dry Out 작업을 하겠다는 것은 히터 내 버너를 사용하겠다는 의지이고, 이는 공사가 마무리되지 않은 현장에 연료인 Natural Gas를 직접 유입(Introduce)시키겠다는 것인가?'

'내화벽돌을 건조하면서 Hot Oil System Circulation 작업을 동시 수행한다는 아이디어는 공기 절감에 획기적이지만 많은 위험을 안고 있는데 대비가 되어 있는 것인가?' 'Refractory Dry Out 작업을 위해 핫 오일을 계속 가열하면 오일의 점도 등 성상이 변하고 온도 과열로 위험을 초래할 텐데, 어떻게 식혀 줄 것인가?'

많은 질문에 확신을 갖고 즉답해 주었고, 필자의 자신감 있는 전략에 모두가 놀라는 눈치였고, 어쩌면 시제품 생산 일정을 마칠 수 있겠다는 희망찬 표정에 다들 흥분하는 모습을 보며 필자도 감격스러움을 느꼈다.

이 와중에도 강력히 반대하는 이가 있었으니, 사업주 측 공장 운전 총괄인 Operation Manager였다.

현장의 용접이나 불을 동반하는 화기 작업이 완료되고 인력이 대거 철수한 상태가 아니면 안전상의 이유로 절대 Fuel Gas를 현장 내 유입할 수 없다는 강경한 입장이었다. Octane Storage Tank에 액체 Octane을 채울 때와 같은 입장이었다.

공장장이 별도의 입장 표명이 없이 필자와 별도의 단독 미팅을 요청하며 회의는 끝났다.

단독 미팅에서 공장장은 다시 한번 PT 내용에 대한 필자의 확신을 재확인하는 과정을 거친 후, 운전 총괄인 Operation Manager를 설득하는 일을 포함하여 모든 지원을 다 하겠으니 본 미션을 성공으로 이어 기적을 만들어 보자며 필자의 손을 굳게 잡았다.

본 프로젝트의 희망을 본 순간이기도 했지만, 자신이 직접 참여하고 자신의 프로젝트로 만들겠다는 의지를 드러내 보인 순간이었다.

PT를 마치고 뿌듯한 마음으로 사무실을 걸어 나오는데, 델리 본사의 J 선생으로부터 전화가 걸려 왔다.

그사이 현장 내 첩자로부터 보고를 받고 흥분되어 바로 전화를 걸어 온 것이다.

Pigging System, 오일 드럼 5,000통 Filling 작업, 히터 가동, 핫 오일 순환과 열 교환 방법, 내화벽돌 건조 방법 등에 대한 질문이 이어졌고, 획기적인 전략으로 희망이 보이는 아이디어인데 델리에서 추가 PT를 실시해 달라는 요청을 접수하였다.

델리에서의 추가 PT 또한 감탄과 함께 전폭적인 지원을 얻는 계기가 되었음은 두말할 것도 없다.

이렇게 Hot Oil System 관련 한 번도 시도해 보지 않았던 방법으로 추진하겠다는 새로운 전략에 대한 사업주의 전폭적 지지를 등에 업고 전략은 이제 실행되어 가고 있었다.

8. 전략, 실행이 되다

각각의 소규모 미션에 대해서는 우리도 담당 책임자를 선임했지만, 하청 협력사 또한 담당 책임자를 두어 사전에 준비를 철저히 함은 물론 모두가 새로운 미션에 적극적이고 강한 의지가 불타고 있었다.

Duct Work & Refractory Work

버너에서 Fuel Gas인 천연가스를 태우고 난 Flue Gas의 온도가 상당히 높기 때문에 히터 내부는 내화 유리섬유로 보호벽을 만들고, 굴뚝으로 이어지는 Duct는 철판으로 만들어지는데 Duct 내부에는 내화 벽돌을 쌓아 붙이는 작업을 한다.

Duct 작업은 철판 Piece by piece 용접 작업을 땅바닥에서 한 후에 내부에 사람이 Scaffold(비계, 임시 안전 구조물)를 설치하고 내화벽돌 작업을 한 후 이를 한 조각씩 크레인을 이용해 상부로 설치하고 다른 조각을 상부에서 이음매 용접 작업 및 이음매 부분의 내화 석회를 발라 마무리하는 식이었다.

이렇듯 Duct 작업은 별도로 작업을 할 수 있지만, 히터 내부 작업은 내화 유리 섬유 작업 후 Tube Hanger Support 설치 작업, 오일 튜브 설치 작업, 용접 작업, 수압 테스트, Flushing 등 후속 작업이 연이어 발생하고, 작업 하나하나가 후속 공정에 영향을 미치고 공기에 직결되기 때문에 단 한 순간도 지체되는 일이 발생해서는 안 되는 것이다.

히터 내부에 Scaffold(비계, 임시 안전 구조물)가 설치되고 라이트가 켜진 후 24시간 풀 가동 체제에 돌입하였고, 그렇게 현장은 숨 가쁘게 움직이고 있었다.

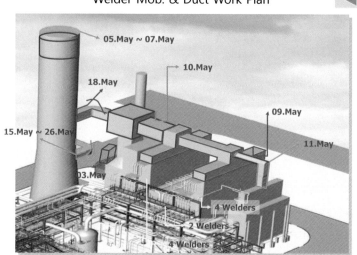

Welder Mob. & Duct Work Plan

튜브 설치 작업, 수압 테스트와 Flushing을 위한 Pigging 작업

Hot Oil System의 Front end & Back end 공정으로 연결되는 Hot Oil Line은 Pipe Rack을 타고 이어지는 직선 또는 곡선 구간이라 일반 용접 및 수압 테스트와 Flushing 작업이 큰 문제가 되지 않지만, 히터 내부와 히터 상부 열 회수를 위한 Convection Area 내의 오일 튜브는 U자 형태의 튜브 관이 히터 내부에서는 상하로, Convection Area 내에 서는 좌우로 빽빽이 설치되어 용접 작업을 하기에도 힘들뿐더러 수압 테스트나 물청소 후, 물이나 오물을 빼내는 작업이 여간 어려운 것이 아니기에 특수 Pigging 업체에 용역을 준 것이다.

하청 협력사였던 B 사 로서는 그동안 자신들의 업무였지만 방법에 대해서는 자신도 없었고 필자 회사가 자체 경비로 특수 업체를 불러 대신해 주니 여간 고마울 수가 없었다.

히터나 Convection Area 내부 도면과 오일 튜브 설치 도면 등을 서울로 보내 Pigging 업체와 상세 소통이 이어졌다.

사전 준비 사항, 수압 테스트를 위한 섹션 구분은 추후 Pigging 작업을 위한 섹션과 일치해야 하기 때문에 자세한 사항은 이들의 조언을 바탕으로 작업이 이루어졌다.

현지 방문자에 대한 사전 비자 업무와 장비 반입 등 철저한 준비 작업이 이루어졌다.

오제작으로 뒤늦게 도착한 1개의 Tube Hanger Support 설치 구간을 마지막 구간으로 하고 최고 기량의 용접사 10여 명이 밤낮을 거르지 않은 채 용접 똥을 불타게 쏟아 내며 고생한 덕에 큰 무리 없이 작업이 마무리되었고, 수압 테스트 또한 Pigging 업체에서 제시한 섹션으로 나누어 사고 없이 잘 끝났다.

Pigging 업체 작업자 3~4명도 제때 맞추어 현장에 도착했으며 사전에 도면으로 현장을 이해하고 온 터라 바로 작업에 들어갈 수 있었다.

Pigging 작업이 어떻게 하는 것인지 구경하려 몰려든 인도 사업주 직원들 때문에 히터 주변 상부 하부에는 첫날 많은 사람이 몰려나왔다.

그걸 생각을 하면 지금도 웃음이 절로 난다.

핫 오일 튜브 내부 청소 및 물을 빼기 위한 작업이 시작되었다.

처음 히터 하부 한 개의 Section Line에 Pig(둥근 총알 모양의 딱딱 한 스펀지 형태)를 Launcher(발사대로 청소할 라인 구간 앞부분에 컴프레서와 연결 설치)에 삽입 후 컴프레서의 공기압을 이용하여 발사를 시키니 히터 내부 핫 오일 튜브 라인 및 Convection Area 내 핫 오일 튜브 라인을 타고 몇 분 후에 시꺼먼 물을 쏟아내며 Pig가 히터 상부에 위치한 Receiver(Line의 마지막 부분에 설치하는데 그냥 대형 포대 자루를 이용해 Pig를 받아 내기도 함) 쪽으로 나온다.

다들 함성을 지르며 박수를 치던 모습이 떠오른다.

그렇게 Pig를 바꾸어 가며 여러 차례 Line 상에 쏴 주면 깨끗해진 Pig가 Receiver 부분에서 뻥 소리와 함께 터져 나온다.

작업 3일째 마지막 구간 작업을 하던 Line에서 Pig가 막혔다.

Pig가 막혀 나오질 않는다는 보고를 받고 현장으로 달려가 보니 다들 걱정스러운 얼굴들이었다.

Pig가 막혀 있는 구간을 찾는 일이 급선무였다.

Pig가 만약 히터 내부 상하로 연결되어 있는 U-튜브 안에 막혀 있다면 어떻게 파이프를 잘라내서 Pig를 찾아낼 것이며 U-튜브가 빽빽이 들어차 있는 공간에 어떻게 사람이 들어가 용접 작업을 할 수 있다는 말인가?

지금도 그때를 생각하면 가슴이 저며 온다.

Pigging 업체 담당자들로부터 현황과 방법을 듣고 있는데, 델리 J 선생으로부터 전화가 왔다.

그놈의 정보 제공자 놈은 정보가 빠르기도 무지 빠르다.

한두 명이 아닌 것 같은데, 서로 잘 보이려고 특보를 날리려 행동하는 기자들처럼 행동이 무지 빠르고, 사실 관계에 대해 정확하다.

내가 거짓 보고를 할 수가 없다.

한 번은 이런 일도 있었다.

현장에서 피로가 쌓이다 보니 잇몸이 붓고 피와 함께 통증이 심해 며칠을 참다가 바로다 시내 치과를 방문하여 이빨을 뽑고 있는 중에 전화가 걸려 왔다.

근무 시간 중에 현장을 이탈하여 바로다 시내로 향하고 있다는 보고를 자신의 정보 제공자로부터 받고 즉각 전화를 해 온 것이다.

어디에 있으며, 무슨 일인지를 묻는 J 선생에게 사실대로 이빨을 뽑고 있다고 전하니 연신 미안하다는 말과 함께 위로한다는 말이 되풀이되어 돌아왔다.

저녁에는 숙소로 잇몸에 좋다는 인도 전통 약이 전달되어 왔던 것으로 기억한다.

추후 프로젝트가 끝나 정보 제공자가 누구인지 확인해 달라는 말에 J 선생은 그저 웃기만 하고 끝내 입을 다물어 알 수는 없었지만, 현지 우리 직원을 매수했던지 아니면 진급에 목을 메인 사업주 현장 직원들이 아니었나 싶다.

Pigging 업체 직원들이 고무망치를 들고 관을 두드려 가며 Pig가 걸려 있는 위치를 찾기 위한 조바심 나는 작업이 벌어졌다.

혹 이런 경우가 발생할 경우 심각한 상황으로 바뀌기 때문에 공사 시에 특수 용접사들에게 다짐에 다짐을 받고 작업을 했음에도 이런 일이 발생하고 보니 황당하기 그지없고 잠시도 그 자리를 떠날 수가 없었다.

두 명은 히터 내부에서 튜브와 튜브 사이에 몸을 칼처럼 세워 가며 U-튜브 관을 때려 가며 찾기 시작하고, 또 다른 두 명은 Convection Area에서 고무망치를 때려 가며 찾기 시작했다.

다행히 오랜 시간을 소비하지 않고, 그것도 Convection Area의 U-Tube 곡관 근처에서 고무망치의 둔탁한 소리와 함께 발견되었다.

하늘이 도운 것일까?

히터 내부의 U-튜브가 아닌 것이 천만다행이었다.

특수 엑스레이로 둔탁한 소리를 내는 U-튜브 근처 몇 곳을 사진을 찍어 확인해 보니, 360도로 틀어지는 U-튜브 곡관 속에 20㎝ 정도 길이의 나무 막대 모습이 선명하게 사진에 모습을 드러냈다.

누군가가 악심을 품고 일부러 넣어 두고 용접 작업을 했는지, 아니면 바쁜 와중에 나무가 들어 있는 줄도 모르고 작업을 했는지는 알 길이 없었다.

절단 작업과 용접 재작업이 이루어졌다.

이때에도 J 선생은 어김없이 전화를 했고, 필자로부터 직접 확인을 받고는 했다.

아마도 사장에게 직접 보고할 얘깃거리가 생긴 셈이 아닌지 생각해 본다.

그렇게 Pigging 작업도 우여곡절 끝에 성공적으로 완료되었다.

Fuel Gas Line & Flare Line의 선행 작업과 서비스

사업주 측 Operation Manager가 얼굴을 씩씩거리며 필자의 방에 찾아왔다.

필경 공장장의 지시가 있었고, 자신이 공장 운전 책임자로서 필자로부터 직접 안전에 대한 확신을 받고 싶었던 것으로 기억된다.

Fuel Gas Line이 현장으로 유입되어 히터의 버너까지 연결되는 구간은 다행히도 구간 길이가 짧고, Fuel Gas Line이 지나가는 근처 지역에는 화기 작업을 조기에 마치고 용접, 그라인더 등 화기 작업을 금지하는 구간으로 설정하고 바리케이드를 설치하여 사람의 접근을 차단

하는 동시에 이 지역은 Fuel Gas가 유입(Introduce)되는 동안 안전관리자가 24시간 순찰을 시행한다는 필자의 설명을 듣고 나서야 허가가 떨어졌다.

Fuel Gas Line이 살아야 한다는 이야기는 Flare Line이 살아야 한다는 뜻이기도 하다.

왜냐하면 Fuel Gas가 불안정하거나 또는 시스템 내에 가스의 압력이 높아져 폭발의 위험이 있을 경우를 대비하여 Fuel Gas Line상 여러 장치가 있는 곳에 안전밸브(Safety Valve)가 설치되는데, 가스의 압력이 일정 수준 이상이 되면 안전밸브가 열리고, 이를 통해 Flare Line으로 Fuel Gas가 나가고 Flare Line 끝 단에 설치된 불꽃을 내는 Flare Tip에 가스를 태워 대기로 방출하는 것이다.

그래서 정유 공장이나 석유화학 공장에서는 항상 불꽃이 나는 모습을 볼 수 있는 것이다. 따라서 Flare Line이 지나가는 구간 또한 Fuel Gas Line과 동일시하여 안전 관리가 이루어질 것임을 언급하였고 다짐을 하였다.

현장은 이렇게 어렵게 한 단계씩 앞으로 나아가고 있었다.

다행히 전략 회의에서 선지시한 대로 두 Line에 대한 용접 작업과 수압 테스트 및 Flushing 작업은 사전에 끝내고 대기할 수 있었고, Fuel Gas가 유입되는 기간 동안은 바리케이드가 설치되고 안전관리자의 관리가 철저히 이루어졌다.

Hot Oil Circulation을 위한 타워 임시 작업

Hot Oil Circulation은 Back end 공정으로 흘러가는 Line상 밸브를 막고 임시 연결 라인을 설치하여 Front end 공정에만 순환시키기로 했다.

가열된 핫 오일을 식히는 냉매로 타워를 선정하여 타워에는 원래 원료인 'K' 물질의 온도를 올려 주는 역할이었지만, 이번에는 물을 채워넣어 핫 오일의 온도를 식히는 냉매제로 사용하기로 한 것이다.

타워의 물은 공장 단지 내 소방차를 이용하여 채워 넣었고, 물이 증발하는 양만큼 다시 채워 주기 위해 사업주의 협조를 구해 소방차를상시 대기시키기로 하였다.

추후 Hot Oil Circulation 기간 동안 물이 증발하며 내뿜는 수증기의 양이 얼마나 많던지 하늘에 뭉게구름이 계속 피어오르던 모습이 지금도 눈에 선하다.

그렇게 준비 작업이 하나하나 마무리되면서 현장은 Hot Oil Filling을 앞두고 흥분과 함께 잔여 일들에 대한 막바지 공사가 피크를 이루며 숨 가쁘게 돌아가고 있었다.

Oil Drum 5,000통 시스템 내 Filling(Charge) 작업

Oil Drum은 200리터 용량의 드럼통으로 직경이 600㎜, 높이가 900㎜였다.

말이 5,000통이지 야적장에 쌓여 있는 드럼통은 그야말로 산더미를 방불케 했다.

약 20여 명으로 이루어진 Oil Filling 특공대가 만들어졌다.

우선 Hot Oil System Line상에 Pumping을 하기 위한 임시 배관 작업과 Stand by Pump를 포함한 2대의 펌프, 그리고 드럼통의 오일을 부어 놓을 저수조를 미리 만들어 놓았다.

저수조의 크기는 약 5,000㎜×5,000㎜×1,500㎜로 양옆에는 드럼통의 뚜껑을 따고 여러 개의 드럼통의 오일이 동시에 쏟아져 나오도록 눕혀 놓을 수 있게 길이 방향의 긴 드럼통 대를 양옆에 설치하였다.

또한 비 올 것을 대비하여 대형 천막을 준비하였고, 작업자들이 잠시 눈을 붙일 수 있도록 대형 텐트와 임시 침대를 몇 개 준비하였다.

쉬지 않고 48시간 내에 끝낸다는 전략으로 대형 라이트를 주변에 설치했다.

이 작업을 위한 특공대로 3개 조가 만들어졌다.

야적장으로부터 드럼통을 소형트럭 2대로 나르고 빈 통을 다시 야적장으로 옮겨 쌓는 조, 드럼통 뚜껑을 따고 저수조 드럼 대에 드럼을 올려놓아 오일이 쏟아지도록 하는 조, 저수조에서 펌프를 가동하여 오일을 채워 넣는(Filling하는) 조. 준비가 완료되고 다음 날 새벽 불을 밝히며 Oil Filling 작업이 시작되었다.

몇 시간이 숨 가쁘게 흘러가는 듯하더니, 이내 히터 상부에서 "Stop!

Hot Oil Circulation During Ref. Drying Out

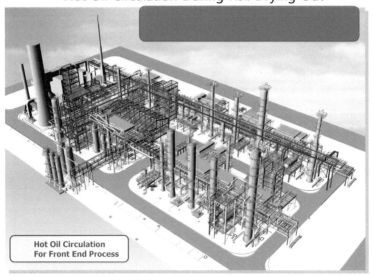

Hot Oil Circulation
For Front End Process

Stop!"이라며 작업 정지를 외치는 다급한 소리가 들려왔다.

오일이 히터 상부에 쏟아져 내려 히터 상부가 오일 바다를 이루고 있었던 것이다.

시운전팀 누군가가 최종 확인을 한다고 했지만, 한 개의 밸브를 닫지 않은 채 오일 Filling 작업을 시행하여 열린 밸브를 통해 히터 상부에 많은 양의 오일이 새어 나온 것이다.

오일 펌핑 작업은 중지되었고 시운전팀 내 오일을 걷어 내고 닦아 내는 20~30여 명의 예비 인력이 급조되었고, 예정에 없던 오일 청소 작업이 시작되었다.

그 당시 오일 누출 사고를 발견한 사람은 히터 외벽에 보온 Insulation 작업을 하던 작업자로, 이미 많은 양의 오일이 누출된 상황이었으나 그나마 발견한 것이 다행이었다.

오일을 걷어 내고, 기름걸레로 닦고 또 닦고 마치 태안 유조선 기름 누출 사고 때 기름띠 걷어 내는 것과 유사한 작업이 이루어지고 있었다.

그렇게 기름 닦는 작업이 이루어지고 있는 동안에도 오일 Filling 작업은 다시 시작되어 눈코 뜰 새 없이 바쁘게 지속되고 있었다.

작업자들은 그야말로 오일 범벅이 되어 물에 빠진 생쥐 모양새였지만 그보다도 피로가 누적되어 비척대는 친구도 있었다.

인력을 교체해 가며 그렇게 또 하나의 역사가 이루어지고 있었다.

Hot Oil Circulation과 Refractory Dry Out 작업

그렇게 현장은 버너에 불을 붙이고 핫 오일을 가열, 순환을 시키기 위한 작업을 끝내고 버너의 밸브를 열고 점화를 가동하기 위한 순간이지만, 아직 현장은 잔여 업무를 죽이기 위한 작업으로 많은 인력과 장비가 동원된 상태로, 글자 그대로 도떼기시장이었던 셈이다. 한쪽에서는 공사가 끝나고 시운전을 하겠다는 것이고, 다른 한쪽에서는 MC, 즉 기계적 준공을 위한 잔여 업무 수행을 위한 화기 작업을 포함한 작업이 한창이었다.

아직 현장에는 작업자들이 3,000명 이상 출력하고 있어 만일이라도 가스 사고가 발생한다면 대형 사고로 이어질 수 있어 여간 신경이 쓰이는 것이 아니었다.

어차피 필자는 집에 갈 몸이고, 모든 것이 다 필자 계획대로 움직이고 있는 이상 여기서 물러설 수도 없고 지체할 수도 없는 상황인 것이다.

히터의 버너에 불이 붙었다.

그렇게 버너에 불이 붙으며 Hot Oil Circulation 작업과 Refractory Dry Out 작업은 동시에 불을 당기고 있었다.

마른 침을 삼키며 무슨 일이라도 날 것 같은 불안감을 안고 현장을 바라보며 가동한 지 몇 시간이 지났다.

두 군데서 작은 연기가 나기 시작했다.

타워 쪽에서 나는 연기는 물이 증발하며 조금씩 수증기가 발생한 탓인데, 히터 상부에서도 연기가 살살 피어나기 시작했다.

보고자에 따르면 지난번 오일이 히터 상부에 쏟아져 오일 걸레로 며칠을 닦아 냈지만, 그래도 남아 있는 오일들이 건조되면서 수증기식 연기가 발생하는 것이란다.

그렇게 또 몇 시간이 흘렀지만 별다른 이상 없이 타워 쪽과 히터 상부에서만 연기가 날 뿐 다른 상황은 발생하지 않고 오일 순환은 정상적으로 이루어지고 있었다.

히터 상부의 연기는 점차 오일이 말라가면서 그칠 것이라는 안도와 함께 발길을 사무실로 옮기고 잠시 앉아 있는데, 소방차의 사이렌 소리와 전화 소리가 요란하다.

현장 히터 상부에서 불이 났다는 것이다.

안전모를 뒤집어쓴 채 뛰어나가는데, 전화가 또 울린다.

델리의 J 선생이다.

나도 상황을 모르고 있고, 방금 연락받고 출동하는 중이며, 히터 상부라 하니 나가 보고 전화 주겠다는 말과 함께 전화기를 던져 버렸다.

히터 상부에 지난번 쏟아냈던 오일이 계속 건조되면서 그동안은 연기를 뿜어냈지만, 점점 오일의 온도가 올라가면서 오일을 머금고 있던 단열재에 불이 붙고 만 것이다.

소방차 대여섯 대가 도착하여 진화 작업을 벌였고, 다행히도 작업은 오래 걸리지 않았다. 하지만 지금 Hot Oil Circulation 작업과 Refractory Dry Out 작업을 중단할 수도 없고, 한다고 해도 특별히 진화나 현 상황에 도움이 되는 것도 아니었다.

그동안 보온 작업(Insulation)을 해왔던 알루미늄 포일은 물론 기름과 진화 작업으로 물을 잔뜩 먹은 히터 외벽 보온 재료인 유리 섬유를 모두 제거할 수밖에 없었다.

진화 작업 중 뜯긴 알루미늄 덮개와 유리섬유들로 인해 보온 업체의 반발이 심했다.

보상해 달라는 요구에 더해 현장 철수라는 강수를 들고나왔다.

일부 보상을 보장해 주기로 하고, 설득하여 재작업을 유도하였다.

그렇게 히터 상부 화재 사건은 역사의 한 장을 장식했고 Hot Oil Circulation 작업과 Refractory Dry Out 작업을 성공적으로 마치고 2개월간의 기간을 단축하며 성공적으로 마무리되었다.

9. 6월 17일, 클레임을 제출하다

현장은 숨 가쁘게 움직이고 있었고, 모두가 자신의 미션 달성을 위해 전념하며 잔여 업무 추진에 미쳐 있을 때, 뭄바이 사무실의 한쪽에서는 그동안의 자료들을 바탕으로 추가 용역에 대한 Change Order 및 클레임을 준비하고 있었다.

그동안 간헐적으로 중간보고를 받아왔지만, 필자가 직접 뭄바이 소재 클레임 전문 변호사를 찾아가 우리의 입장, 기본 추진 방향 및 Arbitration(중재) 발생 시 중재 위원회의 입맛에 맞게 자료의 준비를 어떻게 할 것인지에 대해 사전에 협의를 거쳐 준비해 왔다.

그렇기에 필자의 큰 코멘트 없이 자료는 6월 18일 MC 일정 일주일을 남기고 완료되어 필자의 최종 검토 후 MC D-Day 하루 전인 6월 17일 사업주 PM인 B 선생의 사무실로 전달되었다.

사업주 반응

자료는 증빙 자료들을 포함하여 10㎝ 두께의 대형 바인더로 총 17권 정도가 준비된 것으로 기억된다.

직원 3~4명을 대동하고 필자가 직접 PM 사무실을 방문하였다.

박스를 전달하고 나올 수도 있지만, 우리는 분명 제출했다는 것을 인지시키기 위해 일부러 박스를 개방하여 바인더 하나하나를 일일이

B 선생 책상 앞 벽면에 가지런히 나열해 놓았다.

B 선생이 깜짝 놀라며 무슨 서류냐고 질문하자 내일이 계약서상 MC 기일이며, 사업주의 추가 용역과 사업주의 잘못으로 일정을 지킬 수 없었으며 이것은 그에 따른 'Change Order & Claim의 상세 내역'이라는 설명에 허탈한 웃음을 보이며 말했다.

"그동안 양사가 시제품 생산 일정에만 총력을 기울이기로 한 것 아닌가? 이제 내일부터 일손을 놓겠다는 뜻인가?"

"아니다. 일은 지금껏 해 왔던 것처럼 시제품 생산 일정에 맞추어 총력을 다할 것이며 지금의 행위는 계약서상 법적 행위임에 불과하니 개의치 않았으면 좋겠다."라는 말을 남겼다.

방을 나오자마자 델리 J 선생의 전화가 어김없이 걸려 온다.

씩씩거리며 있을 수 없다는 반응으로, 불만이 이만저만이 아니다.

지체상금을 걸겠다는 협박에서부터 다시 서류들을 회수하라는 회유에 이르기까지 B 선생보다도 상당히 민감하게 반응했던 것으로 기억한다.

일일이 대응하지 않고 조용히 "우리의 목표는 오로지 하나, 시제품 생산 일정이고 이번 일은 계약서에 준하는 법적 절차일 뿐 달라진 것은 하나도 없으니 개의치 말라"고 타이르고 전화기를 꺼 버린 채 몇 시간 동안 전화를 받지 않았다.

사실 사업주 입장에서는 MC 일정 며칠 전에, 일정이 얼마 남았으며 일의 지연에 따른 지체상금에 대한 얼마만 한 금액이 매일 지체상금으로 계정될 것이라는 법적 효력 발생을 위한 공문(Notice)이 발행되었어야 한다.

그러나 그 당시에는 양사 모두가 시제품 생산 일정에 총력을 기울이고 있던 터라 그만 당사로부터 기습적으로 일격을 당하고 만 셈이다.

만일 법정에 선다면 당사가 유리할 판이다.

사업주는 허탈해하면서도 일단은 시제품 생산에 총력을 다해야 하며, 그 후 결과에 대해서 시시비비를 가린다는 입장이었다.

그렇게 17여 권의 'Change Order & Claim' 서류들은 프로젝트가 끝날 때까지 사업주 PM인 B 선생의 방바닥에 가지런히 놓인 채 그 방을 드나드는 모든 사람의 시선을 빼앗았다.

직원들의 반응

처음 필자가 현장에 부임했을 때 무반응이었던 직원들이 변하기 시작했다.

실패한 프로젝트에 몸담고 있다는 현실에 의욕이 없었고, 자포자기 식의 일상생활 속에서 소장의 일방적 소통에 의한 수동적 현장 운영에 의존해 왔던 직원들의 눈빛이 달라지기 시작한 것이다.

후일담이지만, 필자와 Daily Night Time Meeting이 끝나고 나면 대다수의 팀원은 잠자리에 들기 전에 다 같이 담배를 피워 물고는 "와, 또라이 아닌가? 연말이 가도 MC가 끝날까 말까 할 상황인데, 8월 15일 시제품 생산 일정을 성공적으로 맞출 수 있다니. 미친놈 아닌가?" 하며 필자를 미친놈 취급을 했다고 한다.

변화가 시작된 시점은 필자가 기존 소장을 배제하고 소장을 겸임하기 시작한 때다.

이때부터 쌍방향 소통이 이루어지고, 현장이 각 공종의 책임자인 SI에 의해 움직이기 시작했고 직원들의 생기가 돌기 시작한 시점이었다.

두 번째 변화는 현장에 대형 크레인 2대가 추가되어 현장의 작업 효율이 크게 극대화되면서 직원들의 불만이 사라지고 일할 맛이 난다며 신바람 나기 시작하던 때였다.

아마도 비타민 C 소동이 일어난 시점도 이 무렵이었던 듯하다.

세 번째 극적인 변화는 'Hot Oil System에 대한 추진 전략' 발표가 있고 사업주로부터 긍정 메시지를 받고 난 시점이 아닌가 한다.

이때 직원들은 얼굴에 희망이 보이기 시작했고, 무엇보다도 자신의 미션에 대한 자부심과 의욕이 넘쳐 나는 모습을 볼 수 있었다.

마지막으로 많은 사고를 품어가며 이루어 낸 'Hot Oil System Circulation & Refractory Dry Out'의 성공적 성취가 아니었나 싶다.

이때부터 직원들이 한결같이 "이야, 기적이 일어날 수도 있겠다. 잘하면 시제품 생산 일정을 맞출 수도 있겠다."라고 했다.

솔직히 말하자면 리더였던 필자 또한 이 무렵부터 가능할 수도 있겠구나 하는 생각을 가졌을 뿐, 초기부터 직원들에게 "할 수 있다, 가능하다"라고 했던 것은 리더로서 스스로 위로하고 직원들의 용기를 북돋아 주기 위하여 현실을 외면한 채 던졌던 말들이었다.

필자 스스로도 놀라운 기적의 가능성을 스스로 느꼈던 시점이 아닌가 싶다.

"하늘은 스스로 돕는 자를 돕는다."라는 말과 "기적이란 이런 것을 말한다."라는 말을 평생 처음으로 느껴 본 순간이 아닌가 싶다.

사업주의 변화

필자가 처음 부임했을 당시 공장장은 프로젝트 실패의 책임을 PM에게 전가하려는 듯 방관자적 위치에서 훈수를 두는 입장에 불가했다.

PM인 B 선생은 이제 정년퇴임을 2~3년 남긴 고령자로 상관인 공장장도 크게 신경 쓰지 않고 적극적인 입장도 아닌 FM 그대로 처리하려는 정석주의 입장이었다.

그렇게 직원 대다수가 적극적인 프로젝트 리더들 이기보다는 무사안일주의의 프로젝트 방관자 내지는 권위를 내세우고 제지하는 방해자 역할을 하는 경우가 대부분이었다. Monthly Progress Meeting이 실시되는 날이면 양사 간 입장차가 극렬히 대두되면서 고성이 여기저기서 나오고 삿대질까지 서슴지 않는 장면이 연출되곤 했다.

우선 공장장이 바뀌기 시작했다.

대형 크레인이 설치되고 현장의 작업 효율화가 크게 개선되면서, 필자에 대한 이미지를 달리 가져가며 현장에 관심을 보이기 시작했다.

그날도 자신의 소형 승용차를 몰고 현장에 나타났다.

공장장이 현장에 왔다는 보고를 받고 현장으로 가 보니 공장장이 반기며 현장 상황에 대한 질문을 했다.

이에 답하려고 하는데 전화벨이 울렸다.

사업주 사장의 전화다.

필자가 사장과 통화하는 내용을 엿듣다가 사장임을 직감하고는 소스라치듯 놀란다.

그러고는 내 팔을 당기며, 계속 자기 좀 바꾸어 달라는 시늉이다.

그도 통화하기 힘든 사장이 어찌 필자에게 전화를 하며 이리도 자연스레 통화한단 말인가?

필자의 전화 응대 모습을 봐서는 아마도 통화를 자주 해 온 듯한 느낌을 받았던 것으로 기억한다.

통화가 끝나고 공장장을 바꾸어 주었다.

인도어로 하는 대화 내용을 알지는 못했지만 아마도 자신이 지금 현장에 필자와 함께 와 있고 자주 방문하며 현장 프로세스가 많이 개선되었고 자신의 치적을 내세웠지 않았나 싶다.

공장장이 필자를 대하는 태도가 완전히 바뀐 시점도 이 시기가 아니었나 싶다.

그리고 공장장이 본 프로젝트에 대해 적극적으로, 자신의 프로젝트로 만들기 위해 극적으로 바뀐 시점은 'Hot Oil System 관련 추진 일정 및 전략'에 대한 설명회를 갖고 난 후였다.

이 시점부터 공장장은 사업주가 아니라 당사 직원으로 행동했던 것으로 기억된다. Monthly Progress Meeting이 있기 전에 공장장은 필자와 둘이서 서로 역할을 분담하여 공장장은 자신의 직원들을 꾸짖고 나무랄 테니 필자는 우리 직원들의 실책을 꾸짖어 달라고 했다.

실제로 공장장은 이때부터 자신들의 직원을 당사가 요구하는 대로 부합하여 추진할 것을 종용하였고, 대단히 밀어붙였던 것이다.

심지어 필자 회사의 직원이 "배관 공사 후 Hydro Test(수압시험)를 기준 시간 끝나면 바로 사업주 검사관으로부터 검사 및 서명 날인을 받고 바로 풀어 물을 빼고 다음 작업을 착수해야 하는데, 사업주 검사 담당자가 저녁에 일찍 퇴근하는 바람에 아침까지 다음 작업을 수행할 수가 없어 일이 많이 지연되고 있다."라는 불만에 공장장이 직접 인원을 보강하고 3교대로 24시 간 풀 가동할 수 있도록 하라고 지시하는 바람에 수압 테스트가 24시간 풀 가동되며 지체되는 일이 없어졌다.

글자 그대로 천군만마를 얻은 듯했으니, 일의 진척이 배가될 수밖에 없었다.

더욱이 사업주 직원들 모두가 바뀌기 시작했다.

필자가 자신의 최고 경영자인 사장과 매달 독대를 하고 있으며, 일주일에 몇 번씩 사장이 필자에게 전화를 걸어 프로젝트를 직접 챙기고 있다는 소문이 꼬리에 꼬리를 물고 퍼진 것이다.

이 상황에 공장장까지 필자의 편에 서서 으르렁거리고 있으니, 현장에서 가장 무서운 사람이 필자가 되어 버린 것이다.

필자가 하는 말이라면 우리 직원은 물론 사업주 직원까지도 고개를 숙이는, 그야말로 양사 모든 직원이 한 방향으로 일사불란하게 움직이는 필자의 직원인 셈이었다.

심지어 Monthly Progress Meeting을 위해 델리로 떠나기 하루 전에 필자 사무실로 찾아와 자신의 치적을 사장에게 전달해 달라는 친구와 편지를 전해 달라는 친구까지 생기게 되었다.

현장 내에는 모두가 한편이니 일이 거침이 없었고, 그렇게 현장의 시간은 분초를 다투며 흘러가고 있었다.

10. 현장의 사고들, 프로그레스(공정율)와 함께하다

히터 내부 설치 작업과 붕괴사고

히터 내부는 낮에도 빛이 완전히 차단되기 때문에 조명(Lighting)을 설치하더라도 어둡고, Scaffold(비계, 안전 구조물)를 설치하고 다수 업종의 작업자가 동시에 작업하기에는 비좁고 위험하기 짝이 없다.

안전관리자가 상주하지만 안전을 강조하며 떠들어 대기엔 일정은 급박하고 모든 일이 초를 다투며 진행되는 사업장에 안전관리자의 목소리가 커질 수는 없는 상황이었다.

내부에 내화 유리 섬유 부착 작업과 버너 설치 및 전기 작업 등 다수의 작업이 동시에 이루어지고 있던 터라 비계가 무너지면서 다수의 부상자가 발생하는 사고가 발생했다.

보고를 받고 현장으로 달려가는 필자의 뇌리에는 '이 일을 어찌 수습해야 하나? 앞으로 가야 할 길은 멀고 초를 다투는데, 이 사고를 어찌 빨리 수습하고 안정화를 시킬 수 있을까?' 하는 오직 한 가지 생각뿐이었다.

한국에서라면 본사에 보고하고 본사 안전관리팀의 지침을 받거나 노동부 산하 산재신고센터에 신고 후 수습 처리를 해야 하겠지만, 외국인 이곳에서는 어찌해야 하나.

걱정과 함께 빨리 현장 상황을 정리하고 수습해야겠다는 생각에 사고 현장으로 뜀박질을 하고 있는데 전화벨이 울렸다.

J 선생이다.

지금 사고 현장으로 달려가고 있는 것으로 아는데, 갈 필요 없이 멈추고 사무실로 돌아가라는 것이다.

그리고 필자의 직원들은 모두 눈감고 함구하고 있으라는 것이다.

사고 수습은 사업주 측에서 직접 할 테니, 본사에 보고는 물론 국내외 모든 언론과의 접촉은 금해 달라는 것이다.

일절 모르는 것으로 해 달라는 것이며, 사고 경위 및 현황에 대해서는 비계 붕괴 사고에 의한 다수의 부상자 정도로만 알고 더 이상 알려고도 하지 말라는 것이었다.

필자가 알기로는 하청협력사와 사업주 간에 언론의 노출 없이 극비 처리한 것으로 알고 있으며, 하청협력사인 B사 또한 함구하고 있어 더 이상 알 길이 없었다.

다음 날 현장 출력 인원이 평소의 절반도 되지 않아 현장 출입구에 가 보니, 공터에서 작업자 1,000여 명이 시위를 하고 있는 것이 아닌가.

현장 내 사고가 난 바로 직후 현장에 출입할 수 없다는 것이 그들의 입장이며, 인도어로 시위하는 내용을 알 수가 없어 주동자로 보이는 시위자들 중앙으로 다가가 그들과 대화를 시도하려고 했다.

그러나 이내 필자가 현장의 총괄 책임자라는 것은 대다수 작업자들이 아는 터라 그들은 필자를 에워싸고 웅성거리기 시작했다.

위험하다고 판단했는지 우리 직원 다수가 군중을 헤집고 필자를 만류하며 안전지대로 끌어내는 바람에 대화를 할 수도 없는 상황이었지만, 다행히 시위는 하루 만에 그치고 현장은 다시 평상시로 돌아왔다.

액화 옥탄 가스 저장탱크 가스 누출 사고

직경 약 3m에 높이가 약 20m 되는 두 개의 액화 옥탄 가스 저장탱크에 채워 넣을 L-옥탄이 프로젝트 공기 지연으로 부두에 여러 대의 탱크로리에 채워진 채로 대기하고 있었다.

탱크로리 임대료와 부두 대기 기간이 길어지면서 운송 업체와 항만 공사로부터 지체상금이 하루에도 상당 금액 클레임이 걸리고 있었다.

현장에는 3,000여 명의 작업자가 아직도 출력하고 있는 상황이지만, 저장탱크의 수압 테스트가 끝나자마자 경비 절감 차원에서 L-옥탄을 현장에 반입·주입시켜야만 하는 입장이었다.

현장 내 공사가 마무리되지 않은 상황에서 저장탱크 수압 테스트가 끝났다는 이유로 L-옥탄을 반입·주입시켜야겠다고 하니 사업주가 승인할 리가 없었다.

사업주 담당자와 PM을 찾아가 우리의 딱한 사정을 호소해 봤지만, 안전상의 이유로 확답을 주지 않았다. 아니, 책임지고 싶지 않았을 것이다.

공장 운전을 담당하는 총괄 책임자인 Operation Manager를 찾아 승인을 얻어 보라는 말만 되풀이할 뿐 안타까운 우리 입장을 대변해 주지는 않았다.

Operation Manager를 찾아가 주변 안전테이프를 설치하고 안전하게 주입하겠으며, 주변 5m 구역 내에 바리케이드를 설치하고 안전관리자를 고정 배치하며 현장과 다른, 별도의 영역으로 관리하겠다는 단단한 다짐을 받은 후에 주입 허락을 받았다.

운송 업체에 연락해 탱크로리 3~4대를 항구 부두에서 현장까지 이동시켜 저장탱크 1기에 주입시켰다.

주입시키기까지는 일정 시간이 소요되어 L-옥탄을 저장탱크에 주입 완료하고 나서는 몰랐으나 저녁에 해가 지고 날이 어둑하고 컴컴할 때 퇴근하다 보니 저장탱크 옆에 붙어 있는 각종 레벨 게이지, 밸브 등 용접 이음매 여러 곳에서 파란 가스가 새어 나오는 모습이 보였다.

눈앞이 캄캄하고 가슴 떨리는 순간이었다.

배관 담당자와 관계자를 불러 대책을 논의했다.

위험을 무릅쓰고서라도 누수 부분에 마크를 하고 L-옥탄을 옆 저장탱크(옆 저장탱크 또한 누수가 되겠지만)에 옮기고 용접 작업을 다시 하는 수밖에 달리 방법이 없었다.

배관 담당자, 배관 기사를 대동하고 현장으로 갔지만 누구도 탱크에 성큼 오르려고 하지 않는 눈치였다.

접촉으로 인해 불꽃이 튈 수도 있는 작업복의 모든 금속 장신구(안전벨트 등)를 벗어 버리고, 먼저 올랐다.

배관사는 나를 따라 오르면서 누수 부위를 마크하고 배관 담당자는 안전 관리자와 함께 밑에 머물면서 주변 사람을 접근 금지시키고 누수 부위를 밑에서 바라보면서 서로 소통하기로 했다.

먼저 핸드레일을 잡고 오르기 시작했다.

겁도 났지만 누구도 하지 않을 것이란 생각 때문에 달리 방법이 없었다.

뒤따라 올라오는 배관사의 손과 발이 떨리는 모습이 눈에 들어왔다.

큰 소리로 "Here Mark Please"를 외치며 오르기를 한 시간, 조마조마한 마음으로 작업을 마무리하고 펌프를 이용하여 L-옥탄을 옆에 있는 다른 탱크로 이동시킨 후 동일한 마크 작업을 실시하며 새벽녘까지 가슴 졸이며 작업을 마무리했다.

문제는 용접 작업이다.

우선 사업주 승인을 얻어야 하는데 승인을 해 줄 리 없다는 생각에 걱정스러웠지만 달리 방법이 없지 않은가.

위험을 무릅쓰고라도 해야 할 일이 아니던가.

이미 사업주 최고위층에게는 모든 내용이 다 보고된 상태로, 사무실이 웅성웅성하고 사업주 실무 배관 담당자는 허가 불가 입장을 분명히 하고는 어디로 사라졌는지 모습을 감춘 상태였다.

사업주 PM은 당연히 거부할 것이 뻔한 일이니, 공장장을 직접 만나 허가를 얻기로 작정하고 그의 사무실로 들어서니 회전의자를 돌리면서 내 얼굴을 보지 않겠다는 듯 외면하는 태도를 보였다.

사고 경위, 현재 상황 및 향후 추진 계획까지 안전에 안전을 강조하면서 잘 설득하려 했지만 대답이 없었다.

한참의 침묵이 흐른 후에 필자가 지금 한 말을 듣지 않은 것으로 해 주고, 자신은 모르는 일로 해 달라는 요구와 함께 눈을 찡긋거렸던 모습이 지금도 생생하다.

달리 방법이 없음을 그들도 알지만 만일의 사고가 발생할 시 책임을 지지 않겠다는 의도다.

용접 작업조를 꾸몄지만 선뜻 나서는 작업자가 없었다.

결국 Project Director였던 필자가 작업조장을 맡아 직접 저장탱크에 올라 위험을 무릅쓰고 지휘하며 용접 작업을 마무리할 수 있었던 것은 그들의 마음을 움직였기 때문이 아닐까 생각한다.

히터 상부 화재 사고와 가스 누출 사고

히터 상부의 오일 누출로 인한 화재 사고는 초기에 연기를 감지하면서 안전관리자를 비롯 다수의 직원이 인지하고 있던 중에 핫 오일의 온도가 오르면서 오일에 젖어 있던 히터 외벽 보온 단열재에 불이 붙어 발생하였기에 다행히 조기 발견하여 진화 작업이 단시간에 마무리될 수 있었다.

하지만 핫 오일의 온도가 1,500도 이상을 유지하면서 Hot Oil System Line상에 부착된 밸브나 Fitting 등 이음매의 몇몇 군데에서 L옥탄 가스 누출 때와 마찬가지로 파란 가스가 새어 나오는 모습이 보였다.

핫 오일이 고온으로 인해 수소가스화 되어, 밤에는 파란 가스로 보이고 낮에는 아지랑이처럼 아주 미세한 구멍에서 새어 나오는 것이었다.

배관 담당자 및 시운전 담당자 그리고 하청협력사 직원들을 포함, 팀을 구성하여 대대적인 Hot Oil Circulation Line 점검에 나섰다.

Hot Oil Line이 설치되어 있는 Pipe Rack(배관 라인들을 받쳐 주는 철구조물) 밑을 따라가면서 혹 땅바닥에 기름이 떨어진 자국이 있는지 살펴보았고, 두세 군데에서 땅바닥에 기름이 떨어져 있는 것을 보니 가슴이 철렁 내려앉았다.

위를 쳐다보며 배관 라인을 점검해 봤지만 기름 새는 것이 보이질 않았다.

다면 배관 표면에 기름이 묻어 있는 정도로 오랜 시간에 걸쳐 몇 방울씩 떨어지는 것이다.

이는 배관 침식이라고 하는데, 용접 똥이 튀면서 배관 표면으로부터 미세한 구멍으로 부식이 발생하여 미세 구멍이 생기고, 고온 고압에서 서서히 미세 구멍을 통해 오일이 스며 나오는 것이다.

이런 부분들에 대한 보수공사는 코킹(미세 누수 부분을 뾰족한 쇠망치를 이용하여 찍어 메우는 방법)과 순간 용접(내부에 고온의 오일이 흐르는 상태에서 배관 외부에 순간 용접으로 메우는 방법)이 있는데, 이는 고경험 용접 기술자들에 의해서만 가능한 고난도 기술을 요하는 작업이다.

연결 이음매 부분에서 발생하는 파란 가스의 누출 부분은 대부분 코킹을 통해 개선했으며, 배관 라인상의 오일 누출은 순간 용접과 이중 배관으로 추가 덧대기 방식으로 해결했던 것으로 기억된다.

Hot Oil System Line상에서만큼은 철저한 용접 공사와 수압 테스트 등 만전을 기했지만, 그래도 초를 다투는 현장에서 이러한 사고들을 피해 갈 수는 없었다.

열 교환기 누수 사고

열 교환기에는 여러 가지 타입이 있지만 주로 사용하는 열 교환기는 'Shell & Tube Type'으로 튜브 번들(Tube Bundle, 튜브 묶음)이라고 하는 수십 개에서 수백 개의 1인치 내외의 튜브 다발이 베셀(Vessel, 원통형 탱크) 내부에 삽입되어 있는 것으로 튜브 내에는 원료나 중간재의 용액이 흐르고, 튜브 바깥쪽이면서 Vessel 내부에서는 이를 식혀 주거나 온도를 올려 주기 위한 냉매(주로 물 사용) 내지는 열원을 통과시켜 열 교환을 시키는 것이다.

따라서 튜브 번들(Tube Bundle)과 튜브 이음매 용접 부위에서 주로 발생하는 누수를 막기 위해 철저한 용접 작업과 수압 테스트는 제조 업체에서 실시한 후 현장으로 반입되어 설치되는 것이 상례이다.

현장에 수십 기의 열 교환기가 도착·반입되었다.

며칠째 설치되지 않은 상태로 양사 간에 실랑이가 벌어졌다.

사업주는 현장에서 추가 수압 테스트를 해야 한다는 입장이었는데, 즉 제조 업체에서 실시한 수압 테스트 결과 증명서를 인정할 수 없다는 것이다.

필자 회사는 시간이 없는데 추가로 현장에서 수압 테스트를 할 수 없다는 입장이었다.

필자가 나섰다.

제조 업체가 자체적으로 한 수압 테스트 결과에 대한 증명이 아니라, 제3자로 국제 검사 업체인 C사가 실시하고 발행한 검사 증명서인데 인정해 달라는 필자의 요구에 예전 경험을 들이대며 막무가내로 거절하는 것이다.

필자가 제안했다.

시간이 없으니 임의로 수십 기 중 3기만 수압 테스트를 하여 합격하면 전부 수압 테스트 없이 설치하기로 하되, 한 대만이라도 불합격이면 수십 기 전부를 테스트하기로 약조하고 합의점을 찾았다.

하지만 필자의 확신은 보기 좋게 깨졌고, 3대 모두 물이 줄줄 새는 바람에 수십 기 전부에 대해 수압 테스트를 하고, 현장에서 제조 업체를 불러 용접 보수 작업을 할 수밖에 없었다.

제조 업체도 문제지만 이들을 눈감아 주고 증명서만 발급해 준 검사 대행업체인 C사조차도 한심하기 짝이 없었다.

만약 그냥 설치했더라면 얼마나 큰 대형 사고로 이어졌을까.

시간은 조금 지체되었지만 참으로 다행스러운 일이었다.

싸울 때에는 그렇게 미웠지만 결과적으로 인도 업체들에 대해 경험 많은 사업주가 고맙기까지 했었다.

국제적으로 신뢰를 갖고 있는 국제 Third Party Inspector인 C사조차도 인도에서는 검사를 눈감아 주고 허위 증명서를 발급해 준다는 사실이 믿기지 않았다.

이들에게 클레임을 걸고, 지불할 검사 용역비를 지불 정지하라는 지시를 내리고는 또 현장은 그렇게 바쁘게 움직이고 있었다.

폭우 속 Catalyst Loading

공정상 반응 촉매제로 사용하는 Catalyst는 Ceramic Ball, Molecular sieve, 백금 촉매 등 다양한 종류가 있으며 습기나 물기에 약하고 고가인 관계로 모든 공사가 완료되고 시운전 직전, 원료를 투입하기 직전에 각 Reactor(반응기)에 투입하는 것으로 되어 있으나 거의 매일 한두 차례 비가 오는 인도의 몬순 기간이 6~8월에 겹치고 있고 공사를 모두 마치고 투입할 만한 시간적 여유가 없어 미리 투입하자는 것이 우리의 입장이었다.

U사 측 슈퍼바이저들도 초기에는 강력히 반대하였지만, 인도의 기후나 현 상황을 고려하고 우리의 거듭된 설득에 일단 대형 천막을 준비하기로 하고 투입하기로 결정하였다. Reactor, Chamber & Adsorbents 등 6~7개 타워에 투입해야 할 양이 만만치 않고, 투입 시 그냥 마구잡이로 쏟아붓는 것이 아니라 절차에 따라 사람이 직접 타워 안에 들어가 위에서 Catalyst를 내려 주면 골고루 뿌리면서 습도나 밀도 등을 체크해 가면서 채워야 하기 때문에 하나의 Reactor에 시간이 며칠씩 소요되는 작업이다.

폭우가 내리면 모든 작업은 정지된 채 Catalyst를 보존하기 위한 작업이 이어진다.

대형 송풍기를 철골 타워 상부에 올려놓고 Catalyst를 말려 가면서 습기를 먹지 않도록 총력을 기울여야 하는 것이다.

비가 그치면 다시 시작하기를 반복해야 하고 시간을 지체할 수 없기 때문에 Oil Filling 작업 때와 마찬가지로 24시간 풀 가동을 해야 한다.

미리 작업조를 만들고 준비해 왔지만, 비가 연일 쏟아지며 일이 지연되면서 작업조들도 지쳐 가고 있었다.

필자도 20~30m 높이의 타워를 오르내리며 직원들을 독려했지만, 이때처럼 비가 원망스러웠던 적도 없던 것 같다.

3개 조로 나누어 24시간 풀 가동했지만 그래도 직원들은 지쳐 갔고, 온몸이 비에 젖은 생쥐 같은 꼴을 하고서도 Catalyst가 비에 젖을세라 천막을 움켜쥐고 자신은 비를 맞아 가면서도 촉매제를 지키려는 직원들의 모습을 바라보며 하늘을 우러러 눈물짓던 생각을 하면 지금도 가슴이 먹먹해져 온다.

U사 Supervisor들의 횡포?

사업주 사장의 힘을 빌려 어렵게 U사 Supervisor들이 도착했다.

이름은 잊었는데 키가 작은 이탈리아인이 팀 리더로 4~5명 왔던 것으로 기억된다.

이들은 대다수 U사 측 공장에서 수십 년간 운전 직원으로 또는 공정 담당자로 근무했던 경력 소유자들로, 본 프로젝트의 계약직으로 파견되어 온 것이다.

U사의 License Package, 즉 특허를 반영하여 짓는 공장이기 때문에 큰 금액의 License Fee(특허료)를 내는 반면에 U사 측은 공장에 대한 성능을 보장해 주는 것이다.

따라서 비록 신분은 계약직에 불과하지만 이들의 승인이 없이는 공장 시운전을 할 수도, 원료를 투입할 수도 없는 것이다.

이들의 말 한마디 한마디가 펀치(Punch, 공사 하자나 결함에 대한 지적사항)요, 법인 것이다.

첫날 간단한 상호 간 인사가 있었고 현장 순찰을 한 후에 저녁 시간에 간단히 이들의 현장에 대한 강평이 있었다.

상당히 거만한 투로 현장은 자신들이 파견 나올 상황이 아니며, 한창 공사 중인 현장에 자신들이 공정을 코멘트할 입장이나 상황도 아니라는 것이다.

우리가 U사 감독관들을 조기에 초청하게 된 경위와 현 상황을 설명하며, 시제품 생산 일정을 성공적으로 달성하기 위한 조치였음을 언급하고 설득하려 했으나 귀담아들으려 하지도 않고 사무실을 빠져나가고 말았다.

다음 날부터 이들은 현장에 코빼기도 보이질 않았다.

이들에 대한 Supervision Fee 일당이 상당한 금액인 것으로 알고 있는데, 하루에 천만 원 이상의 돈이 하늘로 새고 있는 것이다.

U사 측 사무실로 찾아갔다.

다시 한번 설득해 보았지만 소용이 없었다.

일단 공사가 진행된 부분만이라도 검토해 달라는 필자의 요구에 공사가 완결된 프로세스가 있으면 하겠지만, 완결된 부분이 아직은 없고 조금씩 미완성 단계라는 것이다.

U사 측 Supervisor들은 이탈리안 리더에게 절대복종하는 위치에 있었으며, 팀장의 말이 곧 법이나 다름없었다.

한마디씩 툭툭 던지는 말투로 보아서, 또 우리 시운전 팀장의 말에 의하면 U사에서 많은 경험을 소유했으며 실력 있는 친구로 이 친구를 잘 설득해야 할 것 같았다.

이때부터 여러 차례 시간이 될 때마다 이 친구를 만나러 갔다.

한 수 배우러 왔다고 운을 뗀 뒤에 차 한잔 먹으며 이런저런 이야기를 하던 사이에 식사에 초대할 기회가 생겼다.

식사는 우리 숙소에서 이루어졌으며 특별히 주방장 아주머니에게 부탁하여 한식 이외에 이탈리안 요리 한두 가지 정도 부탁해 두었다.

비록 고급 레스토랑은 아니었지만, 양주와 함께 나온 이탈리안 요리에 그만 깜짝 놀라며 감탄을 자아냈던 작달막한 이탈리아 친구의 얼굴이 떠오른다.

인도인들이 준비해 주는 숙소의 양식에 질렸다면서 양주는 어디서 구했으며, 그동안 술에 굶주렸다며 흡족해하던 모습이 기억에 남는다.

그렇게 취기 속에서 필자의 마지막 인생 보따리 얘기가 나오고, 도와달라는 말과 걱정 말라는 위로의 말들이 오가는 자리에서 또 하나의 역사는 이루어지고 있었다.

그들이 가는 길에 양주 몇 병이 차에 함께 실렸음은 두말할 여지가 없었다.

"그라시아스! 그라시아스!"(이탈리아 친구였는데, 스페인 언어를 아주 잘 구사하였다.)

그로부터 며칠 후, U사 측 사무실로부터 연락이 왔다.

아직 공사가 마무리되지 않은 프로세스 구간에 대해서도 미리 도면의 내용을 변경 코멘트해 줄 테니 공정 담당자와 시운전 팀장을 보내 달라는 것이다.

아, 하늘이 돕는구나. 정말이지, 그라시아스! 그라시아스!

이들의 코멘트는 U사 측에서 주어진 Basic 도면 내용과는 반하는 내용들로, U사 측 팀장의 말에 의하면 현재 우리가 U사 측으로부터 Basic 도면을 받아 상세 설계 도면으로 작성된 내용들은 예전 버전으로, 최근에 공장의 운전을 바탕으로 새롭게 변경된 내용이 많으니 그들의 코멘트대로 공사를 진행해 달라는 것이다.

이 얼마나 고마운 일인가.

공사를 다 끝내고 나면 그때 현장에 와서 검토하고는 사무실에서 코멘트 내용을 레터로 던져 버리면 그들의 임무는 끝인 것이다.

하지만 우리는 공사했던 부분을 다시 다 뜯어내고, 그들의 코멘트대로 다시 수정 작업을 해야 하는 것이다.

돈도 돈이지만 이 얼마나 시간을 소비하는 일인가.

분초를 다투는 시기에…. U사 측 Punch에 의한 추가 공사나 추가 지연 시간을 고려하였는데, 필자의 예상대로 그들의 코멘트나 Punch도 잔여 공사와 함께 묻어가니 시간은 또다시 그렇게 단축되고 있었다.

그렇게 U사 측 Supervisor 또한 우리 편이 되어 함께 일을 하고 있는 상황이 되어 가고 있었다.

때로는 얼굴을 붉히기도 하고 고집을 부리기도 하였지만, 대체적으로 U사 측은 우리 편이 되어 갔고, 그렇게 우리는 함께 목표를 향해 달려가고 있었다.

Process Valve Passing과 대형 Gate Valve 미작동

Hot Oil Circulation & Refractory Dry Out 작업을 성공적으로 마치고, 열을 식혀 Duct 내부의 내화벽돌 건조 상태를 확인해 보니 일부 금이 간 부분, 홈이 파인 부분 등 보수를 요하는 부분이 있었으나 대체적으로 잘 건조되어 이제 가동해도 좋다는 결론을 얻었다. 한편으로 잔여 토목 공사나 철골 공사에 대한 사업주 펀치보다는 시운전을 조기 가동하기 위해 사업주 및 U사 측에서 발행한 프로세스 펀치(Process Punch, 시운전에 직접 영향을 주는 공정상 하자 부분) 및 운전을 위해 필요한 잔여 작업에 모든 인력을 집중시키며 피 말리는 전쟁은 계속 이어졌다.

7월 초 시제품 생산 일정 한 달 반을 남기고도, 해가 지고 컴컴한 밤하늘에 불꽃놀이를 하듯이 엄청난 양의 용접 똥을 쏟아 내고 있었으니, 속은 타들어 가고 있었다.

'저 용접 작업들이 멈추고 고요한 밤을 맞을 수 있어야 원료를 투입하고 시운전에 돌입할 텐데, 중간 제품인 'P' 물질을 동시 투입하더라도 시제품 생산까지 1개월이 소요된다던데' 하는 우려에 매일 밤, 밤하늘에 아름답게 터지는 용접 똥을 바라보며 가슴 졸이던 기억이 난다.

그러던 어느 날, 거짓말처럼 고요한 밤하늘이 찾아왔다.

어찌 된 일인가?

화기 작업은 끝나고, 잔여 작업 또한 저녁 늦게까지 잔업을 요하지 않기에 대다수의 작업자가 정시에 퇴근을 하는 바람에 현장이 조용하기까지 한 것이다.

그렇게 현장은 또 다른 변화를 보이며 새로운 환경을 기다리고 있었다.

그러던 어느 날, U사 측 이탈리아 팀장이 찾아왔다.

오른손의 엄지를 척 치켜세우면서 "Mr. Kang, Everything is ready!" 라고 했다.

시제품 생산을 위한 원료를 투입해도 좋다는 오케이 사인이 난 것이다.

아, 핑 도는 눈물을 감추며 '그라시아스'를 연발하던, 지금도 가슴 뛰는 땅딸막한 이탈리아 친구의 목소리가 여전히 새롭다.

그렇게 현장은 앞 공정인 Front end 입구에 'K' 물질을, 후공정인 Back end 입구에 중간 제품인 'P' 물질을 맞이할 준비를 끝내고 있었다.

원료가 투입되고 시운전이 시작되는 단계라지만, 현장은 아직도 몇 개월이 소요되는 잔여 일들이 남아 있었다.

즉, 시운전과 크게 상관이 없는 페인트 Work, 보온 작업, 도로 및 울타리 작업, 철골이나 기계 보수 작업과 사업주 Non Process Punch Work 등이 남아 있었다.

아직도 현장에는 수백 명의 인력이 출력하고 있었기에 안전에 신경을 쓰면서 원료가 투입되었다.

공장의 가동과 함께, 그동안 수많은 사람의 손때를 묻혀 가며 설치된 기계들이 이제 숨을 고르며 막 생명을 불어넣기 시작한 것이다.

각각의 공정상에서 반응을 일으키며 순환을 거듭하는 동안, 원료는 새로운 형태의 물질로 바뀌어 가며 제품으로 탄생할 것이다.

이때는 MC의 업무가 끝났다고 생각하고 소장은 철수하고 새로이 기계팀장인 기계 SI를 소장으로 임명하고, 필자는 시운전 업무에 중점을 두며 전체를 총괄하는 업무로 복귀했던 시점이기도 했다.

이 시점에 중요한 것은 회전 기기들인데, 특히 펌프의 누수를 막아 주는 Mechanical Seal(일종의 기계적 패킹)의 잦은 고장으로 계속적으로 교체를 해 주다 보니 여분의 Mechanical Seal이 동나고 긴급히 새로운 Mechanical Seal들을 다량 공급받았던 것으로 기억된다.

그렇게 가슴 졸이며 하루하루를 보내던 중, 문제가 발생했다.

프로세스상 탱크, 타워, Reactor 등과 같은 모든 용기(Stationary Equipment) 앞에는 원료나 용액의 이송을 위해 펌프가 설치되는데 펌프는 보수나 교체를 위해 Standby 펌프를 포함하여 두 대가 설치되어 있고, 교체나 수리를 위해 펌프 앞 단에 밸브가 설치되어 있다.

펌프의 Mechanical Seal 교체나 보수를 위해 옆 펌프를 가동시키기 위해서는 밸브를 잠가야 하는데, Front end 공정에서 Molex Transfer

Pump 앞 단에 설치되어 있는 밸브가 닫히질 않고 Passing되고 있었고, 대형 Hot Oil Circulation Pump 앞 단에 설치되어 있는 대형 Gate Valve가 완벽하게 닫히지 않고 있다는 보고였다.

긴급회의를 소집하고 방법을 논의했지만 뾰족한 수가 없었다.

Hot Oil Circulation Pump의 경우는 지난번 Refractory Dry Out을 위한 Hot Oil Circulation 시 이상 없이 잘 작동되던 밸브였다.

이는 Gate Vale의 Gate가 홈을 따라 완벽하게 닫혀야 하는데 홈 끝단에 이 물질이 끼어 완벽하게 닫기질 않고 그 사이로 핫 오일이 튀어나오는 현상이었고, Molex Transfer Pump 앞 단의 밸브는 밸브 손잡이가 겉돌고 액체가 Passing되고 있어 새는 채로 밸브를 들어내고 교체하는 방법 외에는 달리 뾰족한 수가 없었다.

우선 Molex Transfer Pump 앞 단의 밸브 교체 작업이다.

원료는 석유 계통의 인화성 물질이라 화염 폭발성이 높아 위험하기에 만반의 준비를 갖추었다.

다행히 펌프와 밸브는 약 2m 상단의 철제 플랫폼(Platform)상에 설치되어 있고 바닥은 아래가 훤히 내려다보이는 Grating(그레이팅, 하수구 뚜껑에 사용되는 철제 판)으로 되어 있어 하부에 대형 드럼통을 준비하였다.

작업자 외에 여러 명의 안전관리자가 소화기를 들고 대기하고 있고, 이것도 부족해 소방차 한 대를 바로 옆 도로에 대기시켰다.

필자의 지시 아래 펌프와 연결되어 있는 밸브의 볼트를 풀기 시작했다.

시큼한 기름 냄새를 풍기며 석유 성분의 원료가 쏟아져 내리기 시작했다.

밸브를 들어내는 두 명과 새로운 밸브를 끼워 넣을 두 명, 그리고 신속히 볼트를 풀고 다시 볼트를 조립하는 두 명의 작업자까지 총 6~7명이 비좁은 공간에서 기름 냄새 나는 원료를 뒤집어쓴 채 작업을 하고 있었다.

드럼통이 가득 찰 정도의 많은 양의 원료를 쏟아 내며 작업자들은 물에 빠진 생쥐 마냥 기름을 흠뻑 맞은 채 재빠른 몸놀림으로 밸브를 교체했고, 사고 없이 작업은 성공적으로 마무리되었다.

이제 대형 Gate Valve다.

Gate Valve는 밸브를 잠그기 위해 작업자가 대형 핸들에 올라타며 아무리 핸들을 돌리려 해도 100% Close 표시 눈금의 위치까지 이동이 되질 않고 있었다.

작업자에게 Flange의 나사를 풀고 밸브와 Hot Oil Transfer Pump 사이에 연결되어 있는 작은 단관을 분리하라고 지시하였다.

끝 단에 이물질이 있는지 모르겠지만, 분리를 하고 보니 Gate가 홈을 타고 내려오다가 홈통 아래 부분까지 완벽하게 닫기질 않고 뜨거운 핫 오일 방울들을 튀기고 있었다.

뜨거운 핫 오일이 튀는 바람에 누구도 접근하려 들지 않았다.

안타까운 일이었다.

모두가 넋을 잃고 바라보고만 있었고, 1㎜도 안 되는 틈새를 통과해서 2㎝의 홈통 아래로만 Gate가 닫혀 주면 되는데, 너무나 안타까웠다.

작업자에게 긴 쇠 파이프를 가져오라 지시하고 헬멧, 보안경, 마스크 등 옷매무새를 단단히 하고 쇠파이프를 잡아 들었다.

위험하다고 부하 직원들이 만류하기 시작했다.

하지만 그냥 넋 놓고 있기에는 뛰는 가슴을 참아 낼 수가 없었다.

오일이 튀는 것도 문제이지만 너무 뜨거워 가까이 접근할 수 없었고, 멀찌감치 떨어져 쇠파이프를 들고 Gate 하단을 때려 보았지만 움직임이 없었다.

Gate 옆 단을 여러 차례 때려 보았지만 꿈쩍하지 않았다.

그러기를 수차례 반복하며, 다시 작업자에게 지시하였다.

다시 한번 Gate를 힘껏 때려 볼 테니 순간 핸들을 돌려 보라고 지시하였다.

다시 다가가 쇠파이프를 힘껏 때리는 순간, 핸들에 대롱대롱 매달려 있던 작업자가 핸들이 돌면서 아래로 뛰어내리는 것이 아닌가.

밸브가 닫힌 것이다.

'와' 하는 함성 소리와 함께, 그렇게 또 하나의 역사가 만들어지고 있었다.

지난 며칠간 앓던 이가 빠진 듯한 기분이었다.

보온 작업의 미완성

사실 보온 작업은 MC 일정의 필수 조건은 아니었다.

MC 일정이 끝나고도 작업을 진행할 수 있는 핵심 공종이 아니었기 때문에, 모두가 시 운전과 관련된 잔여 업무에만 신경을 써 왔던 것이다.

순조롭게 시운전이 진행되고 있던 어느 날, 시운전 팀장으로부터 긴급 보고가 들어왔다. Reactor 내에 있는 원료가 반응을 하지 않는다는 것이다.

가슴이 철렁 내려앉는 순간이었다.

아니, Reactor에서 반응이 일어나질 않고 있다면, 프로세스가 문제인가?

아니면 지난번 폭우 속 Catalyst Loading 작업으로 Catalyst들이 문제가 있는 것일까?

아니면 Reactor가 구조상 무슨 문제가 있다는 말인가?

필자가 공정 전문가도 아니고, U사 측 팀장에게 확인해 보라는 지시 밖에 답을 줄 수가 없었다.

다시 몇 시간 뒤에 연락이 왔다.

Reactor가 내부 화학 반응을 일으키기 위한 온도에 도달하지 못하고 있다는 것이다.

그렇다면 핫 오일의 온도는 체크해 보았냐는 필자의 질문에, 핫 오일의 온도는 문제가 없다는 것이다.

Reactor 외부 보온 작업이 아직 안 되어 Reactor가 적정 온도에 도달하지 않은 것으로 최종 확인되었다.

이때부터 보온 업체와의 싸움이 시작되었다.

보온 업체 사장은 인도인 치고는 하얀 피부색을 갖고 항상 양복을 빼입고는 현장에 나타나 내게 인사를 하던 친구로 기억된다.

현장 옆에 천막을 치고 간이 공장을 만들어 얇은 알루미늄판을 오려 내어 배관에 감쌀 원통 관을 만들고, 현장으로 이동하여 Rock Wool이나 Glass wool 등 보온재를 감싸고 알루미늄판이나 철판으로 만든 배관 통으로 감싸는 작업과 Reactor나 Vessel 외부에 철 못을 용접해 붙이고 Glass Wool을 꽂아 외벽을 감싸고 철판으로 마감하는 그런 작업을 해 오면서 모두의 무관심 속에 일정에 상관없이 최소의 인원으로 일을 세월아 네월아 하면서 소일하고 있었던 것이다.

사장의 입장에서는 최소의 인력으로 원가를 절감하여 최대의 수익을 얻고자 하는 속셈이었던 듯싶다.

점잖게 생긴 외모와 달리 사장은 고집불통으로 우리의 요청에 응해 주질 않았다.

인력을 추가로 투입하고 조기 완료해 달라는 필자의 요구에 추가 용역비를 요구할 뿐 반응은 없었다.

하루 종일 현장 옆 임시 공장에서 작업을 독려하며 공정 관리를 하였지만, 이렇다 할 진척이 없었다.

사장과 마주 앉아 인센티브를 제시하고 시급성을 다투는 Reactor 및 일부 타워에 일정을 맞추어 주면 추가 보너스를 지급하겠다는 필자의 제안을 받아들이기로 하고 협상은 끝났다.

하지만 보너스만 요구할 뿐 약속한 일정은 지켜지지 않았고, 이들과의 지긋지긋한 싸움은 필자가 귀국하는 날까지 이어졌다.

주요 Reactor는 나름 보온 공사를 마치고 시운전상에 영향이 없었으나 이들 공사의 지연으로 인해 프로젝트의 종료, 잔금 수금 그리고 당사 직원들의 조기 철수 등 적지 않은 영향을 주고 있기에 빨리 마무리하고 현장을 철수해야 하는 것이 우리의 입장이었다.

점잖게 생긴 하얀 얼굴의 인도 보온 공사 업체 사장, 그 지긋지긋하던 얼굴, 지금도 돌이켜보면 쓴웃음이 절로 지어진다.

11. 기적이 일어나다 - 8월 14일

Insulation 보온 업체와 싸워 가며 Reactor 외부의 보온 작업을 마치고 보니 Reactor 내부의 온도가 급상승하며 내부의 화학 반응이 일어나기 시작했다.

그렇게 현장은 아우성을 쳐 가며 사고와 함께 한 단계, 한 단계 힘겹게 나아가고 있었다.

원료가 투입된 이후 미완성 보온 작업 이외에 밸브 미작동과 Passing, 오일 누수 및 전기 판넬 화재 사건, 우리 시운전 인력의 고성과 과격한 행동으로 인한 현지 작업자들의 시위 등 소소한 사건 사고들을 인내하며 공장은 생명력을 이어 가고 있었다.

시제품 생산과 감격의 눈물바다

원료를 투입한 지 한 달 가까이 지나면서 조바심 속에 하루하루를 보내왔지만 계산대로라면 오늘내일 중으로는 제품이 나와야 한다.

마른침을 삼키며 하루하루를 보냈고, 잔여 작업들이 손에 잡히질 않아 소장에게 일임한 채 조바심 나는 시간을 보내고 있었다.

U사 측 감독관의 승인하에 투입된 원료의 성분과 그 순도에 따라 한 단계씩 다음 단계로 넘어가고 있기에 Back end 공정상 'P' 물질이 투입된 뒤로 딱 한 달 만에 시제품이 나온다는 보장은 없는 셈이다.

또 그동안 얼마나 크고 작은 사건 사고들이 있었는가?

8월 14일 오후, 그날도 혼자 현장 순찰을 돌고 있었고 정확히 현장이 모두 내려다보이는 20여 미터 구조물(Structure) 상부에 있었는데, 저 멀리 사람들이 웅성웅성 Back end 공정 후단에 모여들기 시작하는 모습이 보였다.

무슨 사고라도 났는지 궁금하기까지 했다.

20여 명이 모여 무엇인가를 들춰보고는 '와' 하는 함성과 함께 'L 제품이다!'라고 외쳤다.

시제품이 터져 나온 것이다.

순간 눈물이 하염없이 솟구쳐 내리기 시작했다.

아니, 20여 미터 구조물(Structure) 상부 난간에 손을 붙잡고 엉엉 울었다.

그들은 Operation Room(운전실)에서 프로세스상 흐름을 모니터를 보며 관전해 오다, U사 측 직원의 L 제품 순도가 정상으로 전환되어 추출해도 좋다는 결론을 듣고 현장으로 쏟아져 나온 친구들이었다.

이내 현장 내 방송이 울려 퍼진다.

L 제품이 성공적으로 생산되었고 축하한다는 메시지였다.

연이어 필자를 찾는 방송이 이어졌다.

"Paging for Mr. Kang, Paging for Mr. Kang, Please get back to Detal Reactor Area.

Everybody waiting for you. Please."

하지만 주체할 수 없는 눈물로 인해 온몸이 떨리며 움직일 수도 없이 주저앉고 말았다.

그렇게 하염없이 울고 또 울었다.

보고 싶었던 것은 정작 L 제품도 아니요, 같이 고생했던 동료들도 아니었다.

이 순간에도 나만 기다리고 있을 와이프가 보고 싶을 따름이었다.

지난 수개월간의 사투가 주마등처럼 지나가고 있었다.

그렇게 기적은 이루어졌다.

기적은 한두 명이 아니라 수백, 수천 명의 엄청난 희생을 강요하며 탄생한 것이다.

지금 이 글을 쓰고 있는 동안에도 그날을 생각하니 흐르는 눈물을 감출 수가 없다.

몸을 수습하고 사무실에 들어서니 '와' 하고 함성이 터진다.

모두가 함께한 얼굴이요, 고마운 얼굴들이다.

J 선생 전화가 빠질 리가 없다.

무척이나 흥분되어 무슨 소린지 알아들을 수가 없을 지경이었다.

요점은 축하하고 정말 기쁘며, 이는 기적으로 영국 기네스북에 올려야 한다는 것이다.

세계 최단기간 L 제품 생산이라는 것이다.

모든 것이 사업주의 치적이 되는 순간이다.

그들의 치적이고 그들의 성공이라도 좋다.

그들은 곧 우리의 고객이니까.

시운전 팀원의 눈물 고백

그렇게 계약서상 명시된 시제품 생산 일정인 8월 18일보다 4일을 당기고, 사업주 사장과 약속했던 인도 독립 기념일보다는 하루를 당겨 시제품을 생산한 것이다.

필자 자신도 믿을 수 없었던 기적과도 같은 일정이었다.

공장은 이제 생명력을 갖고 쉼 없이 안정적인 운전을 위해 계속 돌아가고 있었고, 우리 시운전팀원들은 일부는 철수를 하였지만 일부는 안정적 운전을 위해 사업주 운전 인력을 지원하고 있었다. 흥분을 가라앉히고, 이제부터는 집으로 가기 위한 잔여 업무에 대한 총력 투쟁이 시작되었다.

시제품 생산 일정과 같이 절체절명의 목표 일정이 있는 경우와 주어진 의무 일정이 없는 잔여 업무를 수행하는 것은 역시 차이가 있었다.

그래도 빨리 집에 가자고 독려하며 다독였지만, 연말까지 계약하고 온 일부 직원들은 조기 철수가 자신의 생계와 직결되는 문제이기도 했다.

프로젝트에 준해 계약했기 때문에 돌아가면 다시 실업자가 되는 것이다.

타 공종의 직원들도 다수 계약 직원이 있었지만, 특히 시운전 팀원들은 대다수가 계약직 직원이라 이들은 귀국하면 바로 다시 일감을 구해야 하는 것이다.

이별을 앞두고 그동안의 노고를 위로하기 위해 조그마한 술자리를 마련했다.

주요 시운전 팀원들을 대상으로 숙소에서 저녁을 함께하며 Daily Night Time Meeting 시와 같이 술과 함께 그동안 고생했던 이야기들을 쏟아 내며 회포를 푸는 자리였다.

술이 몇 순배 돌자 속마음이 나오기 시작했다.

연말까지 계약하고 왔는데 조기 철수하게 되어 아쉽다는 등, 초창기에는 필자를 욕하고 '또라이'라 생각했는데 이런 기적을 만들 줄 몰랐다는 등 리더십이 대단하고 그동안 자신들에게 보여주었던 판단이나 결정에 대해 놀랐었고 고마웠다는 등 귀에 달콤한 말들이 이어졌다.

고생 끝에 낙이라 했던가, 그렇게 또 행복한 시간은 화살과도 같이 지나가고 있었다.

기분 좋은 시간을 보내고, 필자의 방으로 올라오는데 한 직원이 필자의 방까지 따라오며 드릴 말씀이 있다며 따라 들어왔다.

필자의 방 응접실, 즉 Daily Night Time Meeting 시 앉았던 의자에 나란히 앉았다.

그러고는 눈물을 흘리며 정말 죄송하다는 것이다.

자신은 연말까지 계약하고 왔지만, 내년까지 연장될 것이라 생각하며 그동안 필자에 대한 욕을 많이 했다는 것이다.

8월 15일 시제품 생산을 할 수 있다고 격려하시고 강한 리더십으로 밀어붙이실 때 동조하지 않고 미친놈이라 치부하며 필자를 그렇게도 많이 욕을 했다는 것이다.

하지만 그동안 고생도 많았지만, 지금은 기적을 이룬 프로젝트에 참여했던 것이 자랑스럽고 필자를 정말 존경한다는 것이다.

사실 자신은 전문대를 나와 줄곧 화학 공장에서 운전을 15년 넘게 해오다, 1년 전에 사표를 쓰고 수원에서 닭 튀기며 호프집을 운영하여 왔는데 장사도 안되고 가족의 생계가 걸려 있어 호프집은 집사람에게 맡기고 자신은 본 프로젝트에 프로젝트 베이스로 계약해서 왔는데, 이제 가면 다시 실업자로 또다시 구직을 해야 하지만, 자신이 너무 자랑스럽고 이번 프로젝트의 기적을 함께하게 되어 너무 영광스럽다는 것이다.

이제 내일모레면 귀국하지만 필자를 영원히 잊지 않겠다는 말도 빼놓지 않았다.

필자 또한 절대 걱정하지 말고 집에 가 있으면 바로 재계약을 위한 연락이 갈 테니 그동안 고생했는데 잠시 쉬고 있으라고 했다.

사실 그 친구는 그 후에 끊임없이 연이어 운전요원으로 계약이 되어 필자가 공사 팀장, 공사 본부장, 사업 본부장으로 역임할 때까지 사우디 등 중동 지역에서 필자보다도 더 오래 근무했던 것으로 기억된다.

인생의 아이러니를 생각해 보면 얼굴에 미소가 스며든다.

함께하는 삶

시제품이 나오고 안정을 찾고 보니, 하루 몇십 루피(우리 돈으로 몇천 원 정도)를 손에 쥐려고 종일 작업장에서 땀 흘리는 인도인들과 공장 주변에 어렵게 살아가고 있는 사람들의 모습이 눈에 보이기 시작했다.

이들과 함께 어려움을 나눌 수는 없을까 고민을 하고 총무팀장에게 지시하여 주변을 알아보라고 하였더니 주변에 가벼운 증상을 보이는 비전염 나환자촌이 있다는 보고를 받았다.

이들 나환자촌의 마을 지도자를 접촉하여, 필요한 것이 무엇인지 확인하고 직원 몇을 대동하고 방문한 적이 있다.

그들이 필요로 한다는 생필품과 약간의 금일봉을 지참하고 방문해 보니 지난 몇 개월 힘들게 고생해 온 우리 주변에 지난 몇십 년을 힘들게 살아온 이들이 있음을 알게 되었다.

비록 남은 여정이 짧지만 귀국 철수하는 시점까지 월 1회 방문하기로 하고 그들의 아픔을 잠시라도 함께하는 시간을 갖기로 하였다.

뜨거운 뙤약볕 아래 사람이 별로 보이지 않아 몇 사람 살지 않는구나 생각하였는데, 동굴 같은 집안을 들여다보니 어둠침침한 굴 같은 방 안에서 한 명, 두 명 스멀스멀 기어 나오는 아이들이 이내 열댓 명이 되었다.

그러더니 우리가 왔다는 소식에 이 동굴 저 동굴 속에서 나온 아이들이 수십 명이 되어 우리를 따라오는 것을 보고 놀라지 않을 수 없었다.

그들의 생활상을 보기 위해 방문을 하였는데, 그만 우리가 그들의 구경거리로 변해 버리고 말았다.

아, 저렇게 작은 동굴 같은 방에서 열 명이나 되는 아이들이 어찌 생활할 수 있을까 하는 마음에 안쓰러움에 젖어 들었다.

우리는 먹을 것과 가족의 생계는 잊고 오로지 앞을 바라보며 싸워가는 일이 있었기에 성취할 수 있었고, 성취할 수 있었기에 행복했다.

주변의 우리보다 힘든 이들을 바라보며 비록 작은 정성이지만 함께할 수 있어 고맙고 그저 감사할 따름이다.

Change Order와 클레임에 대한 사업주 회신

물론 사업주 사장에게도 전화가 왔다.

너무 바빠서 내려갈 수가 없고 축하하며 정말 고맙다는 말과 함께 델리에 조만간 방문해 달라는 요청이었다.

장관과 샴페인을 들고 현장으로 내려오겠다던 필자와의 약속을 깨는 것이기도 했다.

기적을 만들어 낸 성취감과 기쁨 앞에 샴페인이 없으면 어떻고, 사장과 함께하지 못하는 게 또한 무슨 문제인가?

모두가 만나면 웃는 얼굴들이다.

지난 수개월간 서로 싸움박질해 대며 으르렁거리는 사이였지만, 성공하면 다 좋은 친구가 되는 것이다.

하지만 실패를 했다면 아무리 사이가 좋았더라도, 서로가 책임상의 문제를 놓고 외면할 수밖에 없는 것 아닌가.

B 선생의 방에는 아직도 우리가 제출한 'Change Order & Claim 내역서'가 책상 앞 바닥에 길게 놓여 있었고, 회신을 언제 줄 것인가에 대한 필자의 질문에 빙긋 웃고는 위원회가 곧 열릴 것이며 결과를 받고 바로 회신을 주겠다고 했다.

그 일이 있은 후 얼마 지나지 않아 사업주로부터 회신이 왔다.

우리가 제출한 'Change Order & Claim 내역서'는 10㎝ 정도의 대형 바인더로 17권이었던 것에 반해 사업주 회신은 달랑 한 장의 레터였던 것이다.

하지만 비록 한 장의 레터였지만 그 내용만큼은 우리가 기대했던 내용 그대로였다.

우리가 요구했던 추가 용역과 클레임에 대한 추가 경비는 인정하지 않지만, MC 일정 연장 요구에 대해서는 8월 14일까지로 연장을 인정한다는 내용이었다.

추가 경비는 원래부터 기대하지 않았고 단지 5%에 해당하는 지체상금을 요구했을 경우 이를 상쇄시키기 위해 요구한 금액이었다.

이제 MC 일정을 실제 시제품이 생산된 8월 14일로 연장시켜 주었으니 예산 예비비로 적립해 두었던 지체상금, 즉 계약 금액의 ○○%에 해당하는 금액과 성공적 사업 수행으로 잔금 ○○%를 받게 되면 계약금의 약 ○○%에 해당하는 돈이 추가 이익으로 남게 되는 순간이었다.

그토록 사업주가 갈망하는 시제품 생산 일정을 성공적으로 맞춰 주었으니, 이들도 우리의 목줄을 쥐고 있던 6월 18일 MC 일정을 시제품을 생산해 낸 8월 14일까지로 연장시켜 주었던 것이다.

그렇게 본인의 전략은 기적과 함께 이루어졌고 이제 집에 갈 일만 남은 것이다.

앞으로도 운전과 생산은 계속될 것이고, 우리의 잔여 업무는 사소하지만 연말까지 이어질 것이다. 소수의 인력이 완전 철수할 때까지 남아 잔금 수금을 위한 마지막 업무를 수행해야 하는 것이다.

Reactor 내부 폭발 사고

시제품 생산 이후 현장은 공장 운영 안정화를 위해 서서히 가동률을 높여 가며 조심스럽게 운전 중이었다.

Operation Room에는 U사 측 감독관, 우리 시운전팀 인력, 그리고 사업주 운전자들이 서서히 운전을 배우고 익히며 시제품 생산 이후 공장의 정지 없이 연속적으로 안정화를 꾀하고 있었다.

그날도 필자는 직원들보다 1시간 일찍 현장에 도착해 신임 소장과 함께 순찰을 돌고 있었다.

갑자기 주변 Reactor 쪽에서 꽝 하는 굉음이 들려왔다.

엄청난 굉음에 소스라치게 놀라 흠칫 넘어질 뻔하기까지 했다.

주변을 살펴보았지만 신기하게도 아무런 흔적도 없었다.

동행했던 신임 소장도 마찬가지였다.

둘이서 아무리 여기저기 둘러보아도 굉음의 흔적을 찾을 길이 없었다.

한참을 두리번거리며 살펴보았지만 흔적을 찾을 수 없어 포기하고 사무실로 돌아왔다.

그날 시운전 팀장으로부터 공장이 운전 정지되었으며, 특별한 이유는 모르겠다는 답변이 돌아왔다.

운전실의 입실이 통제되고 있고, 우리 시운전 인력은 출입이 금지되고 있다고 한다.

그렇게 조심스럽게 운전되던 공장이 가동을 멈추고 사업주 측의 아무런 반응도 없이 하루가 지나가고 있었다.

다음 날 사업주 측으로부터 Back end 쪽 Pacol Reactor인지 Define Reactor인지 기억이 나질 않지만 Reactor 내부 점검을 해 달라는 요청이 들어왔다.

신임 소장, 시운전팀 인력, 기계팀 인력 몇 명을 대동하고 Reactor 내부 점검을 위해 Manhole(내부 점검을 위해 사람이 들어갈 수 있도록 만든 개구부)을 여는 순간 매캐한 가스가 새어 나오는 것이 아닌가.

순간 엊그제 폭발 소리의 정체가 밝혀진 듯했다.

내부는 말 그대로 아수라장이었다.

폭발과 함께 Reactor 내부 철 구조물과 그 구조물에 설치되었던 인터널 트레이(Internal Tray, 리액터 내부의 반응 효율을 높이기 위한 작은 버섯 모양의 철제 금속물) 들이 폭삭 무너져 버린 것이다.

새벽에 필자가 순찰을 돌고 있던 시점, 즉 새벽 5시 30분에서 6시 사이에 운전자의 실수로 내부 폭발이 일어난 것으로 판단되는 순간이었다.

즉각 회의를 소집하고 운전 정지 기간을 최소화하기 위한 특단의 조치를 취하고 돌격대가 꾸려졌다.

델리의 J 선생은 여전히 전화질이다.

어떻게 할 것이지, 전략이 무엇인지 묻기에 일주일 내 정상화를 시켜 놓을 테니 걱정 말라며 전화를 끊으려는데, 멀리서 맥이 풀린 듯 고맙다는 소리가 흐릿하게 들려왔던 것으로 기억된다.

내부 철 구조물과 Internal 제작 설치는 우리가 하청협력사를 통해 우리의 손으로 제어 가능한 부분이지만, Tray 제조 업체의 Tray 공급은 업체의 재고나 생산 능력에 따른 것으로, 우리의 의지대로 일정을 조정할 수는 없는 것이다.

긴급 추가 구매 발주 조치가 이루어졌고, 인도 전국에 업체들을 대상으로 재고를 끌어모으고 추가 필요한 부분은 24시간 풀 가동을 해서라도 긴급 공급해 달라는 주문이 이어졌다.

일주일 만에 모든 일을 정상으로 돌려놓자는 필자의 굳은 의지 아래 내부 Internal 설치 작업을 위해 24시간 풀 가동을 위한 3개 설치 작업조가 탄생되었다.

사업주에게는 잘잘못을 따지지도, 아무런 불만도 제기하지 않았고, 추가 용역이니 추가 용역비에 대한 Change Order 공문이나 작업 일정 등 아무런 대응도 없이 독자적으로 모든 준비를 마치고 24시간 돌관 체제에 돌입한 것이다.

사업주는 단지 함구하고 있을 뿐이지, 누구의 잘못으로 인해 폭발 사고가 발생했는지 잘 알고 있기에, 우리의 자발적이고 적극적인 행동에 숨죽이고 감사하며, 아니 감동하고 있었을 것이다.

필자는 MC 업무와 시제품 생산을 위한 시운전 협조까지가 계약서 상 우리의 책임 범위로, 남의 일로 방관할 수도 있겠지만 현재 우리는 사업주를 만족시키며 성공적으로 시제품 생산 일정을 맞추어 주었고, 지체상금이 면제되면 예산보다 월등히 많은 추가 이익을 가져올 수 있기에 추가 용역비를 청구할 필요 없이 서비스로 도와주면 잔금을 조기에 회수하고 조기 철수하는 데 도움을 받을 수 있다고 판단한 것이다.

얼마 되지 않는 경비를 굳이 시시비비를 가려 가면서 요청하는 것보다 우리 돈으로 묵묵히 그리고 빠르게 정상화시키는 것이 우리에게 도움이 된다고 판단한 것이다.

직원들에게는 "집에 가기 전 마지막 돌격 작업이니 힘을 내자."라고 말했다.

그렇게 한 주를 다 같이 현장에서 새우잠을 자 가며, 밤샘 돌관 작업을 했던 일들이 엊그제 같다. 하청협력사의 Reactor 내부 철거 작업조, 내부 철 구조물 제작 작업조, 구매팀의 Tray 발주 및 조달조, Reactor 내부 Tray 설치 작업조 등으로 꾸려지며 그렇게 돌관 작업은 이어졌다.

20m 이상 높이의 Reactor 내부 Tray 설치는 렌치를 들고 나사를 조이는 작업으로 설치 작업 자체는 어렵지 않으나 Tray 각 층 간 간격이 30cm도 되지 않아 필자도 직접 동참하며 경험해 보았지만 엎드려 한 층의 Tray를 설치하는 데 비지땀을 바가지는 흘려 내야 했다.

필자가 직접 현장에 거주하며 돌관 작업을 주도하고 있다는 소식이 공장장에게도 전해졌는지, 저녁노을이 지는 어느 날 공장장이 현장에 나타났다.

기름때 묻은 작업복에 얼굴까지 초췌한 모습의 필자에게 씨익 웃으며 손을 내밀던 모습이 아직도 기억에 새롭다.

잔금 5%를 받은 최초의 Contractor

다시 공장은 생명의 불씨를 살리며 생산을 가동하기 시작했고, 우리는 잔여 업무와 조기 철수를 위해 바쁘게 움직이기 시작했다.

이 시기 필자의 머릿속은 '어떻게 하면 조기에 5%의 잔금을 받을 수 있을까?'라는 생각뿐이었다. 이 문제만 해결된다면 이제 남아 있는 사소한 일들은 소장 이하 잔여 인력에게 맡기고, 필자는 철수해도 좋겠다는 생각이었다.

하청협력사 모두가 공통적으로 하는 말은 사업주 역사상 잔금은 없으며, 아직 받아 본 Contractor를 보지 못했다는 것이다.

자신들도 사업주가 발주하는 프로젝트에 직접 입찰할 경우에는 잔금 5%를 못 받을 것으로 예상하고 원가에 직접 포함하여 입찰한다는 것이다.

공사가 마무리되고 프로젝트가 끝나면 그동안 사용했던 도면, 운전 설명서, 각종 검사 증명서 등 프로젝트와 관련된 모든 서류를 정리하여 사업주에게 제출하게 되는데 이 최종 서류(Final Document)를 제출하면서 잔금 5%를 청구하는 것이다.

보통 월간 기성 서류를 첨부하며 요구하는 월 기성 금액에 대한 청구서(Invoice)는 사업주 측 공종 담당자의 서명 날인과 PM의 서명 날인 후 재무 부서로 넘어가면 재무 부서에서 내부 결재 절차를 밟아 대금이 은행을 통해 지불되는데, 이번 5% 잔금에 대해서는 그 누구도 행동을 취하지 않았다.

아니, 어찌해야 하는지 모르고 있었다는 것이 맞는 말이다.

사업주 PM 말로는 이번이 잔금 5%를 처리해야 하는 첫 경험이고, 아직 경험이 없어 누가 어떤 절차를 밟아 어떻게 처리해야 하는지 모르겠다는 것이다.

필자가 직접 뛰기로 했다.

우선 재무 부서 총괄 책임자에게 면담을 신청하고, 재무 부서에서 잔금 5%를 발행하기 위한 필요 서류가 무엇인지를 물었다.

재무 부서 입장에서는 잔금 5%를 발행해 주어도 이의가 없다는 내용의 문서(Final Acceptance Certificate)에 프로젝트에 관여한 모든 관련 부서 책임자들의 서명이 있으면 문제없다는 것이다. 사업주 PM을 찾아가 'Final Acceptance Certificate'를 발행해 달라고 요청했더니 그런 서류 양식도 없고 해 본 적도 없다는 것이다.

'Final Acceptance Certificate'는 최종적으로 공장 준공에 대해 최종 수용한다는 입장으로, 타 프로젝트의 샘플 양식을 보여주고 본 서류에 모든 프로젝트 관련 담당자들이 날인 서명하면 재무 부서에서는 잔금 5%를 지불하겠다는 의사를 전달하였다.

'Final Acceptance Certificate'를 발행하기 위한 관련 부서의 서명 날인 작업을 위해 서류를 들고 사업주 직원이 아니라 필자가 직접 뛰어다니는 우스운 광경이 벌어졌다.

사업주 관련 부서들을 찾아가면 서로가 눈치 보며, 날인을 기피하는 눈치였다.

각 부서 팀장에게 다가가 서명하라고 하면, 우선 프로젝트에 관여한 자신의 부하 직원들의 서명을 먼저 하게 한 후 자신이 서명을 하는 것이다.

이렇다 보니 관련 부서 직원들의 모든 서명을 받고 보니 200여 명의 서명이 빼곡히 날인되어 있었다.

잔금 5%에 대한 Invoice가 발행되고 사업주에게 청구하였다.

그렇게 일주일이 넘게 뛰어다니며 받은 날인 서명한 서류를 넘기고 나니 그제서야 서류가 돌기 시작했고 며칠 뒤에야 재무 부서에 도착했다.

그것을 확인하고 난 후에야 필자는 집으로 향하는 귀국 수속을 밟기 시작했다.

그 후로도 귀국 후 1개월이 지난 후에야 잔금 5%를 받았던 것으로 기억한다.

하지만 사업주 역사상 최초로 잔금을 수금했다는 사실보다도, 추가로 초과 이익을 달성하여 초기 예산상의 이익률 대비 ○○% 이상을 초과 달성하여 프로젝트 이익을 달성하였던 사실이 필자에게는 더 의미 있는 결과였다.

이렇게 사업주 역사상 또 하나의 기록과 함께 우리의 이름을 올리게 되었다.

그 당시 인도에는 한국 업체에서 추진하는 또 다른 2개의 프로젝트가 있었는데, 사업주로부터 필자 회사로부터 한 수 배우고 오라는 핀잔을 많이 들었다고 한다.

12. 10월, 꿈에 그리던 집으로
금의환향하다

공장은 이제 안정화를 찾아 60% 이상 가동률을 높여가고 있었고, 계약금의 5%에 해당하는 잔금을 청구하고 난 후로는 마음의 여유를 가지고 잔여 업무 처리 중에 있었지만, 이제 필자가 현장에 상주해야 할 특별한 명분이 없는 듯했다.

처음이자 마지막 휴가 - 타지마할

10월에 접어들어 귀국 일정을 잡았다.

우선 귀국길에 델리에 들러 사장을 비롯하여 사업주에 인사하고 한국으로 귀국하는 일정을 고려하여 지점장에게 사장과의 면담 일정을 잡아 비행기 티켓 일정과 함께 확정하라는 지시를 내렸다. 그동안 고생만 하셨는데, 귀국 전에 델리에서 유명한 타지마할도 구경하시고 하루 휴가를 얻고 귀국하시라는 지점장의 간곡한 권유가 있어 그렇게 하기로 했다.

돌이켜보면 지난 2월 현지에 부임한 이래 약 8개월간 단 하루도 쉬지 않고 달려왔던 일정이 아니던가.

또한 사장과 면담 후 그 날짜 비행기 편이 없는 관계로 하루 묵어가기로 했다.

사업주 델리 인사들로부터 환대를 받았음은 물론, 사장으로부터 감사하다는 말과 함께 한국에 꼭 방문할 예정이며 우리 사장에게 감사하다는 말을 꼭 전해 달라는 말도 전달받았다.

실제 사업주 사장은 그 이듬해 한국을 방문하였고, 안양 베네스트에서 골프 회동 후 필자와 필자 회사 사장을 포함한 주요 인사들과 함께 식사를 한 기억이 있다.

자신이 치적인 양 흥분하고 격양된 J 선생의 목소리가 아직도 식지 않았다.

필자가 방문했을 때에도 이러한 기적은 사업주 역사상 처음 있는 일로, 기네스북에 등재시켜야 한다며 열을 올리고 있었다.

그동안 첩자를 두어 필자의 일거수일투족을 감시하며 나를 괴롭혀 왔던 친구지만, 그래도 헤어지려고 하니 지난 일들이 아름다운 추억으로 남아 아쉽기 그지없었다.

다음 날 호텔에 승용차 한 대가 필자를 기다리고 있었다.

지점장이 영어를 할 줄 아는 운전수를 동반한 렌터카를 보내 준 것이다.

그렇게 말로만 듣던 타지마할의 나 홀로 관광이 시작되었다.

델리에서 타지마할까지는 200㎞가 넘는 거리로, 3시간 넘게 걸렸던 것으로 기억한다.

물끄러미 창밖을 내다보니 타지마할에 대한 기대감과 흥분보다는 지난 8개월간의 열정적 여정이 주마등처럼 지나는 한편, 빨리 한국에 돌아가고 싶은 마음뿐이었다.

슬슬 시장기가 돌아 기사에게 물어보니 거의 근처에 도착했고, 타지마할 입장 전에 가까운 식당에 들를 예정이니 식사하고 타지마할로 안내하겠다고 했다.

기사에게 점심 하라고 팁을 쥐여 주고는 식당에 들어서서 현지 맥주와 샌드위치를 시켜 간단히 점심을 마쳤다.

타지마할 입구에 내려 기사의 안내로 표를 끊고는 내부 관광 후, 기사와 다시 접촉할 장소를 안내받고 타지마할 내부로 들어섰다.

너무나 유명한 타지마할은 사진으로 보아 왔던 모습과 별반 다르지 않았고 타지마할 궁전으로 향하는 긴 중앙 도로를 따라가려는데 아랫배가 살살 아파 오기 시작했다.

아차, 방금 먹었던 로컬 맥주가 생각났다.

처음 접하는 로컬 맥주에 배앓이가 시작된 듯했다.

참을 수 있을 것도 같고 그 유명한 타지마할에 어렵게 왔으니 참고 가야 할 입장이었다.

그러나 참을 수 있을 것 같던 배앓이는 점점 심해졌고 궁전 앞 계단에서는 배를 움켜쥘 수밖에 없었다.

그래도 내부를 봐야 했기에 참고 계단을 올라 내부에 들어서려고 하니 하늘이 노래지기 시작했다. 도저히 이대로는 움직일 수가 없었다.

내부 입실을 포기하고 되돌아 나가기로 했다.

정문까지의 길이 아득해 보였다.

하늘은 노랗게 보이고 아랫배를 움켜쥐고 섰다, 뛰는 듯 빠른 걸음질 하기를 반복해 가며 정문 쪽으로 향했다.

어떻게 나왔는지 얼굴을 식은땀으로 흠뻑 적시며 정문을 나와 양편에 줄지어서 있는 음식점에 무조건 뛰어 들어가 화장실부터 찾고는 폭탄 터지듯 일을 치르고 말았다.

그렇게 8개월 만에 주어진 나 홀로 휴가는 평생 못 잊을 추억을 남긴 채, 타지마할은 사진으로 보아 왔던 모습 이외의 모습은 전혀 보질 못한 채 내게서 멀어지고 있었다.

그렇게 인도에서의 처음이자 마지막 휴가는 막을 내렸다.

엽서 속의 모습과 일치하는 필자의 기억 속 타지마할보다는 우리나라 60년대 드럼통이 아래로 보이는 재래 화장실 모습이 더 뚜렷이 기억에 남는 일정이었다.

보너스와 승진

가족과의 재회, 많은 사람의 축하를 받으며 금의환향하였으니 인생 최대의 성취가 아니었나 싶다. 프로젝트 인센티브가 주어졌다.

지금은 없어진 것으로 아는데, 그 당시 직원들의 사기 진작을 위해 주어지는 프로젝트 인센티브는 예산상의 이익을 초과한 부분에 대해 초과 이익금의 10%를 프로젝트에 관여한 직원들 전체에게 배분하는 제도였다.

계약직 직원을 제외한 전 직원에게 배분하는 만큼, 프로젝트에 참여 기간, 기여도 및 직급에 따라 각각의 가중치를 두어 차등 지급하게 되는데, 프로젝트 이익금을 창사 이래 최대로 남긴 만큼 프로젝트에 참여했던 모든 직원이 많은 보너스를 지급받았음은 물론이다.

그 당시 개인당 최대한도 금액이 수천만 원이었는데, 필자가 이에 해당되었고 계약직 직원들에게 미안하고 고마운 마음으로 절반 이상 금액에 해당하는 상품권을 구입하여 함께했던 계약직 직원들에게 우편을 통해 집으로 배포했던 것으로 기억한다.

연말에는 임원으로 승진하는 기쁨도 누렸다.

인도로 부임 명령을 받았을 당시만 해도 집으로 가라는 뜻으로 해석하고 죽기를 각오한 인도길이었는데, 돌아오는 길은 그냥 살아 돌아온 것이 아니라 별을 따며 돌아왔으니 죽고자 하면 살고, 살고자 하면 죽는다는 '필사즉생, 필생즉사'였던 것이다.

이듬해 국내 동종 타사에서 이집트에 동일한 프로젝트를 수주하며 인도 L 프로젝트에 참여했던 다수의 우리 직원들을 일 계급씩 특진시켜 주며 스카우트해 가는 일이 벌어지기도 했다.

함께했던 직원들을 붙잡지 못하고 떠나보내는 것이 안타깝기도 하였지만, 좋은 조건으로 떠나는 부하 직원들을 바라보면서 한편으로는 그들의 또 다른 성공을 기원했다.

많은 사람에게 기적을 보여 주었고 영광스러운 순간을 안겨 주며 성취감과 자부심을 느끼게 해 준 프로젝트!

인도 'L' Project.

뒤돌아보는 리더십의 키워드

인도 L 프로젝트가 극적인 기적과 성공을 이루어 낼 수 있었던 것은 무엇보다도 프로젝트에 함께했던 직원들의 헌신적 노력과 그들의 열정 덕분이 아니었나 생각된다.

또한 사업주 사장을 비롯해 함께 기적을 만들어 보자고 손을 굳게 잡았던 공장장, 그리고 많은 사업주 직원들의 적극적인 지원이 있었기에 가능했다고 생각한다.

필자는 단지 리더십으로 대변되는 키워드를 통해 그들의 열정적 가슴에 불을 지피고, 불이 꺼지지 않도록 부채질을 힘차게 했을 따름이다.

이러한 리더십으로 대변되는 키워드는 '열공', '솔선수범', '열정', '경청', '소통', '비전', '통합 관리 리더십', '전략적 리더십' 그리고 '필사즉생, 필생즉사'의 단어들이 떠오른다.

제2장
플랜트 엔지니어링이란

예전에 구로 공단에 가면 자그마한 철공소 같은 곳에 '○○ 엔지니어
링'이라는 간판을 붙이고는 베어링을 만들거나 선반에 금속을 가공하
는 소규모 업소들을 보아 왔기에 학생 시절에는 엔지니어링 회사를 그
런 대규모 철공소나 기계제품 가공 업체로만 생각했다. 엔지니어링의
사전적 의미는 '자연과학을 응용하여 공업 생산 기술을 연구하는 학문
으로 기계, 전기, 조선, 항공, 토목, 섬유, 정밀, 화학 등 여러 분야의 공
학'이다.

1. 플랜트의 종류와 Project Management

플랜트에는 해양 설비인 Offshore Plant·정유, 가스 및 화학 설비인 Oil & Gas Plant·Petrochemical Plant·LNG Plant, 발전 설비인 Power Plant, 환경 및 수 처리 설비인 Environment Plant와 각종 제약, 제지, 음식, 전기, 전자, 자동차, 선박 등등 일반 산업 설비인 Industrial Plant 등 실로 다양한 플랜트가 존재한다.

플랜트 엔지니어링 회사는 이러한 플랜트를 고객으로부터 수주하여 설계, 구매, 공사(Engineering, Procurement, Construction, EPC), 시운전 및 유지보수까지의 업무를 수행하는 회사로, 영어의 첫 글자를 따서 'EPC Contractor'라고 불리기도 한다.

이러한 일련의 행위를 통해 사업을 추진하는 것을 사업 관리, 즉 Project Management라 하는데, Project Management란 플랜트를 건설함에 있어서 최소한의 재화(인력, 장비, 자재 및 자원 등)를 투입하여 성공적 사업 수행을 위해 사업 관리의 요소인 품질, 납기, 예산 및 안전 등에 대한 최대한의 결과물을 얻기 위한 관리 기법을 말한다.

2. Business Value Chain

사업상 가치사슬을 Upstream으로부터 Downstream까지 살펴보면 원료인 원유나 가스를 공급하는 Feed Stock Supplier 영역, 사업성을 검토하고 자금공급을 주선하는 Developer 영역, 플랜트 프로세스 기술을 제공하거나 사업주를 대신하여 사업을 주도하고 추진하는 License & PMC(Project Management Consulting) 영역, 설계, 조달, 공사를 추진하는 EPC(Engineering, Procurement & Construction) 영역, 공장을 운전 및 보수하는 O&M(Operation & Maintenance) 영역, 생산된 제품을 장기간 구매하는 Off-taker 영역으로 구분할 수 있다.

이러한 Business Value Chain상 한 개의 영역을 주도권을 갖고 운영하기도 하지만, 여러 개의 영역을 동시에 확보 운영하는 회사도 있다.

예를 들면 사우디 아람코는 원유를 생산·판매도 하지만 직접 공장을 운영하는 O&M 영역을 동시에 취하고 있으며, 국내 대다수 정유 및 석유화학 회사들은 Upstream 영역에서는 원유나 가스를 수입하는 Off-taker 역할과 Downstream 영역에서는 휘발유나 석유화학 제품을 생산하는 O&M 역할을 동시 수행한다. 선진 엔지니어링사들 중에는 플랜트의 프로세스 기술특허를 갖고 있어 라이센서(Licensor)로서의 역할을 하는 회사도 있으며, 사업주를 대신하여 프로젝트를 수행하는 PMC 역할에서 직접 EPC사업 수행을 하는 EPC Contractor 역할을 하는 경우도 있다. Business Value Chain상 자신의 비즈니스 모델을 구축하여 활동하고 있으며, 생존을 위한 M&A를 통해 그 비즈니스 영역이 계속해서 변화하고 있는 것이다.

3. 플랜트의 성립

Feasibility Study(타당성 검토)

플랜트를 건설함에 있어서 투자비가 워낙 크기 때문에 사전에 철저한 타당성 검토를 거쳐 추진 여부를 결정하게 된다. 이 단계에서 검토되고 추진되는 업무들은 타당성 검토에서 사업 추진을 전문으로 하는 PMC(Project Management Consulting)사의 선정이다.

PMC 업체의 선정 후 PMC사와 공동으로 추진하는 업무로는 플랜트를 건설함에 있어서 프로세스 기술의 특허를 갖고 있는 라이센서의 선정이 있다. 또한 EPC Contractor의 선정을 위한 Methodology와 O&M(Operation & Maintenance) Methodology에 대한 의사 결정이 있다.

이 단계에서 플랜트 건설 사업의 주체인 사업주 입장에서 별도로 추진해야 하는 중요한 사항으로는 정부로부터의 사업 라이센스 획득, 부지 확보, Banker나 투자자들로부터 자금 확보를 위한 Finance Arrangement 작업이 있다.

또한 공장 건설 후 장기간의 운영을 위한 원료 공급처와의 장기간 원료 공급 계약(Long Term Based Feed Stock Purchasing Agreement)을 맺어야 하며, 판매처 확보를 위한 장기간의 제품 공급 계약(Long Term Based Off-Taker Agreement)을 맺어야 한다.

자금 확보(Finance Arrangement)

자금 확보의 방법에는 여러 가지가 있을 수 있으며, 그중 몇 가지를 소개한다.

주주로서 동참할 수 있는 전략적·상업적 투자자(Strategic & Commercial Investors)를 고려할 수 있으며, 추진하고 있는 프로젝트를 담보로 하는 Project Financing을 고려할 수 있다. 또한, 수출입 은행에서 추진하는 ECA(Export Credit Agency) Loan을 이용하거나 일반 상업은행이나 기관 투자자들의 대출을 이용하여 자금을 확보할 수 있다.

FEED(Front End Engineering & Design) Development

FEED Package란 라이센서가 공급하는 Basic Design과 EPC Contractor가 진행하는 상세 설계의 중간단계 설계 자료를 말한다.

라이센서가 공급하는 기본 설계 자료(Basic Design)는 화학 방정식을 포함하는 원료에서 제품이 나오기까지의 각 단계별 반응 조건과 프로세스상 흐름도를 나타내는 기본적 도서이다. FEED Package는 여기에 운전 조건, 컨트롤 방법 및 주요 기자재의 Short Specification 등을 포함하는 설계 도서로, 주로 PMC사가 보완 설계 작성(Develop)하여 EPC Contractor 선정을 위한 입찰 서류에 포함되며, 선정 후 EPC Contractor가 이를 바탕으로 상세 설계를 추진하게 된다.

주요 라이센서로는 Ethylene Plant에는 ABB Lummus, Linde, Technip, CB&I 등이 있으며, EO/EG Plant에는 Shell, Scientific Design 등이, BTX Plant에는 UOP 등이 있다.

주요 PMC사로는 KBR, Bechtel, Flour, FW Worley Parsons 등 주요 선진 엔지니어링사들을 꼽을 수 있다.

EPC Contractor의 선정

EPC Contractor의 선정을 위해서는 크게 3개 단계를 거치는데, 자격 심사 단계인 Pre-Qualification Stage, 입찰 단계인 Bidding Stage 그리고 선정 단계인 Selection Stage가 있으며 각 단계별 절차를 보면 아래와 같다.

Pre-Qualification Stage에서는 참여 의사가 있는지 여부를 묻는 SOI(Solicitation of Interest), 심사 자격 검증을 위한 질의응답 과정인 PQ Questionnaire & Answer, 때로는 방문을 통해 질의응답 과정을 갖기도 하는데 Survey, Presentation & Clarification을 거친 후 최종 선정하여 Short List를 발표하게 된다.

Bidding Stage에서는 Short Listed 된 업체를 대상으로 입찰 서류인 Tender Document(주로 기술 서류와 상업 서류인 Technical & Commercial Tender Document로 구성)를 전달하는 Inquiry Issue 단계에서 부지 답사 (Site Survey)와 입찰 설명회(Tender Clarification Meeting)를 갖기도 한다.

이후 입찰자들은 6개월 이상의 기간 동안 견적서, 즉 프로포절 서류 (Proposal Document) 작성을 준비하는데 견적서는 공장 배치도면 등 각종 기술 서류를 포함하는 Technical Proposal, 조직도, 납기, PM/ CM 등 주요 인사의 이력서 및 사업 수행 계획서 등을 포함하는 Execution Proposal 그리고 가격 및 계약서 초안을 포함하는 Commercial Proposal로 구분된다.

이렇게 견적서를 제출하고 나면, 견적서에 대한 Technical & Commercial Clarification, 즉 질의응답 과정을 거치고 최종 협상(Negotiation)을 통해 EPC Contractor인 업체를 결정하게 된다.

최종 Selection Stage에서는 사업 주체인 사업주 측에서는 최종 후보 업체에게 LOI(Letter of Interest)나 LOA(Letter of Award), 즉 수주 통보서를 송부하게 되는데, 이때부터 EPC Contractor는 사업 수행을 추진하게 된다.

이후 사업을 추진하면서 계약서상의 조율 과정을 통해 공식적인 계약 행사를 갖거나 생략한다. 계약서 서명 날인(Contract Signing) 후 1부씩 교환 소지하게 된다.

Project Execution(사업 수행)

수주 통보서를 접수하면 EPC Contractor는 사업 수행을 위한 주요 인사인 PM(Project Manager), CM(Construction Manager, 소장), EM(Engineering Manager, 설계 총괄), PPM(Procurement Manager, 조달 총괄)을 선임한 후 사업 수행을 위한 준비를 하고, 이 기간 동안은 주로 각종 수행 계획서를 작성하게 된다.

이로부터 약 1개월이 지나면 사업주와 공식 Kick Off Meeting을 갖게 되는데 Kick Off Meeting 기간 동안 양사 간 주요 Key Personnel 간의 상견례, 주요 기술 사항에 대한 상호 간의 이해, 그리고 각종 사업 수행 계획에 대한 협의 과정을 거치는데 보통 2~3일간 수행하게 된다.

이렇게 Kick Off Meeting이 끝나게 되면 본격적인 사업 수행 단계에 돌입하게 된다.

Engineering Development

Procurement Activities

Construction Implement

Pre-Commissioning & Commissioning

설계, 조달, 공사 및 시운전 단계를 거처 플랜트가 성립하게 된다.

이렇듯 입찰 단계에서부터 공사가 완료되어 플랜트가 준공되기까지는 약 3년에서 5년 이상 소요되기도 한다. 기획 생산 제품을 다루는 업종이나 매일 똑같은 일을 반복하는 회사생활보다는 전 세계 무대를 대상으로 다양한 프로젝트를 다양한 국가에서 다양한 글로벌 인재들과 함께 플랜트 엔지니어링 사업에 도전해 보는 것도 멋진 인생이 되리라 생각한다.

제3장

PM Leadership

프로젝트를 성공적으로 수행하기 위해서는 프로젝트의 선장 격인 Project Manager의 역할이 무엇보다 중요하며, 프로젝트에 참여하는 설계, 조달, 공사 및 시운전 인력 등 많은 인력이 한 방향으로 일사불란하게 움직일 수 있도록 Follow-ship을 이끌어 내야 하는데 이를 위해서는 Human Leadership이 절대적으로 필요하다.

　　또한 설계, 조달, 공사가 따로따로 추진되는 것이 아니라 설계를 바탕으로 구매를 위한 스펙(Specification)과 제작 요청서(Requisition)가 만들어지고, 구매를 통한 Vendor(제작 업체)의 최종 도면을 반영하면서 상세 설계가 완성되며, 이를 바탕으로 공사가 수행되지만 현지 인허가 승인 과정에서의 변경이나 제조 업체의 제작상 변경 등 현지 사정에 따라 도면대로 공사 수행이 어려울 때에는 도면을 리얼 타임으로 변경·수정 작업을 해야 한다.

　　이러한 역학관계에 따라 PM에게는 통합 관리 역량인 통합 관리 리더십(Integrated Management Leadership)이 절대적으로 필요하다.

　　마지막으로 리더로서 프로젝트에 참여하고 있는 많은 인력이 최소한의 노력으로 최대한의 효과를 낼 수 있도록 하는 것, 즉 성공적인 사업 수행을 위해서는 전략적인 접근이 필요한데 이를 전략적 리더십(Strategic Leadership)이라고 한다.

1. 휴먼 리더십

왜 휴먼 리더십인가?

전문가(Professional)라 함은 특정한 일에 지식과 경험이 풍부한 사람으로서 혼자서 일을 잘하는 사람을 말한다. 하지만 리더(Leader)는 여러 사람의 협력을 얻어내는 인간관계 능력이 뛰어난 사람을 말한다.

피터 드러커의 말에 그 해답이 있다.

"모든 환경에 들어맞는 리더십 역량은 존재하지 않는다. 그러나 어떤 리더에게도 요구되는 자질이 있다면, 그것은 리더십의 본질상 구성원들이 기꺼이 감성적으로 따르려고 하는 상호관계(Relationship) 형성능력이다."

또한 경영의 천재라는 잭 웰치는 말했다.

"경영은 사람경영이다. 먼저 사람을 생각하고 전략은 그다음이다."

솔선수범(Basic of Leadership)

솔선수범은 휴먼 리더십의 기본이다. 내가 하기 싫은 일은 남도 하기 싫어한다. 내가 하기 싫은 일을 리더로서 자신은 피하면서, 부하에게

시킨다면 그 일이 제대로 될 리 없다.

항상 부하의 입장에서 생각하고 행동해야 한다. 공과 사를 구분하고, 모든 것이 투명해야 한다. 리더의 주변이나 의사 결정이 투명하지 못하면 신뢰받지 못하고, 떳떳하지 못하다면 리더의 지시가 힘을 받지 못한다.

Power comes from transparency.

리더가 있어야 할 시간과 장소에는 리더가 꼭 있어야 한다.

국회의원이 회기 기간 중에 해외에서 골프를 치다가 언론에 뭇매를 맞고, 군 고위 장성이 근무 시간에 골프를 치다가 발각되어 옷을 벗는 일들이 일어나는 건 리더가 있어야 할 시간과 장소에서 이탈했기 때문이다.

1990년 초, 대산 종합 화학 단지 LDPE MHS(Low Density Poly Ethylene, Material Handling System) Project 수행 중 발생한 일이다.

LDPE 공장에서 생산된 폴리 에틸렌 칩(라이터 돌 모양의 결정체로 페트병이나 각종 플라스틱의 원료로 사용됨)을 이송 및 알루미늄 사일로에 저장하고, 다시 자동창고의 Bagging System(포장 시스템)까지 이송하는 프로젝트로, 독일의 전문 업체로부터 기술 및 주요 기자재를 공급받아 설치 완공한 프로젝트이다.

특히 칩 이송을 공기의 힘으로 하지만, 관내 이송 중 칩의 손상을 막기 위해 관내 Air Pocket(공기 막)을 이용하여 칩 덩어리 채로 이송하는 Dense Phase 방식으로 특수 기술을 요하는 프로젝트였다.

프로젝트 주요 구성 요소로는 Air Compressor, Air Blower, Rotary Valve 및 대형 알루미늄 저장 Silo(직경 약 5m, 높이 약 20m×12기)로 생산된 폴리 에틸렌 칩을 Air Blower를 이용하여 대형 Silo로 이송하고, Silo 하부에 달려 있는 Rotary Valve를 이용하여 정량적으로 포장 시스템으로 이송하는 설비들이다.

공사가 마무리되고 독일 전문 기업의 Supervisor의 입회하에 시운전 테스트를 수행하게 되었다. Air Compressor 및 Blower의 압력, 온도 등의 체크를 위한 검사 조, Silo 하부 Rotary Valve 분당 회전수 및 운전 상태 체크를 위한 검사 조, Silo 상부에서 Silo Head Cover를 열고 Silo 내부로 이송되어 쏟아지는 칩 덩어리들의 분당 개수를 체크하는 조, 포장 시스템 쪽으로 이송되어 오는 양을 분 단위로 체크하는 조 등등 몇 개 조로 나누어 동시에 체크를 하고 필자는 워키토키를 들고 PM으로서 이들 전체를 리드하고 있었다.

공사가 완료되고 시운전 테스트를 하는 중요한 일정이라, 각 조에는 당사 직원뿐 아니라 사업주 측 인원도 포함되어 공동으로 체크를 하고 있었다.

필자의 Stand-By & Run 사인이 나고, 테스트를 한참 하던 중 Silo 상부에서 테스트를 하던 직원으로부터 무전기를 통해 다급한 보고가 들어왔다.

사업주 직원이 그만 사인펜을 Silo 내부로 떨어뜨렸다는 것이다.

Silo 하부에는 Rotary Valve가 돌고 있는 상황으로, 사인펜이 Rotary Valve 속으로 빨려 들어간다는 것은 상상할 수 없는 일이었다.

컴프레서, Blower 등 설비의 작동을 멈추고, Silo 상부로 뛰어올랐다.

오르고 보니 이미 Silo 상부 주변에는 여러 사람이 웅성거리고 있었고, 사업주 직원은 불안한 얼굴 표정을 지은 채 능동적으로 사고를 수습하려고 행동하는 자도 없었고, Silo 내부 아래로 내려가려는 자 또한 없었다.

Silo 내부는 어두침침한 채로 20여 미터 아래 쌓인 칩 더미는 까마득한 열 길 물속처럼 보였고, 칩에 파묻힌 사인펜은 보이질 않았다.

필자 본인도 아래를 바라다본 순간 겁이 났다.

그렇다고 누구를 시킬 수도 없는 처지였다.

웅성웅성 소란스럽기까지 한 30~40여 미터 Silo 상부 현장에서 안전 사고라도 난다면, 이는 작은 하나의 프로젝트가 문제 아니라 플랜트 단지 전체의 문제가 되는 것이다.

밧줄이 내려졌다.

다행히 새로 생산된 칩이 아니라 시운전용 폐칩을 사 온 것으로, 화학 냄새를 맡거나 질식사하는 등의 문제는 없는 것으로 확인되자 바로 유격 훈련에서 배운 대로 밧줄을 타고 내려갔다.

20여 미터 아래 칩 더미 상부에서 한 손은 밧줄을 잡고, 다른 한 손은 칩 더미를 휘저으며 사인펜을 찾기 시작했다.

칩 입자가 가벼워 발을 딛는 순간 물 수렁처럼 푹 빠져 버리기 때문에, 칩을 밟고 올라설 수가 없이 두 발로 엇갈리게 밧줄을 밟은 상태에서 손을 바꾸어 가며 사인펜을 찾을 수밖에 없었다. 한 십여 분이 흘렀을까? 팔이 저리고 힘이 빠지기 시작했다.

상부에서는 불안해하기 시작하며 혹 질식하지는 않았는지 말을 걸어오기도 하고, 힘들 텐데 교대해야 한다는 소리도 나오고, 웅성거리는 소리가 또다시 들리기 시작했다.

이 일을 다시 누구에게 맡길 것인가?

암담하기도 했고, 불안이 엄습해 오기 시작했다.

Silo 상부에서 칩이 떨어지며 콘 모양으로 쌓이기 때문에 사인펜도 떨어지면서 Silo 중앙이 아니라 Silo 벽면 쪽으로 미끄러져 갔을 것으로 예상했다.

밧줄을 살며시 흔들어 가며 칩 더미 속에 손을 넣어 찾은 게 한 20여 분이 지났을까?

딱딱한 물체가 손에 잡히며 찾던 사인펜이 모습을 드러냈다.

도저히 혼자 힘으로 올라갈 수가 없어 끌어올려 달라고 소리쳤던 것으로 기억한다.

부하 직원들로부터의 존경은 뒤로하고서라도, 사업주로부터 감사와 함께 Plant Hand Over가 부드럽게 진행되었음은 사업주의 걱정과 위험을 먼저 대신한 덕이라 생각된다.

필자가 PM으로 사업을 성공리에 마치고, 1년 뒤 말레이시아 그룹 단지 공사 프로젝트의 소장을 역임하면서 현지에서 들려온 말에 의하면 "사업주가 추가로 나온 대산 종합화학단지 내 증설 공사의 PM을 필자로 선임한다는 조건으로 계약하고 싶다."라고 했다는 걸 전해 듣고 미소 지었던 기억이 난다.

앞장 '제1장 인도 프로젝트 이야기'에서 언급된 인도 L 프로젝트의 직경 약 3m에 높이가 약 20m 되는 액화 옥탄 가스 저장탱크의 Leak(누수) 사고 시, Project Director였던 필자가 작업조장을 맡아 직접 저장탱크에 올라 용접 작업의 위험을 무릅쓰며 함께 작업을 마무리할 수 있었던 것도 솔선수범의 좋은 사례로, 부하 직원들의 마음을 움직였기 때문에 가능했던 일이라 생각한다.

경청(Start Line Of Leadership)

리더십의 기본 도구인 커뮤니케이션(Communication), 즉 소통의 핵심이 경청이며, 리더십은 경청으로부터 시작된다.

일의 주체가 누구인가, 누가 그 일에 전문성을 갖고 있나, 그렇다면 리더인 내가 할 일은 무엇인가에 대해 고민해 봐야 한다.

각 담당자가 업무를 수행할 때, 담당자 자신이 가장 많이 알고 있고, 문제가 무엇인지도 잘 알고 있을 뿐 아니라 무엇 때문에 일의 진행이 더디고 무슨 도움을 필요로 하는지를 잘 알고 있다.

따라서 리더는 그들이 무슨 어려움을 안고 있는지, 무엇을 도와주면 일이 잘 진행될 것인지를 귀 기울여 들어야 한다.

절대로 무안을 주거나 면박을 주어 그들이 안고 있는 문제를 숨기려 들거나 혼자서 쉬쉬하면서 해결하려 해서는 안 된다.

각 담당자들이 신바람 나게 일할 수 있도록 도와주어야 하는데, 그들의 의견을 경청하고 교통정리를 하고 우선순위를 정해 주며 문제 해결을 위한 진지한 경청을 통해 그들의 자존감을 세워 주어야 한다.

사람은 무릇 자신을 인정해 주는 사람에게 목숨을 바친다는 말이 있다. 진정한 경청은 인정의 미덕으로 신의나 충성심 즉 로열티를 야기한다.

여러 명의 여자를 간통한 죄로 붙잡힌 일명 '제비'를 잡고 보니, 상상과는 달리 그리 미남도 아니요 그렇다고 학식이나 돈이 많은 것도 아니었다. '무슨 재주로 그리도 많은 여자들을 울렸는가?'라는 질문에 애국가 4절을 인내를 갖고 듣는 것처럼 여자들의 넋두리를 맞장구를 쳐 대며 들어 준 것밖에는 없었다는 얘기는 경청이 얼마나 사람의 자존감을 세워 주며 중요한 덕목인가를 실감하게 한다.

한때 11년 연속 '일하고 싶은 기업' 최상위권에 오른 'W. L. Gore & Associates(고어와 동료들)'는 특수 등산복 소재인 고어텍스의 제조사로, 회사 명칭과 같이 상사나 부하가 없는 완전 수평조직으로 모두가 '동료(Associates)'로 불린다.

듀폰의 화학 기술자였던 창업자 빌 고어는 "대기업의 권위주의와 상하관계 때문에 창의성이 꽃피지 못한다"고 생각했기 때문이다.

이 회사의 독특한 보상 시스템은 연봉을 동료들의 평가로 결정한다는 것인데, 가장 좋은 인센티브나 동기부여는 '인정'이라고 굳게 믿기 때문이다.

"많은 사람은 자신의 의견이 경청되고, 자신이 가치 있는 기여를 하고 있으며, 동료들이 그것을 인정해 준다는 사실에서 크게 보상받습니다."

경청되고 인정받고 있다는 믿음 속에서 충성심이 나오는 것이다.

열정(Origin of follow-ship)

경영의 귀재 잭 웰치에게 물었다.
"리더십의 근본이 무엇인가?"
그의 대답은 간단하고 명쾌했다.
"열정(Passion)이다."
리더가 자신이 추진하고자 하는 일에 열정이 없다면 누가 진정 그를

믿고 따르겠는가!

"세상에 열정 없이 이룬 업적은 없다."라고 한 스피노자의 말과 일맥 상통하는 말이다.

• 앙스크 블뤼테(Angst Blute)

피아노나 바이올린의 경매가가 수백만 불 하는 '스트라디바리우스'. 아주 깊은 울음을 주는 이러한 명기를 만드는 나무는 무엇일까?

바로 전나무이다.

전나무는 환경이 열악해 생명이 위태로워지면 죽어 가기 바로 직전에 자기 온몸을 불살라 아주 화려하고 풍성한 꽃을 피우는데, 이것을 일컫는 생물학적 용어가 '앙스트 블뤼테'이다.

원래 'Angst'라는 말은 '불안'을 의미하며 'Blute'라는 말은 영어로 Blossom, 즉 개화, '꽃이 피다'라는 뜻으로 '불안의 꽃을 피우다'로 해석할 수 있다.

죽음의 불안을 느끼는 가장 어려운 시기에 생애 최고의 절정을 만들어 내는 위대한 창조 행위, 이런 전나무와 같이 역사를 바꾼 사람들의 삶 속에 앙스트 블뤼테의 힘이 있다.

악성 베토벤은 어릴 적부터 천재적인 재능을 갖고 있었으나 27살의 젊은 나이에 귓병으로 청력을 잃어 좌절과 죽기를 결심하고 1802년에 유서를 작성하였으나 위대한 창조의 빛은 이때부터 발하기 시작했다.

교향곡 3번 '영웅'은 1804년에, 피아노 소나타 '열정'은 1805년에, 교향곡 5번 '운명'은 1808년에, 피아노 협주곡 '황제'는 1809년에, 그리고 불후의 명곡 '합창' 교향곡은 임종하기 3년 전인 1824년에 작곡하며 앙스테 블뤼테의 힘을 발휘하였다.

또한 타이거 우즈의 승리에 대한 열정은 어떠한가? 2005년 마스터스 4라운드 16번 홀, 반드시 버디를 해야만 하는 상황, 경쟁자는 홀 컵 3m 거리에 근접한 반면, 우즈 샷은 홀 컵 약 20m 거리의 러프에 빠졌다.

승리에 대한 열정으로 친 칩 샷이 귀신에 홀린 듯 홀 컵에 빨려 들어간 순간을 골퍼라면 기억할 것이다.

기억하라.

불안이 밀려올 땐 어쩌면 그때 피는 꽃이 절정이라는 것을, 그때야말로 모든 '간절함', '의지', '집중력' 등 열정을 쏟아 내야 할 시기라는 것을….

• 전설의 명마 '세크리테리엇(Secretariat)'

경주마들은 조련사의 혹독한 시험을 통해서 걸러지는데, 백 마리의 말을 땡볕에서 일주일 동안 물도 안 먹이면서 맹훈련을 시킨다. 타 들어가는 목마름에 하나둘 씩 쓰러져 갈 무렵, 말들을 호숫가로 데려가면 미친 듯이 물을 향해 달려가게 되는데 이때 조련사의 '휘익' 호각 소리를 낸다.

"돌아와!"

이때 모든 말은 호각소리를 무시하는데, 유일하게 돌아 나오는 말이 바로 세크리테리엇이었다.

이렇게 다른 말들과 달랐던 세크리테리엇은 1973년에 켄터키 더비, 프리크니스 스테익스, 벨몬트 스테익스 3관왕을 이루며 트리플 크라운을 달성하였다.

이때 세크리테리엇이 세운 기록인 2,000m 1분 59초는 세계신기록으로 아직 깨지지 않은 대기록으로, 그 힘은 '초절제력'으로 만들어진다.

중국 역사상 가장 존경받는 인물 강희제는 자신의 권력에 대한 절제를 보였다. 10년을 보유하지 않을 주식이라면 10분도 보유하지 말라던 절제의 귀재 워런 버핏도 그랬다.

목마름이란 이름의 열정은 무엇인가를 열망하고 도전하게 만드는 원동력이며 역사는 언제나 목마름으로 열정을 바친 사람들에 의해 만들어져 왔으며, 이 목마름의 열정을 놀라움으로 승화시켜 주는 열쇠는 절제력에 있다.

• 메멘토 모리(죽음을 기억하라)

절대 묵언을 지켜야 했던 트리피스트 수녀원에서 딱 한 가지 허용된 말이며, 로마 시대 개선 행진 때 외치던 말. '죽음을 기억하라', '메멘토 모리'.

사형수의 두 눈을 가리고 양손을 묶은 다음 그에게 손목을 칼로 그어 피를 한 방울씩 흘리며 고통스럽게 죽어 갈 것이라고 얘기한 후, 실제로는 칼로 상처를 내는 시늉만 하고 실제 피가 아닌 물방울 소리만 들려주었다. 그런데도 사형수는 다음 날 아침 실제로 죽어 있었다고 한다.

이렇게 어떤 것이 해롭다는 암시만으로도 실제로 최악의 결과를 초래하는 현상을 '노시보 효과'라 한다.

이와는 반대로 환자에게 몸이 호전될 것이라며 가짜 약을 진짜 약이라 속여 먹게 했을 때 실제로 호전되는 현상을 '플라시보 효과'라 한다. 이를 긍정의 힘이라 하는데, 열정이 있는 사람은 긍정의 힘을 굳게 믿는다.

덩컨 맥두걸이라는 의사는 영혼의 무게를 재기 위해 죽음을 앞둔 환자들을 대상으로 임종 4시간 전부터 몸무게의 변화를 측정하였는데, 임종하는 순간 21그램이 빠지는 것을 발견하고 영혼의 무게를 21그램이라고 생각하였다. 21그램의 영혼이 빠져나갈 때 무엇을 가장 후회하게 될까?

그 해답을 안다면 지금 당장 그 일을 하라. 오늘 죽어도 후회가 없을 만큼 최선을 다하며 열정적으로 사랑하고, 열정적으로 하루를 살아가는 것이야말로 우리의 죽음을 가장 빛나게 하는 것이다.

"오늘 내가 헛되이 보낸 하루는 어제 죽어간 사람이 그토록 원했던 내일"이라는 사실을 기억하라.

소통(Basic Tool of Leadership)

소통은 리더십을 발휘하기 위한 기본 도구로, 조직의 생명과도 같다. '혈통즉생, 불통즉사(피가 통하면 살고, 통하지 않으면 죽는다)'. 조직도 마찬가지로 소통이 되지 않으면 죽은 조직과 같은 것이다.

축구, 야구, 농구, 배구 경기와 같은 구기 종목에서 선수들 간의 소통은 팀의 생명력과도 같다. 개인기가 아무리 뛰어나도 혼자서 득점을 이룰 수는 없기 때문이다. 소통이 잘되는 팀은 말이 필요 없다. 왜 내게 볼을 주었는지 내가 누구에게 패스해야 하는지 감으로 알 수 있는 것이다.

조직에서의 소통은 생각보다 어렵다. 따라서 많이 하면 할수록 좋다. 잭 웰치는 "10번 이야기하지 않았으면 이야기하지 않은 것과 다름이 없다"고 했고 후임인 이멜트는 "시키는 대로 하라"는 말을 1년에 7~12번 하는데 12번 이상 하면 직원들과 의사소통이 되지 않고, 7번 이하로 하면 포퓰리즘으로 흘러 조직이 건강하게 움직이지 않기 때문이라고 했다. 이는 너무 자주 이야기하면 일방적 소통이고, 반대로 너무 적게 하면 조직력이 느슨해지기 때문이다.

스탠퍼드대학 병원장의 "병원의 비전을 70번 이야기하고 나서야 직원들이 제대로 이해를 하는 것 같더라."라는 말은 조직의 소통은 중요하면서도 어렵다는 것을 단적으로 말해 준다.

소통은 상호 간 동일한 이해(Mutual Understanding)를 바탕으로 한다. 소통을 했지만 서로 이해가 다르면 소통의 함정이나 책임의 분산을 가져오게 된다.

'소통의 함정'이란 우리가 소통이라고 명명하는 회의, 대화, 강의 중에 쏟아 내는 많은 말이 결국에는 상대방에게 유리하거나 필요한 내용 또는 평소 긍정적으로 공감하는 내용만 받아들여지고 전달된다는 것이다. 일종의 확증 편향인 것이다.

평소 아욱국을 좋아하는 모 회사 사장님께서 현장을 방문하고 격려 차 직원들과 밤늦게까지 술을 마시고 아침에 해장으로 아욱국을 준비해 달라고 지시했다고 한다. 그런데 아침에 식당에 가 보니 식단에 아귀찜, 아귀찌개 등 온통 아귀로 만든 음식만 있어 놀랐다는 에피소드는 우리를 웃음 짓게 만든다.

'책임의 분산'은 배구나 야구 등 구기 종목에서 공을 상대가 받겠지 하는 마음으로 서로가 양보해서 결국은 공을 잡지 못하는 것과 같이 서로 간 공감대가 형성되지 않는 경우이다. 뉴욕의 살인사건 피해자 이름에서 유래된 '제노비스 신드롬' 또는 '방관자의 효과'라 부르는 것 역시 이에 해당된다.

1664년 뉴욕의 키티 제노비스라는 여인이 자기 집 근처에서 새벽 3시 30분경 강도에게 살해당했다. 그녀가 격렬하게 반항했기 때문에 살인

극은 30분 이상 계속되었고 집 주변 40여 가구에 그 소리가 들렸지만 누구도 경찰에 신고하지 않았다.

사실 비명 소리에 40여 가구에 불이 켜지고 범인은 도망치기 시작하다가 이웃집 불이 꺼지자 집으로 들어가는 여인을 다시 뒤쫓아와 칼로 찔러 살해하고 말았다.

신고만 했었다면 살았을 터인데, 안타깝게도 그녀는 죽었고 추후 주변 40여 가구의 목격자에 확인해 보니 대다수가 나 말고 남들이 이미 신고했겠지라는 생각을 했다고 하니 일종의 '대중적 무관심'인 것이다.

부부간의 소통은 또 어떠한가? 오랜 기간을 함께하다 보니 말이 필요 없어서인지 소통이 단절된다. 아침에는 "다녀올게"라고 하고, 저녁에 "밥은?"이란 말에 "먹었어. 잘게."라고 한다. 하루에 2~3마디가 전부인 현실 속에 살면서 어찌 부부간 또는 부자지간의 대화를 기대할 수 있겠는가?

이직하는 직원들의 퇴직 사유를 보면 대다수가 건강상 이유나 가업 유지 등 개인적 사유를 적어 내지만, 실상은 급여나 처우 조건이 좋아서 이직하는 경우이거나 대다수 소통의 부재에 따른 자존감의 상실로부터 오는 인간적 신뢰 부족을 겪기 때문이다.

동기부여 또한 연봉이나 복지와 같은 외적 요인보다는 진정한 소통을 통한 성취나 가치 추구와 같은 내적 요인에서 기인한다. 소통에는 3대 영역이 있는데 업무적 소통, 창의적 소통 그리고 정서적 소통이 그것이다.

업무적 소통은 업무 지시·보고, 정보 공유가 해당하며 애매모호하거나 알아서 하라는 식의 지시는 배제하고 명확한 지시와 육하원칙에 따르는 보고, 상호 공감하는 정보 공유가 중요하며 이는 업무 성과에 큰 영향을 준다.

창의적 소통은 아이디어 제안, 협업과 비전 제시가 이에 해당되며 아이디어의 무시나 부서 이기주의를 피하고 자유로운 아이디어 개진과 공감하는 비전 제시가 창조적 성과를 창출하는 계기가 된다.

정서적 소통은 인간관계에 초점을 맞추고 상호 이해와 배려하는 마음으로 서로 공감하는 자세가 필요하며 칭찬과 격려를 통해 관계의 질을 향상시키는 감성적 리더십의 근간이 된다.

역량(Condition of Role Model)

리더십은 조직원들의 Follow-ship을 이끌어 내기 위한 영향력이며, 영향력은 존경심을 바탕으로 한다.

따라서 존경심을 받으려면 조직원들의 롤 모델이 되어야 한다. 즉, 군계일학이 되어야 한다. 리더로서 조직원들의 롤 모델이 되려면 그들이 배우고자 하는, 부러워할 정도의 실력, 즉 역량이 있어야 한다.

등산을 할 경우, 등산을 하려는 구성원의 리더는 연장자나 조직의 장이 되는 것이 아니라 등산 경험이 많고 등산하려는, 산에 대해 잘 알고 있는 사람이 리더가 되어 구성원을 이끌어야 모든 구성원이 안전하게 성공적인 등산을 하는 것과도 같다.

축구나 구기 종목에서도 주장은 연장자가 되는 것이 아니라 팀에서 가장 핵심적인 역할을 하는 사람이 되는 것이다.

일종의 수평적 리더십인 것이다.

수평적 리더십이란 리더와 구성원들 간에 동등한 입장에서 서로 대화를 나누고 문제 해결을 위한 아이디어를 모으고, 토론을 통해서 좋은 정책을 결정할 때 리더가 실시 여부에 대해 의사 결정을 하고 실시하는 데 있어 문제 해결 시까지 구성원들의 일체감 조성을 위해 함께

동고동락하는 자세를 말한다. 학생 시절 동료들 간 또는 같은 또래의 모임이나 구성원들 간에 추진하고자 하는 목적에 가장 역량이 뛰어난 사람에게 자연적으로 따르려 하는 Follow-ship이 생기는 것과도 같은 것이다.

변화의 리더십 또한 마찬가지이다. 앞으로 다가올 미래가 어떻게 변화할지는 아무도 모르지만 그 미래가 왔을 때 자신의 역량이 구성원들 중에서 가장 뛰어나다면 리더십을 발휘할 가능성은 농후한 것이다.

리더는 사업을 추진함에 있어서 큰 그림을 그리고 방향을 설정하며 숲을 보는 눈, 즉 매크로(Macro)하게 사업을 바라봐야 한다. 반면 그 사업의 핵심 요소인 성패를 좌우하는 부분에 대해서는 나무를 바라보는 눈, 즉 마이크로(Micro)하게 전문적인 지식을 가질 정도로 알아야만 하고 그러기 위해서는 '열공'을 해야만 하는 것이다.

그래서 리더는 숲을 봐야 하지만 나무도 볼 줄 알아야 한다는 것이다.

프로젝트 매니저로서 필요한 역량을 정리하면 다음과 같다.

- **소통 능력**(영어 소통 능력 포함)
- **다방면의 전문 지식**
- **표현력과 친화력**
- **설득력과 협상력**

2. 통합 관리 리더십
(Integrated Management Leadership)

무슨 사업이든지 한 분야의 전문가가 혼자서 해낼 수 있는 사업은 없다. 여러 부문의 전문가들의 노력이 서로 조화를 이루며 사업을 추진하게 되는데, 여러 부문의 전문가들의 노력을 서로 조화롭게 통합 관리하는 과정에 따라 사업의 질과 성공 여부가 판가름 나는 것이다.

피터 드러커는 "미래의 지식근로자에게 필요한 자질은 자신의 분야에서 얻은 지식과 다른 분야의 지식을 통합 및 조합할 수 있는 능력"이라고 했다.

특히 90% 이상 아웃소싱(Outsourcing)되는 플랜트 EPC(Engineering·Procurement·Construction, 설계·조달·공사) 비즈니스에서는 통합 관리 리더십이야말로 핵심 역량이라고 말할 수 있다.

설계(Engineering) 통합 관리

설계는 크게 공정, 기계, 배관, 토목, 건축, 전기, 계장 등으로 나뉘어 있고, 각 공정별로 10~60%에 해당하는 상세 설계 부분은 외주 설계에 맡기고 있는 실정이다 보니 각 공정별로 외주 업체 간의 통합 관리 역량이 필요하다.

또한 공정설계팀에서 프로세스 설계와 기본 설계가 마무리되어야 기계 및 배관설계팀에서의 설계가 이루어지고 배관의 기본 구도(Layout)

가 잡혀야 토목 및 건축 설계가 진행되므로 각 공정 간의 통합 관리 역량이 절대적으로 필요하다.

　모든 공정은 독자적으로 설계가 진행될 수 없고 각 공정 간의 설계 정보를 바탕으로 설계가 추진되기 때문에 상호 간에 실시간 소통(Real Time Communication)을 통해 설계가 수정 작업을 반복해 가면서 진행된다. 그뿐만 아니라 조달 측에서 선정되는 벤더, 즉 각 기기 공급 업체(제조 업체)의 최종 설계 도면이 반영되면서 설계가 완성된다. 그렇기에 더더욱 통합 관리 역량이 필요한 것이다.

　따라서 설계 Engineering Manager의 필요 역량은 실시간 소통을 통한 통합 관리 리더십인 것이다.

조달(Procurement) 통합 관리

　조달은 크게 기계 장비(기기), 각종 계기(Instrument), Bulk성 자재인 배관 자재(Pipe, Valve, Fitting & Flange), 철골과 케이블 등이 있는데 기계 장비는 대부분이 기성품이 아니라 테일러 메이드인 오더 메이드 제품이기 때문에 설계로부터 기본 사양(스펙)을 받아 견적 접수 후 발주하게 된다. 다시 이들 Vendor나 제조 업체로부터 제작 도면을 받아 본 설계가 완성되는 것이기 때문에 통합 관리 역량이 필요하다.

　또한 컴프레서(Compressor)나 터빈(Turbine)과 같이 패키지성 아이템은 철골 구조물 안에 배관, 전기 및 계장을 포함해서 패키지로 발주할 수도 있으나 금액과 공기를 고려해서 분리 발주도 할 수 있기 때문에 조달 내 공정 간 통합 관리 역량도 필요한 것이다.

　이런 경우에는 공사 부문과도 소통을 통해 통합 관리 역량을 발휘해야 한다. 왜냐하면 패키지로 발주하게 되면 대형 크레인을 이용하여

한 번에 설치하게 되고, 분리 발주를 하게 되면 설치할 곳에 기초공사 및 배관, 전기, 계장 공사 업체가 따로따로 공사를 추진해야 하기 때문이다.

따라서 Procurement Manager 또한 각 공정 또는 설계, 공사 간의 실시간 소통을 통한 통합 관리 역량이 절대적으로 필요한 것이다.

공사(Construction) 통합 관리

공사는 크게 기계 설치 공사, 배관 공사, 토목 공사, 건축 및 철골 공사, 전기 공사와 계장 공사로 나뉜다. 공사 규모에 따라서 기계와 배관, 토목과 건축 및 철골, 전기와 계장 공사를 합쳐 발주하는 경우도 있고, 공사 규모가 큰 경우에는 각 공정별로 2~3군데로 나누어 분할 발주하는 경우도 있다.

공사는 설계 도면이 완성되어야 토목 공사에 착수할 수 있고, 기자재가 현장에 입고되어야 설치 작업을 할 수 있듯이 설계 및 조달과의 통합 관리 역량이 필요하다.

또한 현장 여건상 공사가 이루어질 수 없는 경우에는 설계를 변경 추진해야 하는데 이 때문에 현장 설계(Field Engineering)가 필요하고, 설계자가 현장에 상주할 필요가 있다.

공사 자체적으로도 토목 공사의 기초 공사가 되어야 철골 설치 공사가 가능하고 철골 설치가 되어야 배관이나 전기 케이블 설치 공사가 이루어질 수 있듯이 공정 상호 간에 실시간 소통을 통한 통합 관리 역량이 필요한 것이다.

때문에 EPC 비즈니스의 최종 보루인 현장 소장인 Construction Manager 또한 공사 각 공정 간 설계와 조달의 수많은 벤더와의 실시간 소통을 통한 통합 관리 리더십이 절대적으로 필요하다.

PM(Project Manager)의 통합 관리

플랜트 EPC 비즈니스에서 프로젝트를 이끌고 가는 프로젝트의 리더인 PM의 리더십은 어찌 보면 통합 관리 리더십이 전부가 아닌가 싶다.

엔지니어링 부문 내 각 설계 담당자들은 주어진 예산안의 Man-hour 내에서 설계를 마무리하기 위해 도면 수정 작업(Revision Work)을 하기 싫어하며 타 공정에서 확정된 도면을 기초로 하여 자신의 설계를 진행하려 하기 때문에 상당히 수동적이며 모험(Risk Taking)을 하려 하지 않아 초기에 설계 진행이 상당히 더뎌진다.

조달 또한 주어진 예산에서 집행을 하려다 보니 설계나 공사 측을 고려한 발주보다는 예산에 초점을 두어 프로젝트 전체적으로 질(Quality)이나 공기에 영향을 주는 결정을 내리기 일쑤다.

공사 또한 관리가 쉬운 통합 발주(1~2군데 업체로 일을 몰아 주는 형태)를 선호한다.

현장 소장(CM, Construction Manager) 또한 초기 Constructability(공사에 영향을 주는 요소들을 초기 설계 단계에서부터 참여하여 설계 및 조달에 공사의 방향성을 고려하여 설계, 조달에 반영토록 하는 제도) 시 자기 입장을 너무 강조하게 되면 설계나 조달에 영향을 주어 원가 상승의 원인이 되기도 하는데 PM의 적절한 교통정리가 필요한 것이다.

따라서 PM의 통합 관리 리더십이 절대적으로 필요하다.

또한 PM의 통합 관리 역량을 발휘하는 데 있어서 가장 중요한 덕목 중 하나가 적절한 시기에 의사 결정 능력(Decision Making at Right time)이다.

설계, 조달, 공사 각 담당자들의 예산 관리 및 수고로움과 Risk Taking에 대한 부정적 움직임으로 인해 모든 담당자는 수동적일 수밖에 없으며 프로젝트는 지연될 수밖에 없다.

따라서 PM의 의사 결정이 비록 잘못되었다 하더라도 빠른 결정이 중요하다. 잘못되었을 시에는 추후 수정을 하면 되는 것이고, 일의 빠른 진행을 위해서는 PM의 빠른 의사 결정이 필요한 것이다.

설계, 조달, 공사 각 부문별 또한 각 공정별 이해관계가 있기에 서로 책임을 지지 않으려는 수동적 자세를 가지는데, 이로 인해 일의 진행이 더뎌지고 모두가 윈윈(Win-Win)할 수 없는 의사 결정, 즉 누군가는 수정 작업을 한다거나 수고로워지는 의사 결정이 있을 수밖에 없는 것이다.

그럼에도 프로젝트의 전체를 감안했을 시 최적의 의사 결정을 최적의 시간에 해야 하는 것이 PM의 역할이다.

2002년 한일 월드컵 때에 한국 국가 대표팀 감독을 맡아 한국 축구팀을 세계 4강 반열에 올려놓았던 히딩크 감독의 리더십 또한 통합 관리 리더십이 아니었나 싶다.

그동안 청탁이나 개인적 신뢰 등을 기반으로 발탁, 채용되던 대표 선수에 대한 인사권을 100% 발휘하는 조건으로 감독직을 수락했고 시합 전날까지 선발 출전자 명단을 발표하지 않고 끝까지 경쟁시켜 대표팀을 긴장으로 몰고 간 감독, 유럽 축구에 비해 체력이 약하다는 것을 파악하고 과학적·개인적 조건에 맞추어 체력을 단련시켰던 감독, 전원 수비와 빠른 템포의 수비 전환 전략, 코너킥과 프리킥의 시스템 전략 그리고 연장 무승부를 대비한 승부차기 연습을 무던히도 시켰던 감독, 연습을 혹독히 시키며 웃음을 보이지 않았던 카리스마적이면서도 주 경기에서 골을 넣을 때 어퍼컷 골 세리머니와 함께 선수들을 얼싸안고 같이 기뻐하던 감독, 코치 베어백·박항서·정해성·GK 코치 김현태와 행정책임·기술분석관·닥터·피지컬 트레이너·물리치료사 등 스태프들의 역할과 권한에 대해 무한 신뢰를 보내며 통합적 관리 리더십을 보여 한국 축구의 신화를 이루어 낸 리더라 생각된다.

맥도날드와 버거킹의 햄버거 맛은 다르다. 또한 피자헛과 파파존스 피자의 맛은 분명 다르다. 하지만 맥도날드의 햄버거나 프렌치프라이는 세계 어디를 가든 맛이 일정하다. 버거킹도 마찬가지고 파파존스나 피자헛도 마찬가지로 세계 어디를 가든 동사 제품의 맛과 질은 동일하다.

이는 동질의 원료, 보관 및 레시피 등이 각 국가별 동일 매뉴얼로 만들어지기 때문이다. 즉 원료의 선별, 가공, 보관, 요리, 시스템 등 모든 것이 동일한 매뉴얼로 이루어지도록 교육되고 통합 관리되기 때문인 것이다.

세계 어디에서 어떤 플랜트를 건설하든 동일한 질과 성과의 플랜트 건설을 목표로 하는 플랜트 엔지니어링사의 핵심 역량 또한 실시간 소통을 통한 통합 관리 리더십(Integrated Management Leadership through Real Time Communication with Loyalty & Passion)이라 할 수 있다.

통합 관리 리더십의 핵심은 실시간 소통(Real Time Communication)이다. 실시간 소통을 통한 설계 담당자, 구매 담당자, 공사 담당자뿐 아니라 납품 업체, 하청 업체, 관공서, 사업주 등 모든 이해관계자들 간에 변경된 내용이나 사업주가 추가 또는 변경한 요구 사항, 현장의 변화된 기후 조건, 변경된 관련 법규나 지침 등 모든 정보가 모든 이해관계자들에게 실시간 전달되고 반응하는 유기적 시스템이 되어야 하는 것이다.

이들 주어진 정보가 각 이해 당사자 간에 충돌이나 손해 또는 심각한 공기 지연이나 금전적 손실을 초래할 경우는 리더(PM)의 빠른 의사 결정이 필요하다.

리더의 빠른 의사 결정에 따른 조직 전체의 일사불란한 움직임(Reaction)이 성공적 사업 수행의 기초가 되는 것이다.

3. 전략적 리더십
(Strategic Leadership)

전략이란 용어는 원래 '전쟁에서 적을 속이는 술책'이라는 뜻을 가지고 있으며, 전쟁에서의 승리를 위해 여러 전투를 계획, 조직, 수행하는 방책을 말한다.

군사적 개념 외에 전략이란 어떤 목표에 도달하기 위한 최적의 방법을 뜻한다. 리더로서 구성원들의 최소의 노력으로 목표 달성을 위한 최대의 효과를 거두기 위해 고안해 내고 적용하는 방법이나 술책을 의미한다.

리더로서 전략이 없다면 남들과 차이를 만들어 낼 수 없고, 그저 직책이나 자리가 가지는 Positioning Power만 있을 뿐이다. 따라서 리더는 구성원들이 성공적 목표 달성을 위해 남들과 다른 방법, 즉 전략이 있어야 하며 그 전략의 성공 여부에 따라 리더로서 평가받는다.

전략적 리더십은 1987년 미국의 경영학자인 버드(Byrd)에 의해 체계적으로 정의가 내려졌고, 그에 따르면 전략적 리더십은 "미래를 예견하고, 비전을 만들고, 기업조직에 유연성을 유지시키며 또한 전략적 변화가 가능하도록 부하들을 임파워먼트(Empowerment)시킬 수 있는 능력"이라고 정의할 수 있다.

2000년대 초 텍사스 A&M 대학 교수인 마이클 A 히트(Michael A.

Hitt)와 그의 동료들은 이제까지의 전략적 리더십과 관련된 연구들을 종합하여 "전략적 리더십 모델"을 제시하였는데 그 6가지 구성 요소를 다음과 같이 나열하였다.

- **전략적 방향 제시**: 장기적 비전을 수립하는 것이고, 이에 근거하여 조직의 내부 자원과 핵심 역량을 동원하는 전략적 의도를 갖는 것을 의미한다.
- **핵심 역량의 개발 및 유지**: 핵심 역량이란 한 기업이 비교 우위를 달성하는 데 필요한 자원과 능력을 의미한다.
- **인적 자원의 개발**: 인적 자원이란 조직 구성원들의 지식과 기술, 즉 조직 구성원들을 가치 있는 자원으로 보는 것이다.
- **유효한 기업 문화 유지**: 기업 문화는 조직 구성원 대부분이 공유하는 핵심적 가치를 의미한다.
- **윤리적 경영**: 기업 내에서 윤리적 경영이 이루어져야 하며, 윤리적 경영이 기업 문화에 완전히 정착되도록 기업의 경영 시스템을 재설계해야 한다는 것이다.
- **전략적 통제의 확립**: 전략이 기업이 원하는 적절한 결과를 얻기 위하여 제대로 실행이 되고 있는가를 분석하고 모니터링하는 것을 의미한다.

전략적 리더의 조건

전략적 안목이 있는 사람은 복잡하고 외견상 아무 관계도 없는 것 같은 세세한 정보들을 엮어 뚜렷한 그림을 그려 낼 수 있는 사람이다.

또한 풍부한 거시적 지식과 정보를 갖추고 있으며, 장기적 관점을 견

지하는 성향이 있는 사람이다. 리더는 승리가 무엇인지, 즉 목표 달성이 무엇인지에 대한 명확한 정의를 내려 이를 공유해야 하며, 이는 정량적·정성적으로 구체적이어야 한다.

승리, 즉 목표 달성에 대한 구체적인 정의가 내려졌다면, 지금 현재의 우리 조직의 모습에 대한 양적·질적 정의를 내려 이들에 대한 차이, 갭(Gap) 분석을 철저히 해야 한다.

이 차이를 얼마만 한 시간 내에 어떻게 달성할 것인가에 대한 방법과 대책을 세운다면 이것이 곧 전략이다.

리더는 전략을 가르치는 스승으로 이길 수 있다는, 목표를 달성할 수 있다는 마음 자세, 즉 자신감을 구성원 모두에게 심어 줄 수 있어야 한다.

'필사즉생 필생즉사', '죽기를 각오하면 살 것이요, 살고자 하면 죽을 것이다.'라는 말이 있듯이 승리를 위한 극기의 대상은 나 자신임을 강조하며 구성원 모두가 공유하고 공감할 수 있어야 한다.

실행(Action)의 중요성

No Action, No Meaning of Strategy.

아무리 좋은 전략을 수립했더라도 그 전략을 실행하지 않는다면 무슨 의미가 있는가. 귀중한 시간을 할애해서 많은 사람이 전략 회의나 연수회를 통해 수많은 지혜와 전략을 짜내지만 실행에 옮기지 않고 사장되어 버리는 전략이 오죽 많은가.

훌륭한 전략을 짜서 조준(준비) 발사(실행)하는 것보다는, 조금 부족한 전략이라도 발사(실행) 조준(재정비)하는 것이 더욱 바람직한 결과를 얻는다.

전쟁에서 총격전을 할 때는 조준한 후에 발사하지 않는다. 우선 발사부터 하고 난 후 재조준해서 발사하는 것이다.

로마인 이야기의 작가 시오노 나나미는 "결단을 내리는 데 시간이 걸리는 사람을 비난해서는 안 된다. 정작 비난해야 할 대상은 결단을 내린 뒤에도 실행에 옮기는 데 시간이 걸리는 사람이다. 모든 위대한 일은 작은 실천에서 출발한다."라고 말했다. 승자와 패자의 차이는 생각이나 전략이 아닌 실행에서 갈린다는 것이다.

오마에 겐이치가 쓴 책 『난문쾌답』에서는 우리가 변화를 이야기할 때 가장 먼저 의지와 결심을 말하지만 이는 틀린 말로 의지로 바꿀 수 있는 것은 극히 제한적이며 결심은 무의미한 것이라고 한다. 시간을 달리 쓰는 것, 사는 곳을 바꾸는 것, 새로운 사람을 사귀는 것, 이 세 가지를 바로 실천하는 것이 변화하는 길이다.

리더는 실행을 이끌어 갈 수 있는 강력한 추진력이 있어야 한다. 사람은 누구나 변화하기 싫어하고 조직은 이러한 변화에 상당히 둔감하고 느리다. 전략을 실행에 옮길 때 리더는 강력한 추진력을 발휘하고, 이에 따른 작은 성공을 격려하고 독려하여 더 큰 성공으로 이끌어 가는 전략적 리더십이 필요하다.

직관(Intuition)의 중요성

직관이란 사물이나 사태를 순간적으로 지각하는 것을 말한다. 직관은 사상을 순간적으로 직감하는 것으로, 상대의 표정에서 감정 상태를 짐작한다거나, 장차 상대와의 관계를 헤아리는 것 등을 예로 들 수 있다.

그러나 직관은 개인적 정신 능력이나 판단에 기초하기 때문에 비합리적이다.

최근 데이터에 기반한 분석적 의사 결정의 중요성이 부각되고 있지만 불확실한 경영 환경 속에서 신속한 의사 결정이 요구되는 시대에는 리더의 직관이 중요하다.

'보스턴 컨설팅'의 창업자인 브루스 헨더슨은 "비즈니스에서 최종 선택은 항상 직관적이다. 그렇지 않다면 모든 문제 해결은 수학자들의 몫이 되었을 것이다."라며 직관의 중요성을 강조했다.

직관은 타고나는 생물학적 현상이라기보다는 개인의 경험을 바탕으로 종합적인 사고의 과정을 거쳐 이루어지는 판단 능력에 가깝다.

사람은 하루에 잠에서 깨어나서 잠들기까지 200~300번의 의사 결정을 무의식중에 한다고 한다. 양치부터 할까 밥 먹고 할까, 밥은 무얼 먹을까, 무슨 넥타이를 맬까, 차를 두고 갈까 가지고 갈까 등등 무수히 많은 사소한 의사 결정을 직관에 의해 하고 있는 것이다.

하지만 이러한 사소한 의사 결정들은 자신의 경험을 바탕으로 한 종합적 사고에 의한 것으로, 누적된 결과에 따라 누구는 성공의 길로 나아가고 누구는 실패의 길로 또는 누구는 건강한 삶으로 유도되고 누구는 단명의 슬픔을 갖기도 하며 차별적 인생을 만든다.

경영에 있어서도 분석적 사고가 훌륭한가 직관적 사고가 훌륭한가에 대한 논란은 있어 왔다.

분석적 사고는 이성적·논리적 사고를 가능하게 하고 다소 시간이 소요되며 의식적으로 통제할 수 있다는 특징이 있는 반면, 직관적 사고는 아주 오래전부터 존재해 온 인간의 사고 체계로 주어진 상황에서 신속하게 작동하는 특성을 가지고 있다.

스타벅스의 하워드 슐츠 회장이 밀라노 거리를 걷다가 순간적으로 이탈리아 스타일의 카페를 미국에 도입하면 성공하겠다는 확신을 가지게 된 것도 시장 조사에 기반한 분석 결과를 통해서 얻은 것이 아니라 직관적 사고를 통해 얻은 결과이다.

직관은 천재적인 재능이 아니라 학습과 훈련에 의해 형성되는 것으로, 직접적이든 간접적이든 자신의 경험으로 얻은 지식을 무의식적으로 발휘하는 능력이라고 한다.

불확실성이 가득한 미래는 정형화시키고 계량화하기 어려운 경우가 대부분이고 단순히 데이터에 의존한 분석적 사고만으로 대처하기가 쉽지 않기 때문에 직관에 의한 리더의 역량이 중요하다.

이렇듯 직관은 개인적 경험과 습관에 의해 이루어지는 만큼 오류가 있게 마련이다. 직관은 객관적 정보보다 주관적 측면에 의존하는 경향이 강하기 때문에 자칫 심리적 오류에 빠질 경우 전문성을 수반하지 않고 잘못된 판단으로 이어질 우려가 있고 자신의 생각에 부합하는 정보만 받아들일 경우 흔히 빠질 수 있는 확증 편향의 오류를 범할 수 있다. 또한, 리더가 과거의 특정 경험에 매몰되어 그 상황에서 중요했던 사항들에만 치중하게 될 경우 변화하는 새로운 경영 환경에서 중요한 사항들을 놓칠 수 있으며 자신의 자신감 때문에 주변의 충고를 받아들이지 않고 새로운 가능성을 검토하지 않는 과잉 확신을 범할 수 있다.

성공적 리더가 되기 위해서는 새로운 지식과 경험에 의한 구성원의 의견을 경청하는 자세와 항상 자신이 틀릴 수 있다는 겸손한 마음 자세가 필요하며, 유진 새들러 교수의 말처럼 정신적인 양손잡이가 되어 적절하게 분석과 직관 사이를 오가며 비즈니스를 이끌어 가야 한다.

마키아벨리의 『군주론』에는 이런 글이 있다.

"신중한 것보다는 과감한 것이 좋다. 운명은 여성이므로 그녀(운명)는 항상 청년들에게 이끌린다. 왜냐면 청년은 덜 신중하고, 즉흥적이고, 보다 공격적이며, 그녀(운명)를 더욱 대담하게 다루고 제어하기 때문이다."

비전 제시

비전은 조직이 장기적으로 지향하는 목표, 가치관, 이념 등을 통칭하는 개념으로 우리가 만들어 내 현실화하고자 하는 것이다.

꿈은 다 같이 꾸는 꿈이어야 현실화가 되고, 다 같이 꾸려면 조직의 꿈과 개인의 꿈이 일치(Align)해야 한다.

이렇게 비전을 공유하려면 구체적이며 명확해야 하고, 서로가 공감할 수 있어야 하며, 상호 교류가 이루어져야 한다.

꿈은 클수록 좋다.

"작은 꿈이든 큰 꿈이든 같은 양의 에너지가 필요하다면 왜 큰 꿈을 꾸지 않는가?"

'3G Capital'의 창업자 삼총사가 한 말이다. 하지만 꿈이 실현 가능성이 없다면 이내 포기하고 만다. 조금은 힘들고 어렵지만 큰 꿈을 꾸되, 실현 가능한 비전을 제시해야 한다.

잉어의 일종으로 관상용 물고기인 '코이 물고기(Koi Fish)'가 있는데,

이 코이 물고기는 어항에 두면 5~8㎝, 수족관이나 연못에 두면 15~25 ㎝, 강이나 바다에 방류하면 90~120㎝까지 자란다고 하니 자신이 처한 환경에 따라 자신의 크기가 달라지는 셈이다.

리더 또한 마찬가지로 자신이 처한 환경을 능동적으로 변화시켜 가면서 자신의 그릇을 키워야 한다. 평생 한 업무에만 충실하게 지내다 보면 생각이 한쪽으로 치우치고 편협적으로 변하기 쉽다. 생각의 크기가 작아지는 것이다.

변화를 두려워하지 말고 생산, 설계, 조달, 공사, 영업, 현장, 프로포절, 유통, 공사 관리, 사업 관리 등 다양한 분야에서 부딪치며 자신을 단련시켜야 한다.

진정한 큰 그림을 그릴 줄 알아야 진정한 리더로 거듭나는 것이다.

제4장

PM이 갖추어야 할 덕목

최근 플랜트 프로젝트 규모가 대형화되어 가면서 프로젝트를 총괄하는 프로젝트 매니저는 어찌 보면 소사장이고 경영자인 셈이다.

프로젝트 매니저의 사업 성패가 회사의 경영 손익과 직결되기 때문에 이들의 역량이 곧 회사의 역량이며 회사의 자산인 것이다.

"기업의 흥망과 생사는 궁극적으로 기업가의 사람 됨에 달려 있다. 이윤 추구에 목표를 두는 것이 당연하지만 그래도 바른길을 가겠다는 신념과 철학을 잊어서는 안 된다. 기업이 장수하려면 재주보다는 인격을 갖춘 경영자가 필요하다."

일본 '교세라' 이나모리 가즈오 회장의 말이다.

역량은 좀 떨어지지만 올바른 사고방식을 가진 사람이 역량은 뛰어나지만 나쁜 마음을 먹은 사람보다 지속 가능한 기업 경영을 위해서는 훨씬 낫다는 것이다.

사업을 성공적으로 이끌려면 일정 수준 이상의 역량이 필요하지만, 그보다 리더로서의 기본적인 덕목을 갖추어야 하는 이유이다.

1. PM의 역할과 책임
(Role & Responsibility)

Overall Responsibility for full range of project activities, in performing the project on time, with required quality within budget and without LTA(Lost Time Accident)

프로젝트 매니저는 해당 프로젝트의 총괄 책임자로 프로젝트를 대표하며, 프로젝트에 대한 총괄 책임을 진다. 즉, 안전사고 없이 배정된 예산안에서 요구되는 수준의 프로젝트를 주어진 시간 내에 수행함에 있어서 모든 행위에 대한 무한 책임을 진다.

플랜트 비즈니스에서 최근 플랜트의 규모가 대형화됨에 따라 계약 금액이 1억 불에서 수십억 불까지 프로젝트의 종류에 따라 다양해졌다. PM은 프로젝트에 대해 총괄 책임자로서 공사 기간을 평균 3년 내외로 가정하더라도 매년 매출이 수백억에서 수천억에 이르는 중소기업의 사장인 셈이다.

따라서 여러 개의 프로젝트를 수행하는 회사 입장에서는 PM의 역할이 회사 경영에 직접적인 영향을 미치고 있기 때문에 그들의 역량이 곧 회사의 역량인 셈이다.

고객의 니즈(Needs)를 만족시켜라

PM은 고객의 니즈를 만족시키는 플랜트라는 상품을 제공하는 데 있어서 최종 책임자이다.

비즈니스는 고객과 시장에서부터 출발하는 만큼 고객의 니즈가 무엇보다도 중요하며, PM이 갖고 있는 자원 내에서 그들의 니즈를 최대한 충족시킬 수 있어야 한다.

배정된 예산 내에서 안전사고 없이 최고 품질의 플랜트를 주어진 기간 내에 맞추는 것이 대다수 고객의 니즈일 것이다. 안전사고는 사업주의 보험 금액 산정에 영향을 줄 뿐 아니라 경영에 대한 신뢰성의 문제이기에 고객의 니즈 중 으뜸으로 생각되며, 제품 생산 일정과 맞물리는 공사 기간 또한 사업주 입장에서는 중요한 요소이다.

대다수 사업주는 공사 시행 전에 자금 동원 계획(Financial Arrangement)을 통해 바이어(Buyer)들과 장기간 생산 제품의 공급 계약(Long Term Supply Agreement)을 체결하기 때문에 시제품 생산 일정이 무엇보다도 중요하다. 높은 수준의 플랜트를 요구하며 예산 내에 집행해야한다는 것은 고객인 사업주 입장이나 공급자인 계약자의 입장이나 동일한 것이다.

어쩌면 이는 성공적인 사업 수행을 위한 PM의 기본 과제이며, PM에게 주어지는 기본적인 요구 사항이기도 하다.

사업 관리 3요소의 최적화를 통해 성공적 사업 수행을 하라

성공적 사업 수행을 위한 Project Management의 기본 3요소로는 비용(Cost), 품질(Quality), 일정(Schedule)이 있다. 여기에 2요소인 안전 관리(Safety Control)와 문서 관리(Document Control)을 더해 기본 5요소

가 된다.

비용, 품질, 일정은 관리상 서로 상반되는 효과를 갖고 있기에 PM으로서 최적의 의사 결정이 필요하다. 예를 들어 비용 관리에 너무 집착하게 되면 품질이나 공기상 영향을 받게 되고, 품질에 너무 집중하게 되면 비용나 일정에 문제가 발생하게 된다.

반대로 일정에 너무 집중하여 밀어붙이다 보면 질이 떨어지는 플랜트가 탄생하게 되고 안전사고의 위험에 노출하게 된다.

따라서 PM은 비용, 품질, 일정 및 안전을 고려하면서 최적의 의사 결정을 해야 한다.

예를 들면 프로세스 공정상 플랜트의 핵심 공정에 설치되는 장비 나 설비는 품질에 집중할 필요가 있고, 그렇지 않은 비핵심 공정에 있는 설비는 중저가 제품을 고려하여 비용에 집중한다거나, 시간을 많이 필요로 하는 토목 공사나 기초공사는 사전에 여유를 갖고 시작하여 타 공종에 비용, 품질, 일정상 영향을 최소화하려는 노력이 필요하다.

사업 관리는 Risk Management다

사업을 수행하는 프로젝트 기간 동안 전 과정은 불확실성의 연속이기에 미리 조사하고 '열공'하는 준비 자세가 필요하며, 혹시 발생 가능성이 있는 리스크에 대해서는 시나리오를 작성하여 사전에 대처해야 한다.

우리가 흔히 예상할 수 있는 리스크들은 미리 리스트상 정리하고, 발생 가능성(%), 발생 시 예상 시나리오, 시나리오별 Cost & Schedule Impact(원가 및 공기 영향) 그리고 대응책에 대해서도 준비를 해야 한다. 이를 Risk Management라 한다.

흔히 프로젝트에서 리스크로 간주할 수 있는 것을 나열해 보면 다음과 같다.

- 계약서상의 애매모호한 Work Scope와 불분명한 공급 범위
- 계약서 Terms & Condition상 독소 조항
- Approved Vendor List
- 사업주의 Quality Control Procedure & Project Execution Procedure
- 관공서의 인허가 사항
- 현지 기후, 문화, 풍습
- 해당 국가의 관련 노동법, 세법, 이외의 관련 법령이나 규칙
- 현지 Infra Structure 및 Resource Acquisition
- 테러, 전쟁, 지진 등 불가항력

플랜트 입구에 유입되는 각종 유틸리티(Utility)의 Flow Meter를 발주하여 설치했다고 하자. 추후 관련 가스공사나 상수도공사와 같은 정부 부처를 통해 발주하고, 승인과 봉인을 받은 후 설치 가능하다는 연락을 받았다. 이러한 절차를 밟는 데 오랜 시간이 걸린다면 이는 리스크 매니지먼트에 실패한 경우다.

입찰 시 참고했던 도면과 자료와는 달리 관공서로부터 승인을 받는 과정에서 도면의 내용이 달라졌다면 이 또한 원가, 공기 측면에 영향을 주는 리스크인 것이다.

B급 업체의 장비나 설비를 기준으로 예산을 배정했는데, 사업주로부터 승인을 얻지 못하고 A급 업체를 강력하게 요구받는다면 이것도 원

가에 큰 영향을 주는 리스크이다.

또한 불가항력에 대해서도 계약서상 불가항력의 경우만 언급이 되어 있고, 구체적 보상에 대한 언급이 없거나 보험에 별도 가입을 하지 않는 한 상당한 리스크인 것이다.

2000년대 이탈리아의 유명 EPC 업체가 칠레에 다수의 발전 프로젝트를 수주하여 동시에 추진하던 중, 지진 발생으로 공사 중이었던 다수의 플랜트가 파괴 등 심각한 영향을 받고, 사업주로부터 불가항력이라는 면죄부를 받았지만, 공기만 연장을 인정받았지 금액에 대한 보상이 없어 회사의 손익에 엄청난 적자를 유발하며 심각한 경영 위기를 겪었던 사례는 Risk Management에 실패한 사례라고 볼 수 있다.

최적의 조직 구성과 인력을 확보하라

프로젝트 특성에 맞는 조직을 구성하고, 조직상 각각의 직책에 맞는 인력을 확보 배치해야 한다.

관로 공사(Pipeline)나 지하 터널 공사 등과 같은 특수 공사가 있을 경우에는 글로벌 아웃소싱(Global Outsourcing)을 통해 전문 업체에게 맡기되, 이들을 관리·감독할 수 있는 전문 인력을 확보 배치해야 한다.

초기 프로젝트는 설계 Coordination을 위한 소수의 인력으로부터 시작해서 조달, 공사를 담당하는 직원까지, 현장 또한 기초 공사 시 토목 담당자 2~3명을 시작으로 피크 타임(Peak Time) 시 전 공정의 담당자가 선임되어 수십 명에서 많게는 수백 명까지 현장 직원을 확보해 나가야 한다.

따라서 각 단계별 조직과 인력 구성 그리고 정규직과 계약직 인력 운영, 또한 현지 직원과 글로벌 전문 인력의 확보까지 성공적인 사업 수행을 위한 최적의 Staffing & HR Management에 최선을 다해야 한다.

효율적 Communication Channel을 구축하라

기본적으로 대사업주와의 의사소통(Communication)은 'Single Window Communication', 즉 창구일원화를 기본 원칙으로 한다.

대사업주와의 대화, 즉 Correspondence는 PM과 PM 간에 오직 하나의 채널을 이용해서 운영되어야 혼동이 없고, 누락이나 오해의 발생이 없기 때문이다.

하지만 PM은 초기에 설계와 조달 발주가 발생하는 본사에 위치하다가 설계가 마무리되어 가면서 조달이 어느 정도 발주가 되고 현장이 본격화되면 PM은 현장으로 그 베이스(Base)가 바뀌게 된다.

하지만 프로젝트가 진행되는 동안 전 과정을 보면 주요 사업수행 (Activities)은 대개 다수의 장소(Multi Place)에서 발생하게 된다.

사업주의 승인 업무는 사업주 본사, 현지 구매 및 인허가 등 현지 업무는 계약자 현지 법인 또는 지점, 공사 발주는 본사 또는 현장 등 다양한 위치에서 동시다발로 사업수행(Activities)이 발생하게 된다.

또한 사업주가 제삼국에 플랜트를 투자 유치하는 경우에는 사업주의 현지 지법인 등 그 접점이 실로 다양하게 된다.

이런 경우에는 'Single Window Communication Channel'을 원칙으로 하되 가장 효율적인 방법으로 대사업주와의 대화 창구를 구축하여 운영하여야 한다. 하청협력사와의 의사소통 또한 마찬가지이다.

통합 관리 역량을 발휘하라

현장에서 각 공종 간 충돌이나 도면의 불일치에 따르는 재작업의 대다수는 각 공종 간 또는 기자재 공급업체인 Vendor의 도면(Vendor Print)의 불일치한 반영 등 소통의 부재나 불안전한 소통에 따른 것이다.

사업주의 요구 사항이나 변경된 요구 사항이 설계의 전 공종에 반영되어야 하고, 기자재 공급 업체의 요구 사항이나 변경된 도면 내용들이 설계의 전 공종에 반영되어야 한다. 또한 공장 운전이나 보수 정비상 요구 사항 또한 전 공종의 설계에 반영되어야 한다.

예를 들어 대형 필터 스트레이너(Strainer)나 열 교환기를 그 외형 사이즈만 고려하여 주변 구조물(Structure)을 구성·제작·설치하였다면, 1~2년 후 필터를 교환하거나 열 교환기의 내부 번들(Bundle)을 꺼낼 때에는 그 필터나 번들 길이만큼의 여유 공간이 필요하여 주변 철골을 잘라내야 할 것이다.

또한 각 공종별 설계 또한 독자적으로 진행할 수 없이 타 공종의 작업 내용을 반영하여 설계·추진하여야 하기 때문에 모든 공종이 연결되어 있는 것이다.

따라서 Engineering Manager는 기계, 배관, 철골, 토목, 전기, 계장 등 모든 공종의 설계 진행 상황을 파악하고 이를 타 공종과 실시간 소통을 통해 통합 관리해야 하는 것이다.

Procurement Manager는 설계의 요구 사항을 기준으로 작성된 Requisition을 기준으로 발주 행위를 하지만, 선정된 업체의 최종 제작 도면이 역으로 본 설계 도면에 반영되어야 하기 때문에 제작 업체와 설계 각 공종 간 실시간 소통을 통하여 통합 관리 역량을 보여 주어야 하는 것이다.

CM인 소장 또한 마찬가지로 하청협력사와 모든 공종 간 설계 담당자 그리고 기자재 공급 업체와의 실시간 소통을 통하여 공사에 반영하여야 할 도면이나 정보, 그리고 기자재 현장 도착 일시나 기자재 관련 정보에 대해 통합 관리를 통해 실시간 공유해야 한다.

따라서 Engineering MGR, Procurement MGR, Construction MGR를 총괄하는 PM은 전 영역에 대한 통합 관리 역량과 실시간 소통을 통해 최적의 의사 결정으로 성공적 사업 수행을 이어 가야 한다.

2. PM의 덕목

프로젝트 각각의 손익이 회사 경영에 직접적인 영향을 미치는 만큼, 프로젝트를 총괄하는 PM의 역량이 매우 중요하다.

역량 있는 PM은 하루아침에 탄생하는 것이 아니라 15년 이상 경험을 쌓아야 하며 체계적인 PM 양성 교육을 통해 탄생하며 자신의 전문성을 바탕으로 사업을 추진하는 것이 아니라 전문성을 갖춘 인재들을 잘 리드하여 최고의 아웃풋(Output)을 만들어 낼 수 있는 리더십이 필요한 것이다.

누가 PM을 하든지 동일한 품질의 동일한 원가의 플랜트가 탄생되어야 하지만, 생산라인에서 일률적으로 생산되는 기획 생산 체제의 제품이 아니고 프로젝트 전 과정을 통해 시스템적으로 동일하게 해결할 수 있는 것이 아니기 때문에 PM의 역량이 중요하고 그들에 대한 체계적인 양성 교육이 필요한 것이다.

따라서 다수의 역량 있는 PM은 회사의 자산인 만큼, 오랜 기간의 주기적이고 체계적인 양성 교육 과정이 필요하다.

리더십

PM은 특정 분야의 전문가로서 업무를 추진하는 것이 아니라 특정 분야의 전문가들이 대사업주, 대하청협력사 그리고 타 공종의 인력들과 실시간 소통을 통해 통합 관리 역량을 발휘한다. 그렇기에 이들을 잘 이끌기 위한 리더십, 즉 앞장 PM 리더십에서 언급했던 휴먼 리더십이 절대 필요하다.

따라서 솔선수범, 경청, 소통, 열정, 역량은 리더로서 갖춰야 할 기본 덕목인 것이다.

PM으로서 조직 내 인재를 등용할 때에는 자신의 개인적 적대감이나 감정을 기준으로 한다거나 단점을 보고 판단하면 안 되고, 그 사람의 장점만 보고 채용해야 한다. 이들이 신바람 나게 일할 수 있도록 긍정적 마음가짐을 가지고 후배들에게는 멘토(Mentor)로서의 역할을 해야 하고 연장자에게는 공과 사를 구분하되 깍듯이 존경하는 마음 자세로 대하는 유연한 관리가 필요한 것이다.

역량과 경험

성공적 사업 관리를 위해 PM으로서 가장 중요한 것은 '적시 의사결정(Right Time Decision Making)'이다.

설계, 조달, 공사 모든 부문에서 독자적으로 수행할 수 있는 것은 아무것도 없으며, 모든 일이 타 공종들과 연관되어 있기 때문에 누구도 섣불리 독자적으로 추진하려고 하지도 않지만 그럴 수도 없다.

따라서 비록 의사 결정이 틀렸다 하더라도 PM의 적시 의사 결정이 중요한 것이다.

틀린 결정은 수정해 가며 일을 추진할 수 있지만, 의사 결정의 지연은 전 공종의 업무 추진을 방해하고 조직에 대한 무관심과 방임을 잉태한다.

이러한 PM의 적시 의사결정은 계획, 일정, 안전, 품질 등 모든 부문에 경험과 기본적인 역량이 뒷받침되어야 한다.

또한 PM은 전 조직원들의 롤 모델이 되어야 이들로부터 쉽게 Follow-ship을 이끌어 낼 수 있는데, 이를 위해서는 뛰어난 역량이 있어야 하는 것이다.

투명성

모든 권력(힘)은 투명성으로부터 나온다는 말은 의사 결정과 일을 추진하는 데 있어서 조직원 모두가 공감하고 합리적이어야 한다는 것이다.

특히 기자재 공급 업체나 공사 업체를 평가하고 선정할 때 그리고 경비를 집행할 때는 특히나 그렇다. 혹시나 선정 과정에서 부정이나 특혜가 개입되게 되면, 프로젝트 종말에 가서 그 업체는 꼭 문제를 야기한다. 업체는 손해를 보지 않기 위해 추가적인 돈을 요구하거나 문제를 야기할 수밖에 없는 것이다. 그럴 경우 리더는 떳떳하고 정당하게 업무처리를 할 수가 없고, 업체에 끌려갈 수밖에 없다.

어떠한 경우에도 합리적이고 모두가 옳다고 생각하는 방향으로 조직을 이끌어 가려면 투명한 의사 결정이 전제되어야 한다.

소통 능력(Communication Skill)

리더는 자신이 갖고 있는 신념이나 추진 방향에 대해 조직원들이나 사업주 또는 이해 당사자들이 잘 이해하고 또 이들을 설득할 수 있는 의사 표현 능력, 즉 '소통 능력(Communication Skill)'이 필요한 것이다.

이들이 제3국 사람일 경우에는 외국어 능력이 필요한 것이다. 중남미 지역이나 북아프리카 일부 지역을 제외하고는 동남아나 중동 대부분의 국가의 리더급 인력들은 영어를 구사하기 때문에 기본적으로 영어로 의사 표현하는 능력은 리더로서 갖춰야 할 기본 자질인 것이다.

영어 소통이 어려운 국가나 사업주일 경우 통역사를 고용하여 프로젝트를 추진하지만, 리더로서 스페인어나 사업주 국가의 모국어를 조금 섞어 구사한다면 이 얼마나 사업주로부터 감동을 받아 낼 일이 아닌가.

소통 능력은 정작 외국어 구사 능력만 요하는 것은 아니고, 전달하고자 하는 내용을 정확하게 그리고 핵심 내용을 잘 전달하여 조직원들이 공감대를 형성하고, 조직원들의 Follow-ship을 이끌어 내는 능력을 말한다.

또한 사업주나 이해 관계자와의 대화에서 소통 능력은 핵심 내용의 정확한 전달뿐 아니라, 의도대로 얼마나 잘 상대를 설득시킬 수 있는가 하는 능력을 말한다.

목표와 전략

성공적 사업 수행의 정의가 무엇인지 확실해야 한다. 구체적이고 명확한 목표가 설정되어야 한다.

손익은 몇 %의 이익을 가져갈 것인지, 안전관리의 목표는 당연히 '무재해(Zero Accident)'이며, 공기는 대사업주 제시 목표와 내부 목표를 명확히 해야 한다.

또한 이를 달성하기 위한 나름의 전략이 있어야 하는데, 모든 프로젝트는 그 프로젝트의 성패를 가름하는 핵심 공정이나 사항이 있는데 이 부분에 대해서는 상세한 전략을 세울 수 있어야 한다.

전략에 대한 확신과 공감대가 조직원의 사기를 불러일으키고, 모든 구성원의 초점을 한 방향으로 맞추어 성공으로 이어지는 것이다.

구성원 각자의 작은 미션(Mission) 성취, 즉 작은 성공이 프로젝트 전체의 성공으로 이어질 수 있도록 PM은 전략적 리더십을 발휘할 수 있어야 한다.

Risk Management 실행

앞장에서 Risk Management에 대해 언급했지만, 사업 관리가 곧 리스크 매니지먼트인 만큼 6개월 이후의 활동들(Activities)에 대한 예측 관리를 통해 선행 공정에 대한 준비를 할 수 있어야 하며, 항상 Plan B를 준비해야 한다.

대형 컴프레서나 터빈과 같은 공급 기간이 장기간을 요하는 Long Lead Item의 경우 구매 시점을 실기할 수 있기 때문에 초기 설계가 진행이 안 되었더라도 기초 정보인 Basic Data를 기준으로 선발주하고 추후 상세를 확정해 나가야 한다.

또한 전 세계 시장의 수요·공급량에 따라 변동 폭이 심한 구리의 경우, 케이블 발주 시기가 후반부에 있더라도 선물의 형태를 통해 미리 구리를 확보해 두는 것도 리스크 매니지먼트의 일환이다.

프로젝트 전반에 걸쳐 발생할 수 있는 리스크를 리스트업(List-up)하여 관리하는 것도 중요하지만 3개월, 6개월, 9개월 후에 발생할 활동들을 미리 예측하여 선행 관리할 줄 아는 PM의 덕목이 필요하다.

통합 관리 역량

사업 관리를 하는 데 있어 PM이 갖춰야 할 핵심 역량은 프로젝트에 참여하고 있는 이해 관계자들과의 실시간 소통을 통한 통합 관리 리더십(Integrated Management Leadership)이다.

여기서 Management는 Coordination과 구분되어야 한다.

단순히 Coordination은 프로젝트의 중심에 있는 PM이 프로젝트에 관여하고 있는 모든 이해 관계자에게 실시간으로 발생하는 내용, 변경 사항이나 주지해야 할 사항 등 모든 정보를 전파하고 공유하는 것이지만, Management는 단순 정보 공유와는 달리 정보 공유에 더불어 PM의 주관, 즉 의사 결정 사항을 지시와 함께 공유하도록 하는 것이다.

동일 정보라 하더라도 바로 Action을 취해야 하는 이해 관계자도 있지만, 바로 Action을 취해야 하는 이해 관계자로부터 변경된 정보를 받은 후 업무를 추진해야 하기 때문에 자신의 업무를 멈춰야 하는 이해 관계자도 있다.

이런 경우에는 정보의 공유를 위한 Coordination도 중요하지만, PM의 업무 지시를 포함한 Coordination, 즉 Integrated Management가 필요한 것이다.

열정과 인간미

앞 장 휴먼 리더십에서 언급했듯이 솔선수범이나 열정은 리더로서 기본적으로 갖추어야 할 덕목으로, PM은 프로젝트에 참여하고 있는 이해 관계자 모두에게 리더로서 인간적 신뢰를 쌓을 수 있어야 하고, 조직의 비전(Vision)이 구성원 개개인의 단기 꿈이 되어 성취동기가 될 수 있도록 설정하고, 비전 달성을 위한 미션은 조직원들의 자부심과 긍지를 살릴 수 있는 책임 Action들로 상세하고 구체적이어야 한다.

삼국지에서 장비가 술을 먹지 못한다는 이유로 매질한 부하가 배반하여 성문을 밤에 몰래 열어 주는 바람에 여포로부터 서주성을 빼앗기는 어처구니없는 일이나 여포가 사소한 일로 감정을 앞세워 부하 대원을 혹독하게 매질하여 이들로부터 밤에 포박을 당하며 조조 앞에서 생을 마감하는 어처구니없는 사건은 인간미가 부족하고 덕이 없는 폭정 리더십에서 비롯된다.

프로젝트의 최고 책임자로서 성공적 사업 수행을 위해서는 조직 구성원 모두가 최선의 노력을 다할 수 있도록 경영자로서 인간미를 발휘하고 Follow-ship을 이끌어 낼 수 있도록 해야 한다.

제5장

Project Management의 Key Success Factor

플랜트 EPC 비즈니스에서 성공적으로 사업을 수행하려면 준공 시까지 안전하게 무사고 현장을 운영하면서, 예산상의 이윤을 추구하고 고객의 니즈인 품질과 납기를 준수해야 한다.

사업을 수행하는 과정에서 사업의 3대 관리 요소인 비용, 일정, 품질을 모두 충족시키면서 2~3년간 무사고 현장을 운영하기란 쉬운 일이 아니다.

설계, 조달, 공사, 시운전 전 과정에 걸쳐 실행하는 모든 활동들, 그 무엇 하나 중요하지 않은 것이 없기 때문이다.

PM의 역량에 따른 차이를 극복하고, 모든 프로젝트의 상향 평준화를 위해 시스템적으로 접근하기 위해서는 프로젝트 전 과정의 Key Milestone에 따라 요구되는 활동들을 사업 추진 프로세스에 엮어 실기함이 없이 선행 관리해야 하지만 승인 지연, 예산 부족, 업체의 사정, 기후와 문화 차이 등의 이유로 성공적 사업 수행의 목표 달성을 위한 방향을 벗어나는 경우가 많다.

수많은 프로젝트의 성공과 실패 사례에서 보여 주는 공통적이고 핵심적인 사업 수행의 성패를 가르는 주요 요소들에 대해 살펴보자.

1. Key Management Factor
(주요 관리 요소)

원가 관리(Cost Control)

성공적 사업 수행을 위해서는 원가의 절감이 무엇보다도 중요하다.

원기 절감은 설계, 구매, 공사 각각의 업무에서 생각해 볼 수 있는데, 가장 절감 효과 크고 원가 절감의 성패를 가를 수 있는 단계는 설계 단계이다.

설계 단계에서 가장 효과가 큰 행위는 Value Engineering, Alternative Design & Material Substitution이다.

Value Engineering은 프로세스 공정상 에너지 효율을 높이거나, 생산 효율을 높일 수 있는 아이디어로서 입찰 시 사업주가 제시한 프로세스보다 효율을 높여 주거나 또는 효율에는 큰 차이가 없으나 원가 절감 측면에서 큰 효과가 있다면 사업주와 절감 이익을 Share(일정 비율로 나누어 가짐)하는 것으로 고려할 수 있다.

Alternative Design은 글자 그대로 플랜트의 디자인을 좀 더 콤팩트하게 하여 원자재의 절감 효과를 기대하는 것이다. 예를 들어 각종 장비나 전기실, Control Room 등의 위치를 바꾸어 배관 자재나 전기 케이블의 양을 획기적으로 줄일 수 있다면 많은 원가 절감의 효과를 기대할 수 있다.

Material Substitution은 기자재의 대체 효과를 통해 원가 절감의 효과를 노리는 것이다. 예를 들면 Pipe Rack(배관 파이프나 전기 케이블 등의 받침대 역할을 하는 선반 통로)의 재료를 철골 또는 콘크리트로 할 수 있는데, 철골의 경우는 고가인 반면 설치가 용이하고 공기가 단축되는 효과가 있고 콘크리트로 대체할 경우에는 설치가 힘들고 공기가 좀 길어지지만 원가 절감의 효과를 기대할 수 있고 특히 위험 지역(Hazardous Area)에서는 철골에 방화 피복인 Fire proofing 자재를 추가로 입혀야 하지만 콘크리트 경우는 필요가 없기에 더욱 큰 원가 절감 효과를 가져올 수 있다.

이외에 요구 사항(Specification)을 조금 완화한다거나 표준 모델(Standard Model)을 적용하여 원가 절감의 효과를 기대해 볼 수 있다.

구매 단계에서는 Alternative Vendor/Manufacturer, Country of Origin, Blanket Order(Raw Material), 요구 사항 변경(Specification Deviation) 등을 고려할 수 있다.

Alternative Vendor/Manufacturer는 사업주의 추가 승인을 받아야 하는데 사업주의 업체 등록 절차를 따르려면, 나름의 품질 관리, 납품 실적, 업체 방문 등의 절차를 따라야 하기 때문에 시간을 필요로 한다.

따라서 사업 수행 초기에 미리 대안 업체에 대한 승인 절차를 추진해야 한다.

기자재 공급 업체로는 다국적 기업이 많은 관계로 생산지의 국적에 따라 원가가 차이가 나기 때문에 Country of Origin 또한 원가 차별화의 한 요소라 볼 수 있다.

Blanket Order는 파이프, 밸브, Fitting류와 같이 모든 프로젝트에 범용적으로 사용되는 Bulk성 자재에 대해 연 단위로 선구매 계약을 맺어 다량의 물량을 저가에 확보하는 것이다.

Spec. Deviation은 사업주가 요구하는 Spec.의 일부를 변경 추진할 경우 원가가 상당히 절감된다면 Spec. Deviation을 사업주의 승인을 거쳐 추진함으로써 원가를 절감하는 형태이다.

예를 들면, 사업주가 요구하는 제품의 Painting Spec.은 요구 제품에만 해당하기 때문에 제조 업체인 Vendor로서는 추가 원가가 발생하는 한편, 사업주 요구 Painting Spec.보다도 월등히 좋은 Painting Spec.을 다량의 제품에 적용하고 있는 Vendor로서는 낮은 원가로도 더 좋은 페인팅을 적용하는 제품을 공급할 수 있기 때문이다.

이외에도 컴프레서나 터빈과 같은 대형 Package Items들에 대한 발주를 기기 아이템별로 분리해서 발주하고 이들을 연결하는 배관이나 전기 관련 업무이나 쉘터(Shelter) 관련 일은 공사팀에서 직접 수행함으로써 추가 원가를 절감할 수 있다.

이때에는 공급 업체와 공사 현장과의 실시간 소통과 함께 상세하고 정밀한 Coordination을 통해 누락되거나 실기하는 아이템이나 작업이 있어서는 안 된다.

공사 단계에서는 Alternative Subcontractor, 높은 생산성, 도면, 기자재 및 노동인력의 적시 동원, 최소한의 COPQ(Cost of Poor Quality), 최소한의 재작업(Re-Work)과 Construction Method Statement의 사전 승인을 통해 원가 절감을 고려할 수 있다.

공사를 대형 공사 업체 1~2곳에 맡기면 관리는 편한 반면에 공사 원가가 높다. 기계, 배관, 철골, 전기, 계장 등 여러 단종 업체로 분할 발주를 하게 되면 관리가 조금 힘들어지지만 공사 원가를 낮출 수 있다.

공사 단계에서 원가 관리에 가장 중요한 요소로는 높은 생산성이 있다. 품질 저하 또는 소통 부재에 따른 공사 재작업(Re-Work)을 피하고, 도면이나 기자재의 적시 공급 그리고 사전에 적절한 Construction Method Statement의 승인을 통한 높은 생산성에 원가 관리의 요점이 있다고 본다.

현장에서 도면의 변경이나 기자재의 적시 공급이 이루어지지 않아 현장에서 유휴 인력이 발생하고 시간 손실(Lost Time)이 발생한다면 생산성이 떨어진다. 이로 인해 노동력에 대한 인건비 절감을 통해 이익을 챙기려는 하청협력사 입장에서는 인력 동원에 부정적이고 인력 동원이 저조해지면 당연히 공기가 지연되는 악순환의 연속인 것이다.

도면, 기자재 및 인력 동원과 같은 건설 자원(Construction Resource)의 적기 공급을 통해 생산성을 높이는 것이 원가 절감 및 하청협력사의 이익 창출과 함께 윈윈(Win-Win) 할 수 있는 최선의 방법인 것이다.

실기 없는 Construction Method Statement 또한 중요한 요소이다. 80년대나 90년대 초만 하더라도 국내에서 야간 돌관 작업에 익숙했던 국내 건설사들이 해외에서 같은 방식으로 작업을 추진하려 했으나 사사건건, 심지어 사소한 돌부리 하나 캐내는 작업에도 Construction Method Statement를 요구받으니 당황할 수밖에 없었다.

Construction Method Statement란 공사를 하기 전 공사 수행 방법에 대해 수행 범위, 시기, 방법 및 절차, 안전 및 품질 관련 사전 사업주의 승인을 받는 서면 절차인데, 영문으로 작성되는 내용에는 공사 개요는 물론 일정, 동원 인력 및 장비뿐 아니라 품질 및 안전 계획까지도 상세 포함되어야 한다.

해외 공사에서 서류를 작성해 보지도 않았던 국내 공사 업체가 사사

건건 제지당하고, Construction Method Statement의 승인까지 여러 차례 실기하면서 공사는 지연되고 예상치 못한 원가가 추가되면서 실패를 경험한 사례가 많다.

일정 관리(Schedule Control)

사업 관리 3요소 중 두 번째인 일정 관리는 설계, 조달 및 공사 각 단계별로 생각해 볼 수 있지만, 설계 및 조달은 공사를 위한 선행 단계로서 사업 관리의 최종 단계인 공사에 초점이 맞춰져야 한다는 점에서 Constructability가 중요한 요소이다.

사업 관리는 이런 측면에서 공사에 초점을 맞춘 Construction Oriented Management여야 하는데, Constructability에 대해서 별도 언급이 있겠지만 선행 단계인 설계 및 조달에서 추후 어떻게 공사를 할 것인지에 대한 고려 없이 자신들만의 편리와 실적 추구를 위해 공사를 외면한 관리를 한다면 궁극적으로 공사의 어려움과 지연을 초래할 것이다.

설계 단계에서의 일정 관리 요소를 고려하면 Vendor Print Collection, Interface Check, 도면의 품질 등이 중요하다.

기자재나 장비에 대한 발주가 나가고 나면 이들 제조 업체로부터 제작 도면을 받아 설계에 반영해야 한다. 제작 도면의 승인 과정을 통해 'Reject - 재제출', 'Approved With Comment', 'Approved' 등의 절차를 거치는데, 이때 제작 도면이나 서류, 즉 Vendor Print를 제때 수집(Collection)하거나 전달(Distribution)해서 최종 도면이 조기 완성되도록 하는 독촉 업무(Expedition)가 무엇보다 중요하다.

따라서 Expeditor들은 "우는 아이 젖 더 먹는다"는 심리를 이용하여 때로는 업체 방문을 통해서 Vendor Print를 제때 모으기 위한 지속적인 독촉을 해야 한다.

Interface Check의 미비 및 소통 부재로 인한 도면의 불일치 등 도면의 품질 저하에 따른 재작업(Re-Work)이 발생하게 되면 원가뿐 아니라 공기 지연에 막대한 영향을 주기 때문에 이 부분 또한 중요한 요소이다.

조달 단계에서 일정 관리 요소로는 제조 및 제작에 대한 Expedition, 납기 일정(Delivery Schedule) 준수, 운송 방법(Air Flight), Sequential Partial Shipment를 고려할 수 있다.

다량의 기자재 발주 시 현장의 상황 등을 고려하여 순차적 부분 입고를 고려하고, 긴급을 요할 경우 추가 원가 부담을 안는 항공 운송(Air Flight)을 고려할 수 있겠지만, 무엇보다도 중요한 것은 납기 일정 준수를 위한 제작 및 제조에 대한 지속적인 Vendor Expedition이다.

Expedition의 방법에는 제작/제조 상황이나 문제점 등에 대한 주간 단위의 주기적 서면 확인, 전화나 화상회의를 통한 직접 통화 방법 그리고 제조 업체에 직접 방문하는 방법이 있고, 중요 기자재인 경우에는 직접 업체에 장기간 상주하며 제조/제작 상황을 독촉하고 검사하는 방법이 있다.

공사 부문에서는 계획(Planning) 단계에 Constructability를 고려하여 설계 및 조달 부문에 반영하는 것이 중요하고, 공사 단계에서는 Construction Method Statement의 조기 승인, 올바른 Planning과 실시간 소통을 통한 최소한의 Revision과 재작업(Re-Work) 그리고 In-

Advance Management 즉 선행 관리를 통해 일정 관리를 할 수 있다.

또한 비용 관리에서도 언급했던 도면, 기자재 및 Manpower 등 건설 자원의 적기 공급도 공기에 막대한 영향을 미친다.

품질 관리(Quality Control)

세 번째 사업 관리 요소인 품질 관리는 품질 계획의 조기 Set-Up, 품질 절차 정립, Inspection & Test Plan 및 품질 검사 계획 등에 대해 설계, 조달 및 공사 등 사업 전반에 걸쳐 조기 확정하고 실행하는 것이 중요하다.

안전 관리(Safety Control)

문서 관리(Document Control)와 함께 사업 관리 5대 요소 중 하나인 안전 관리는 사업 관리 중 가장 중요한 요소로 최고 경영자의 안전 우선(Safety First)이라는 확고한 의지 표명과 함께 안전 정책(Safety Policy)을 정립 공표해야 하며 안전 계획(Safety Plan), HSE(Health, Safety & Environment) System Activity, Inspection & Audit 그리고 일에 대한 위험 분석(Job Hazard Analysis)과 Risk Assessment 등 Risk Management에 대한 정립과 실행이 중요하다.

Job Hazard Analysis 못지않게 Area Hazard Analysis 또한 중요한 만큼, 위험 발생 가능성이 있는 지역에 대한 분석과 이에 대한 주기적이고 능동적인 대처가 필요하다.

또한 작업자 자신 스스로가 안전에 대한 의식 전환과 관심을 가질 수 있도록 안전 캠페인을 주기적으로 개최하며 독려하는 것도 중요하다.

상기 사업 관리 5요소 이외에 원가 및 공기에 직접적인 영향을 주는 Variation(Change) Order 및 Claim 전략(대사업주)과 역으로 하청협력사의 Change Order 및 Claim에 대한 방어 전략 또한 중요한 관리 요소가 될 것이다.

2. Investigation & Hard Study

"All readers cannot be leaders, but all leaders must be readers."

열심히 공부하고 책 읽는 모든 독서가가 리더가 될 수는 없지만, 모든 리더는 책을 많이 읽고 열심히 공부를 해야 한다.

미국 케네디 대통령이 한 말이다.

PM 또한 리더로서 성공적 요소에 대한 상세한 조사와 지속적인 공부를 통해 프로젝트의 핵심 요소를 파악하고 이에 대한 성공적 전략을 세울 수 있어야 한다.

성공적 요소에 대한 상세한 조사

우선 타 회사의 자료를 포함해서 동일 하거나 유사한 프로젝트에 대한 자료를 철저히 조사해야 한다.

Best Practice(성공 사례)나 Lessons Learned(실패 사례) 등 COB(Close Out Book, 프로젝트 종결 후 관련된 모든 자료 묶음) 자료를 기준으로 프로젝트의 성패를 가르는 핵심 공정이 무엇이고, 이에 대한 성공 전략이 무엇인가를 파악해야 한다.

공사 하청협력사의 역량과 현재 Work Load 그리고 CEO(사장)의 경영 마인드와 소장의 경험과 역량에 대해서도 조사할 필요가 있으며 특히 하청협력사 소장은 사전에 승인을 얻도록 복수 추천을 유도한다.

현장의 기후나 풍습 그리고 공사용 자재나 인력 동원 능력 등 현지 자원(Local Resource)에 대한 사전 조사 또한 필요하며, 특히 공단 내에서 여러 건설 업체(EPC Contractor)가 동시에 다수의 프로젝트를 수행할 때에는 더욱이 현지 자원(Local Resource) 선점이 성공적 사업 수행의 필수 요건이다.

주변에 경쟁사와 동시에 프로젝트를 경쟁적으로 수행할 때에는 경쟁사에 대한 조사도 이루어져야 한다.

고객은 Business Value Chain상 어느 위치에 있고 고객의 고객은 누구이며 고객의 고객과는 어떻게 제품 공급 계약을 맺었는지를 알면 추후 고객과의 협상 시에 고객의 입장을 알고 대할 수 있기에 유리한 위치에서 협상할 수 있을 것이다.

그 외에 경찰서, 소방서, 병원 등 주변 사회에 대해서도 미리 숙지할 필요가 있으며, 인허가를 담당하는 관할 관공서에는 미리 방문하여 프로젝트를 소개하고 인사를 미리 해 두는 것도 도움이 될 것이다.

열공 - 자료의 숙독과 인지 - 성공에 대한 그림 - Job Instruction

기본적으로 계약서, P&ID와 Lay-Out, Process Flow 및 주요 Specification 그리고 핵심 기자재의 간단 사양 정도는 필히 숙지하고 있어야 한다.

이렇게 방대한 양의 자료를 혼자서 모두 읽고 숙지하기란 상당히 어려운 일이다. 따라서 프로젝트 초기에 사업 관련 담당자들이 Task Force Team을 구성하여 역할 분담을 통해 계약서상 Work Scope, 공기, 사업 추진 Procedure, 페널티 조항 등 핵심 사항만 정리하고 기타 P&ID 와 레이아웃(Lay-Out), 그리고 예산과 Project Master Schedule, 마지막으로 PM의 성공에 대한 그림과 전략을 담아 간단한 소책자를 만들어 프로젝트 이해 관계자들이 쉽게 이해하고 공감할 수 있도록 한다.

이것이 곧 Job Instruction이다.

좀 더 상세한 정보가 필요할 때에는 계약서 원본이나 기타 자료들을 활용하지만, 대다수의 모든 담당자들은 Job Instruction을 충분히 숙지하여 자신의 업무를 추진할 때 바이블로 삼을 수 있도록 한다.

지속적 정보 관리 - 지식 경영의 근간

지식 경영이란 양질의 정보를 수집하여 이를 각색하고 잘 다듬어서 필요로 하는 관계자에게 실시간 분배를 통해 문제를 해결하거나 양질의 경영 성과를 거두는 것으로, 상세한 조사를 통해 얻은 조사 자료들을 프로젝트에 관여하고 있는 이해 관계자들에게 공유하여 유사한 실수를 피하고 더 우수한 사업 성과를 이루기 위해서는 지속적인 정보 관리가 필요하다.

3. PM의 성공적 전략

PM은 리더로서 전략적 리더십이 있어야 한다.

프로젝트 구성원의 최소 Input으로 최대의 Output을 만들어 낼 수 있는 핵심 전략이 있어야 프로젝트를 성공적으로 이끌고, 구성원 모두의 성취감을 이끌어 낼 수 있다.

핵심 전략(Macro & Micro)

PM은 프로젝트를 Macro하게도 볼 수 있어야 하며, Micro하게도 바라보아야 한다. Macro하게 보라는 말은 프로젝트 전체를 보는 눈, 즉 숲을 보는 눈이 있어야 하고, 방향성을 찾고 큰 그림에서 프로젝트의 성패를 좌우하는 Core Portion(핵심 부분)을 찾아내라는 것이고, Micro 하게 보라는 말은 이 핵심 부분에 대해 아주 상세하고 면밀한 조사와 검토를 통해 핵심 전략과 계획을 세워 집중 관리함으로써 성공적 사업 수행을 만들어 내야 한다는 것이다.

우리가 해 본 경험이 없고, 원가의 상당 부분을 차지하거나 프로젝트 전체 공기의 대부분을 차지하는 Critical Path에 걸리는 공사로, 전적으로 전문 업체에 의존해야 한다면 이는 분명 핵심 부분에 해당하여 이들에 대한 리더십을 발휘할 수 있는 전략과 Plan B를 준비해야 하는 것이다.

EPC Contractor로서 발전 Plant의 가스 터빈이나 스팀 터빈은 이에 해당할 수 있으며, 도시 지하 하수도 배관 공사를 위한 터널 공사, 단기간에 엄청난 양의 배관 용접 공사를 끝내야 한다면 배관 공사도 Core Portion에 해당할 수 있다.

Core Portion에 대한 핵심 전략을 수립하기 위해서는 사업주의 입장과 성향, 현장과 시장 상황, 내·외부 자원, 경쟁사 조사 등 종합 요소의 검토 결과를 반영하고, Core Portion에 대한 리더십을 가져가기 위해서는 전문가를 영입하고, 이들 전문 업체와 계약 시 Plan B를 고려한 계약 조건이나 리더십을 안고 갈 수 있는 조건을 제시하는 등 사전에 철저한 전략이 필요하다.

2005년에서 2010년 사이 오일 가격이 100불 대로 폭등하면서 제2차 중동 붐을 일으키며 중동 내, 특히 사우디아라비아에서 수십 개의 화공 플랜트 프로젝트가 쥬베일 및 얀부 공단에서 동시 다발로 터져 나오며 전 세계 유명 EPC Contractor들의 각축장이 되었다.

필자는 현지 자원 선점과 Block Visa의 조기 확보를 통한 Manpower 동원 능력 등 현지 활동들(Local Activities)이 사업의 성패를 가를 수 있는 Core Portion으로 간주하고, 프로젝트 수주와 동시에 현지에 통합 거점을 설립하고, 설계가 미완성 단계인 초기에 단가 계약(Provisional Lump Sum and Unit Rate Contract Base)을 기준으로 다수의 대형 공사 업체(그 당시 거의 전체)를 조기 독점 선점하였다.

또한 Block Visa의 조기 확보로 자체 Manpower 동원 능력을 소유하고 현지 자체 워크숍을 운영하며 피크 타임 시 자체 배관 용접 공사 및 직영 인력을 성공적으로 운영하며 유일하게 43억 불 상당의 9개 프로젝트 모두 손익 및 공기 측면에서 성공적으로 마치면서 일약 Global

Top Player로 등극하는 계기가 된 것은 좋은 예가 아닌가 싶다.

각종 Plan의 조기 수립

프로젝트 개요, 계약서의 요약본(Summary), P&ID 요약, 레이아웃 (Lay-Out), Master Schedule 및 PM의 핵심 추진 전략 등을 요약해서 프로젝트에 참여하는 모든 구성원이 숙지하고 자신의 업무 추진 시 바이블로 삼아야 하는 'Job Instruction' 외에 '사업 수행 계획서', '공사 수행 계획서', '설계 수행 계획서', '조달 공급 계획' 등 각종 Plan에 대한 조기 수립이 절대적으로 중요하다.

사업 수행 계획서

Job Instruction과 함께 사업 수행의 바이블이 되는 사업 수행 계획서는 사업 관리의 3요소인 비용(Budget, 예산), 일정(Project Master Schedule, 계약 공기보다 2~3개월 단축한 목표 스케줄), 품질의 성공적 관리를 위한 E·P·C(Engineering·procurement·Construction, 설계·조달·공사) 전반에 걸친 사업 수행에 관한 PM의 의지가 담긴 계획서이다.

예산, Key Milestone, 고객의 니즈에 대한 대응 전략, 설계, 조달, 공사의 기본 추진 방안 외에 사업의 성패를 가르는 핵심 부분에 대한 PM의 상세 전략과 비전 & 미션(Vision & Mission)이 포함되어야 하며, 이를 기준으로 작성되는 설계, 조달 및 공사 수행 계획서의 기본 지침서의 역할을 해야 한다.

공사 수행 계획서

사업 수행 계획서를 기준으로 작성되며 Subcontracting Plan,

Material Supply Plan, Site Operation Plan, Resource Mobilization Plan, Construction Schedule, Heavy Equipment Erection Plan, Pre-Commissioning & Commissioning Plan과 (Safety & Quality Plan 등을 포함하며 CM인 소장의 의지를 반영한 계획서이다.

Subcontracting Plan은 공사 하청 업체의 능력과 Work Load 등을 고려하여 선정하여야 하며, 공사 성패의 중요한 Factor인 만큼 직영 운영팀을 고려하거나 Plan B를 준비해 두어야 한다.

Pipe Rack의 Steel Structure용 H-Beam과 같은 자재의 사 도급 결정은 하청협력사의 공급 범위에 포함하는 것이 유리한지, 계약자인 EPC Contractor가 공급 제공하는 것이 유리한지, 계약자가 공급한다면 현장에서 공급할 것인지, 조달을 통해 공급할 것인지를 결정해야 한다.

이와 같이 공사 수행 계획서는 조달 공급 계획이나 설계 수행 계획서와 같이 프로젝트에 참여하는 구성원과 재무, 법무, 지원 부서 등 모든 이해 관계자가 참석하는 회의에서 발표하고 이들로부터 자문 또는 협조를 받아야 하는 것이다.

반영해야 할 내용이 많거나 자료가 부실하다면 재작성하여 발표를 다시 해야 하며, 미비한 코멘트가 있을 시에는 코멘트 내용만 반영하여 확정하도록 한다.

설계 수행 계획서

상세 설계 부분에 대한 각 공종별 외주 계획(Subcontracting Plan), Value Engineering Plan, Alternative Design Plan, Field Engineering Plan 외에 도면 Issue Schedule과 설계 참여 인력의 Man Hour

Operation Plan(일종의 원가 관리 개념) 등을 포함한다.

중요한 것은 공사 수행을 위한 Scheme, 즉 Constructability를 반영한 설계여야 한다는 점이다.

공사 수행의 어려움을 무시하고, 원가 절감의 목표 달성을 위해 좁은 부지 내에 Pipe Rack을 철골 대신 콘크리트 소재로 설계하거나 Pipe Rack 대신에 지하 매설 공사로 설계하여 공사 시 오히려 공사 효율 저하로 인해 인건비가 늘거나 공기가 지연된다면 이는 총체적으로 잘못된 것이다. 이를 두고 Value Engineering의 오류라고 하며, 앞에서 남고 뒤에서 밑지는 것이다.

공사를 고려하지 않은 설계, 이것이 곧 Value Engineering의 허상인 것이다.

조달 공급 계획서

장 납기를 요하는 Long Lead Item의 발주 계획, Alternative Vendor 승인 계획, 주요 Equipment의 Delivery Schedule, Shipping Plan, Heavy Equipment를 위한 Route Survey & Transportation Plan, Inspection & Test Plan, Partial Shipment Plan 및 Expedition Plan 등을 포함한다.

프로젝트 전체 예산 중 조달 부분이 차지하는 비중이 60% 이상으로 원가 관리상 핵심 포인트인 만큼 가격이 저렴한 Alternative Vendor 승인을 위한 전략이 필요하며, 원가 절감을 위해 가격 비중이 큰 터빈이나 컴프레서와 같은 Package Item의 발주 형태에 대해서는 설계 및 공사 담당자의 협의를 통해 신중을 기해야 한다.

대사업주 Change Order & Claim 전략

사업을 추진하다 보면 필히 계약서상 언급된 계약자의 공급 범위를 벗어난 추가 용역에 대한 요구가 있게 마련이다.

대안 설계, 기자재의 추가 발주 또는 추가 공사를 요구하거나 인접 부지 내의 EPC 업무 전체를 포함하는 패키지성 추가 용역을 요구하는 경우가 발생하기도 한다.

또는 계약서상 명확하지 않은 공급 범위에 대해 양사 간에 프로젝트 종료 시까지 합의를 보지 못하고 Pending Issue로 끝까지 안고 가는 경우가 많은데, 사업주와의 마지막 협상 중 유리한 위치에서 좋은 결과를 얻으려면 전략이 필요하다.

또한 추가 용역은 아니지만 사업주의 공급 범위 내지는 사업주의 책임하에 지원을 받아야 하는데 사업주의 무책임 또는 비협조로 인해 계약자가 피해를 입었다면 이 부분에 대한 클레임을 신청해야 한다.

계약자로서는 원가 관리 및 계약 공기 준수를 위한 대사업주와의 마지막 협상 도구(Tool)이기 때문에 프로젝트 초기부터 전략적으로 접근해야 한다.

프로젝트 S-Curve상 초기 및 말기 기간 최소화 전략

사업주와 계약자 간 계약이 성사되어 설계를 시작으로 공사가 완료되고 시운전(Commissioning)이 완료되기까지 전 기간 동안 원가 투입(또는 매출 기준)이나 Man Power 투입 기준 프로그레스(Progress, 100% 기준 공정률)를 작성해 보면 초기에는 완만하게 상승 곡선을 그리다가 기자재 발주와 공사가 본격화되면 가파른 상승 곡선을 그리고 기계적 준공인 MC(Mechanical Completion)가 끝나고 시운전이 완료되는 시점까지는 다시 완만한 곡선을 그리게 되는데, 이를 'S-Curve'라 한다.

초기 설계 기간 동안은 시간이 오래 걸리는 반면 투입 원가가 낮기 때문에 프로그레스의 상승률이 낮고, 기자재 발주가 끝나고 설계도 마무리 단계에 공사가 본격화되면 기간 대비 원가 투입이나 Man Power 투입이 커 프로그레스 상승률이 가파르다. 반면 MC가 마무리되는 시점부터는 프로그레스와는 상관없는 상당량의 Punch Work와 낮은 원가 투입이 되는 Pre-commissioning & Commissioning Work를 남기고 있어 프로그레스 상승률이 낮아져 S-Curve가 그려지게 된다.

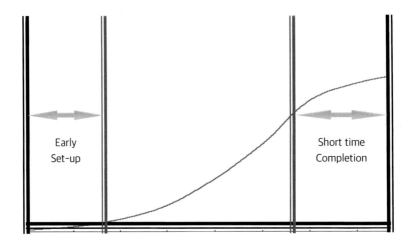

따라서 PM과 CM의 핵심 역할은 이 부분의 기간을 얼마나 어떻게 단축시킬 것인가에 있고, 이것이 리더십 역량이고 사업 성패의 중요한 요소가 될 수 있다.

설계 초기 및 기자재 발주 초기 단계에는 사업주의 승인 절차 및 PM의 의사 결정(Decision Making)이 제때 이루어지지 않아 지연되는 경우가 많다. 이 시기는 PM의 역할이 아주 중요하며, MC가 마무리되어 가는 시점에는 프로그레스, 즉 기성 금액과 연관되는 작업은 줄고 적게는 수만 개에서 많게는 수십만 개의 사업주 Punch Work가 남게 된다. 이 시기에 협력하청사는 원가를 줄이기 위해 인력 투입을 제한하고 Punch Killing Work에 상당히 소극적으로 변하기 때문에 잔업을 마무리하는 데 수개월, 심지어는 1년이 넘게 걸리기도 한다.

따라서 이 시기는 직영 인력을 투입하거나 Punch Killing Work에도 기성 금액을 부여하는 계약을 추진하거나 또는 사업주와의 협상을 통해 시운전 기간을 단축하는 방안을 협의하는 등 리더의 역할이 중요한 시기라 하겠다.

4. 선행 관리(In Advance Management)와 Risk Management

사업 수행을 함에 있어서 설계, 조달, 공사 각 단계의 모든 활동은 사업주나 라이센서 그리고 관공서 때로는 주 정부의 승인을 받아야 하는 것처럼 선행 단계의 활동을 필요로 한다.

따라서 선행 관리가 필수적이며 Risk Management 또한 어찌 보면 선행 관리의 일환이라고 볼 수도 있다.

플래닝(Planning)

Piling Work Plan, Underground Work Plan, Heavy Equipment Erection Plan, Piping Work & Hydro Test Plan, 시운전 Plan 등 각종 Plan에 대한 조기 수립이 중요하며, 이러한 작업들을 성공적으로 수행하기 위해서 선행되어야 할 것은 활동의 시기적절한 준비와 관리이다.

즉, Planning의 핵심은 선행 관리이다.

3개월, 6개월, 1년, 2년 후의 현장 모습을 예측하고 그때 발생할 활동들을 파악하고, 그 활동들이 지연되지 않기 위해 지금 선행되어야할 활동들을 관리해 나가는 것을 선행 관리라 한다.

모든 활동이 선행 관리의 대상이지만, 특히 현장의 생산성을 저하시키고 현장의 청결과 통행에 지장을 주는 기초 공사, 지하 매설 배관 및 전기 공사와 각종 맨홀과 배수조(Man Hole & Catch Basin) 등과 같은 지하 공사(Underground Work)는 단기간에 끝낼 수 있도록 선행 관리에 최선을 다해야 한다.

시공 순서에 입각한 도면과 자재가 충분히 확보될 수 있도록 지속적으로 모니터링하고 독촉(Expedition)해야 한다.

일단 공사 업체가 선정되어 현장에 인력이 투입되면 일이 끊기지 않도록 Work Front 확보에 총력을 기울여야 한다.

왜냐하면 하청협력사는 어찌 보면 인건비 절감으로 이익을 챙기는 회사로, 생산성이 무엇보다 중요하고 Work Front가 확보되지 않아 유휴 인력이 발생하고 생산성이 떨어지면 클레임의 소지가 있기 때문이다.

설계 도면이 완성되어 가는 과정을 살펴보자. 공정팀에서 프로세스 설계가 진행되면 기자재나 장비 발주를 위해 기계설계팀에서 Requisition 작성을 하고 기자재나 장비 발주 업체가 선정되면 장비의 사이즈나 무게를 반영한 제작 도면이 Vendor로부터 접수되게 되는데 이를 기초로 배관 설계 팀에서 공장 레이아웃 도면을 완성하고 이를 기초로 토목설계팀에서 기초 도면을 발행(Issue)하게 된다.

즉, 현장에서 가장 먼저 필요로 하는 토목 기초 도면은 설계상 최후 단계에 나오기 때문에 공기 지연을 막기 위해서 때로는 과거 수행 프로젝트의 자료를 근거로 안전율(Safety Factor)를 부여해서 선기초 도면을 발행하기도 한다.

Planning에 있어서 Construction Method Statement를 조기 확정하는 것 또한 공기 지연을 방지하는 선행 관리의 중요한 요소이다.

Construction Method Statement의 서류 작성 및 사업주 리뷰와 승인 절차상 필요로 하는 시간을 고려하여 사전에 준비 제출하여 해당 활동들에 영향을 주지 않고 바로 시행할 수 있도록 해야 한다.

Risk Management

앞 장에서 간략히 언급한 바와 같이 Project 수행 중 발생할 수 있는 가상의 Risk를 시나리오화하여 사전에 선행 공정에서 예측 관리하는 것을 말한다.

다음 표와 같이 가상의 Risk 시나리오 리스트를 작성하고, 이에 대한 리스크 정도(Cost, Schedule Impact 정도), 발생 확도, 이에 대한 대응책 Plan B를 작성하여 주기적으로 리스크를 관리해 나가는 기법을 말한다.

공정	항목	ITB	당사안	발생 확도	Impact	Plan B	시나리오
설계	기계	적절한 저장 용량	1-day 저장 용량	H	500,000$ No Sch. Impact	2- Day 용량	10-day 용량 요구 가능성
조달	기계 Pump	승인 Vendor A,B,C	미승인 Vendor D	H	100만불	Profit Sharing	D Vendor 적용 후 차액 분배
공사	철골	콘크리트 Pipe Rack	철골 구조 Pipe Rack	L	Sch. 2 Month Impact	ITB안	철골 구조 적용 가능성

5. Cost Simulation

프로젝트를 예산 내에서 집행한다는 것은 회사의 경영상 손익과 직결되는 PM의 미션 중에서 가장 중요한 요소일 것이다.

따라서 Cost Simulation은 성공적 사업 수행을 위한 필수 사항이며, 주기적으로 실시하고 경영진에 보고 및 결과에 따른 대응 방안이나 전략을 마련해야 한다.

특히 원가가 집행되기 전 초기 Planning 단계의 Cost Simulation이 원가 관리에 가장 큰 영향을 미치기 때문에 무엇보다 중요하다.

시황 및 원자재 추세 분석

시황이나 원자재 가격의 추세를 분석해서 발주 타이밍을 잘 잡아야 하며, 필요하다면 선물도 해야 한다.

전기 케이블의 경우는 국제 동(구리, Cupper) 가격에 연동해 움직이고 국제 동 가격은 국제 수요와 공급에 의해 급격히 변하는 만큼 매수 타이밍이 매우 중요하다.

전기 케이블의 발주 시기는 상대적으로 기자재 발주 후반부에 발생하기 때문에 국제 동 가격이 상승 추세라면 프로젝트 초기에 동을 선물로 확보한 후 발주 시기에 선정된 업체에 확보한 동을 이관하고 발주 조치를 하여 원가 상승 리스크를 헤지(Hedge)해야 한다.

발주 조건에 따른 시나리오별 Cost Simulation

터빈이나 컴프레서와 같은 대형 패키지 아이템의 경우 공급 범위나 조건에 따라 가격의 차이가 발생하고, Shipping 방법이나 요구 사양(Specification)에 대한 편차(Deviation)나 제외 사항(Exception)에 따라서도 큰 차이를 나타내는 만큼 Cost Simulation을 통해 발주 조건을 확정하고 사업주 승인 절차를 통해 원가 절감을 꾀해야 한다.

Risk Management상 Cost Impact vs Change Order & Claim상 Cost Impact

Risk Management상 발생 가능성이 높은 시나리오의 Cost Impact와 대사업주에게 제시한 Change Order & Claim 중 사업주가 수용 가능성이 높은 시나리오의 Cost Impact를 비교 분석하여 프로젝트 전체 손익이 플러스(+)인지 마이너스(-)인지를 주기적인 Cost Simulation을 통해 모니터링해야 한다.

업체의 Load 및 동원 Manpower 분석

제조 업체가 수주 확보한 물량, 즉 Work Load는 납기에 영향을 줄 수 있으며, 원가에도 작용하는 만큼 사전에 각 제조 업체의 Work Load에도 관심을 가져야 한다.

공사협력사와 계약은 주로 단가 계약에 의존하는 관계로 공사 업체는 인력 동원 후 생산성을 높여 인건비 절감을 통해 이익을 창출하는 구조이기 때문에 이들의 인력 투입 Manpower와 일의 진척을 나타내는 프로그레스와의 Simulation을 주기적으로 모니터링해야 한다.

초기 계약 당시 공사 업체에서 제시한 인력 동원 Manpower의 50%

를 동원했는데, 프로그레스는 30%에 불과하다면, 업체로서는 적자일 것이며 분명히 인력 투입을 억제하고 클레임을 제시하며 일의 진척이 느려지고 분쟁이 발생할 것이다. 주기적인 모니터링을 통해 극한 상황에 대비 Plan B를 사전에 준비해야 하는 것은 이 때문이다.

물량 및 원가 변동 추이 파악

배관 설계팀에서는 Model Review가 60% 끝난 시점에 예상 배관 물량의 60~70%의 물량을 선발주하여 현장에서 공사를 조기 착수할 수 있도록 하고, 배관 설계진척도가 높아짐에 따라 3~4차에 걸친 추가 발주를 통해 발주 물량을 확정 짓게 된다.

추가 발주 물량에 대한 Pipe, Fitting, Flange와 같은 Bulk성 자재의 원가보다는 공사 업체의 용접 Dia.-Inch의 증가에 따라 인건비 상승에 따른 원가와 공기에 심각한 영향을 주기 때문에 배관 물량의 용접량에 대한 주기적 모니터링을 통해 사전 Simulation이 필요하다.

Contingency Plan

입찰 시에 주요 장비의 사양에 대한 해석이 잘못되었거나 물량에 대한 오류가 있어 회사 경영에 심각한 영향을 줄 정도의 적자 손익이 발생한다면 이는 사업 수행에 치명적일 것이다.

기초 공사를 위해 땅을 파 보니 주어진 Soil Data와 다르게 대부분이 늪지로 엄청난 양의 파일과 공기가 지연된다면, 클레임을 동반한 사업주와의 재협상이나 법정 투쟁을 고려한 Arbitration(조정) 등 Contingency Plan이 필요하다.

환율 변동 관리 및 캐시 플로(Cash Flow)

대다수의 계약은 미국 달러를 기준으로 계약하기 때문에 외국 발주 기자재나 현지 공사 업체와의 계약을 동일 US 달러로 계약하는 경우 환율 변동에 따른 리스크가 없지만, 국내 제조 업체 발주분, 계약자의 인건비나 경비 등에 대해서는 환율의 리스크를 안고 갈 수밖에 없다.

환 리스크가 노출되는 부분은 적게는 계약 금액의 30%에서 많게는 50%까지 적용되는 만큼, 환율 변동 관리에도 신경을 써야 한다.

원화 강세로 환율이 계속 내려가는 추세라면 계약 초기에 US 달러에 대한 선물환을 통해 헤지(Hedge)할 수 있다.

또한 프로그레스 진척도에 따라 청구되는 대사업주의 월 기성 금액의 입금액과 Vendor, 공사 하청사 및 경비로 지출되는 금액을 대비하여 작성하는 캐시 플로를 통해 Positive인지 또는 Negative 캐시 플로인지를 주기적 Simulation을 통해 모니터링해야 한다.

Positive인 경우 은행으로부터 기여 이자를 고려한 손익상의 추가 이익을 고려할 수 있지만, 반대의 경우는 대출 이자를 고려해야 할 것이다.

6. Constructability

"The optimum use of construction knowledge and experience in planning, design, procurement and field operation to achieve overall project objectives."

최적의 공사 수행 방안을 Planning, 설계, 조달, 공사 초기 단계의 사전 활동들에 미리 반영하여 성공적인 공사 수행을 유도하는 일련의 행위를 말한다.

Effectiveness of Constructability

Constructability는 최적의 공사 수행 방안을 반영하는 만큼 Planning이나 설계 단계 초기에 반영할수록 효과가 크다. 즉, 빠르면 빠를수록 효과가 큰 것이다.

공사에 초점을 맞춘 Construction Oriented Management를 주도해야 하고, 소장인 CM을 조기에 프로젝트에 선임(Assign)해야 하는 이유도 여기에 있는 것이다.

또한 사업주의 운전 및 보수를 담당하는 O&M Team의 O&M Concept를 반영한 요구 사항이 설계 초기에 반영된다면 추후 재작업이나 Punch의 발생을 상당히 줄일 수 있어 효과적이다.

이로 인해 공기 단축, 현장 인건비 절감 이외의 안전, 설계, 구매, 공사의 통합(Integration) 효과를 가져올 수 있다.

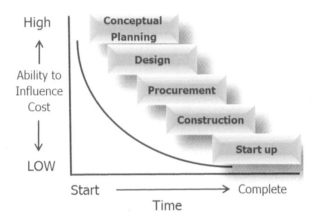

Constructability Program 적용 시 주요 고려 사항

우선 현장의 접근 가능성(Accessibility)에 대한 검토, 주어진 장비 사양에 대한 시공 가능성이나 어려움에 대한 검토, 단순화와 표준화에 대한 검토, 최소한의 설계 변경이나 공사 재작업에 대한 검토 등이 이루어져야 한다.

또한 시공 담당자와 설계자 간, 조달 담당자 간의 소통(Communication)과 공감대 형성이 중요하다.

적용 예시

- **대형 중장비**: 직경이 4~6m에 이르고, 길이가 수십 미터에 달해 초대형 트레일러에 의존해 운송되는 대형 중장비는 운송 루트에 대한 조사와 함께 임시 도로 설치와 주변 전깃줄이나 나무의 임시 철

거 작업이 필요한지 검토해야 하며, 설치 방법에 따라서도 임시 기초 작업이 필요한지 사전에 검토해야 한다.

- **사전 Dress Up의 유무**: 대형 타워 설치 시 설치 전 지상에서 눕힌 상태로 보온 작업이나 Platform & Ladder를 설치(Dress-Up)할 것인지 또는 타워 설치 후 보온 작업이나 Platform & Ladder를 설치할 것인지에 대한 사전에 검토 및 의사 결정이 이루어져야 한다.

- **Pipe Rack 재료 선정**: 철골 또는 Pre-Cast Concrete로 선정할 것인가에 따라 설계, 기초 공사 및 공사 기간이 달라지는 만큼 이에 대한 사전 검토 및 의사 결정이 필요하다.

- **전기 Cabling Work**: Cabling Work를 지하 매설 또는 Pipe Rack 상에 설치할 것인가에 따른 검토 및 의사 결정을 사전에 하여 설계에 조기 반영해야 한다.

- **Package Items**: 현장에서 Piece By Piece로 조립 작업을 할 것인지, Pre-Assembly 형태로 설치할 것인지를 미리 검토해서 이에 따른 설계 및 자재 공급을 달리해야 한다.

이 밖에 Under Ground Work Activities에 대한 종합 검토, 시운전 활동나 O&M Concept 등을 예로 들 수 있다.

7. Early Mobilization of Construction Resources

　사업 관리 성공 요소 중의 하나는 현지 Infra. & Resource의 조기 파악과 선점이다. 특히나 다수의 EPC Contractor가 동시에 프로젝트를 수행할 때에는 더욱이 조기 선점이 중요하다.

　공사 수행을 위한 현지 공사 업체나 동원 가능한 노동 인력, 기타 공사 자재 등은 제한적일 수밖에 없으며, 가장 경쟁력 있고 역량이 뛰어난 업체를 선점한다는 측면에서도 현지 Infra. & Resource의 조기 파악 및 확보는 무엇보다도 중요하다.

　따라서 가설 사무실, 창고 및 임시 숙소도 일찍 확보하여 현지에서의 업무 정상화를 조기 실시하는 것이 좋다. 이를 바탕으로 중동의 경우 인력 동원을 위한 Block Visa의 조기 확보, 건설 중장비의 조기 선점과 현지 병원, 경찰서, 노동청, 인허가 관공서 등 현지 사회와의 소통 창구를 일찍 개설하는 것도 중요하다.

　우리나라 속담 중에 "시작이 반이다."라는 말이 있듯이 공사에서 첫 삽을 뜨기까지가 가장 힘들고 오랜 시간이 걸린다. 일단 첫 삽을 뜨게 되면 일은 흘러가게 되고 점점 가속도가 붙게 된다.

　하지만 첫 삽을 뜨기까지는 사업주의 승인 및 허가가 떨어져야 한다. 관공서에 착공 허가도 접수해야 하는데, 접수하기까지 지적 사항과 서류 반려 등 많은 시행착오를 겪게 되어 예상치 못한 착공 지연으로 이어질 수 있다. 따라서 시행착오를 감수하더라도 착공 시도를 조기에 해야 하는 것이다.

우리나라 수출입 은행인 'K-Exim' 자금을 동반하는 남아메리카 빈국의 도시 생활 하수 처리장 입찰 프로젝트에 참여한 적이 있다.

생활 하수 처리나 공단 폐수 처리와 같이 수 처리 환경 프로젝트는 기술적 진입장벽(Entry Barrier)이 낮아, 현지 인허가 설계 업체나 공사 업체 그리고 기자재의 대부분을 현지에서 커버할 수 있어 현지 부분(Local Portion)이 계약 금액의 70~80%를 차지한다. 그렇기에 현지 자원 선점이 차별화 및 수주 확보의 핵심이라 판단하고 입찰 기간 중 공사 인력 4~5명을 3개월간 현지에 파견시켜 견적 작업을 철저히 준비해 왔다.

주요 공사 업체 및 인허가 설계 업체와는 'Consortium Agreement'까지 맺고 나름 최저 단가 계약을 맺어 입찰했기에 자신이 있었지만, 결과적으로는 수주에 실패하고 말았다.

현지 시장의 규모도 작고, 주요 공사 업체들을 모두 파악했고 그중에서도 가장 경쟁력 있는 업체와 사전 Consortium Agreement까지 맺었으니 최고의 경쟁력으로 응찰했다고 자부했으나 실패하고 만 것이다. 아무리 반성하고 수주에 실패한 원인을 파악하려 해도 원인을 찾을 수가 없었다.

추후에 부끄러움을 무릅쓰고 수주에 성공한 국내 경쟁사의 담당 본부장과 해당 프로젝트 프로포절 팀장을 초청하여 술자리를 마련했다. 술자리에서 밝혀진 내용은 경쟁사는 입찰 전 6개월 전부터 현지에 공사 및 설계 인력 상당수를 파견하여 현지에서 입찰 설계를 공동으로 실시함은 물론, 주요 공사 업체와 사전 계약을 통해 현지 공사 업체의 선점을 이미 완료하였다고 한다. 당사가 현지에 인력을 파견한 시점에는 경쟁사가 선점했던 공사 업체는 시장에서 사라진 상태로(실제 우리는 몰랐던 업체로 판명됨), 이미 당사 및 타 경쟁사의 현지 움직임을 파악하고 있었기에 수주에 성공한 경쟁사는 최소 5~10%의 가격 격차가 있을 것이라는 예상을 했었는데 결과는 예상 그대로였던 것이다.

현지 건설 자원(Local Construction Resource)의 조기 선점 및 동원이 성공적 사업 수행뿐 아니라 수주에도 결정적 역할을 한 셈이다.

8. Underground Work Execution Plan

Underground Work(지하 매설 공사)이라 함은 기기나 장비, Pipe Rack, 철골 구조물이나 건축물 등의 기초 공사, 지하 배관 매설 공사, Cable Trench, 맨홀과 배수조(Man Hole & Catch Basin) 등을 말하며, 적정 깊이의 땅을 파고 작업하는 만큼 리스크가 크고 공정률은 낮은 대신 장시간을 요구해 지상 공사(Aboveground Work)에 심각한 영향을 준다.

또한 아이러니하게도 Underground Work의 설계는 뒤늦은 단계에서 확정되지만, 공사는 부지 정지 작업에 이어 최초로 시작되는 만큼, Constructability 차원의 설계 참여가 필요하며 지상 공사의 선행 공정으로 막대한 영향을 주는 만큼 Underground Work에 공사의 승부를 걸어야 한다.

공사 Sequence & Procedure 그리고 Construction Method Statement 등 승인을 요하는 Plan이나 관련 자료는 조기 확정하고, 사전에 승인을 얻어 공사 착공에 지장을 초래해서는 안 된다.

설계의 지연으로 인해 지상 공사가 진행되는 동안에 지하 매설 공사가 발생하였다면, 땅을 파헤치기 전에 도면 승인 여부, 자재 준비 상태, 장비 및 인력 동원 계획 및 Construction Method Statement 승인 여부 등 모든 자원이 완벽하게 준비되었는지 확인 후 땅을 파기 시작해야 한다. 지상 공사의 생산성을 떨어뜨리고 통행에 심각한 영향을 주기 때문에 땅을 파고 난 후 다시 흙을 덮기까지의 시간을 최소화해야 한다.

실제로 현장에서 땅을 파헤쳐 놓고 도면의 변경, 승인의 지연, 입고 자재의 불량 등으로 인해 장기간 방치되어 있는 경우가 많은데, 이럴 경우에는 아쉽더라도 과감히 다시 흙을 덮는 것이 좋다.

9. 전략적 공사 접근
(Strategic Construction Approach)

플랜트 EPC 비즈니스에서 설계와 조달은 결국 공사를 위한 선행 단계로 사업의 성패는 공사에 달려 있고, 성공적 사업 수행을 위해서는 공사에 대한 전략적인 접근이 필요하다.

Work Front, 일의 순서 그리고 동선

대다수의 공사 하청협력사는 도면과 기자재를 주 계약자로부터 공급받고 자신들은 인력을 투입하여 공사를 수행하기 때문에 생산성이 무엇보다 중요하다.

따라서 초기 예상했던 투입 Manpower(Man Hour 또는 Man Month 기준) 이내에 공사를 마쳐야 손익상 이익을 창출할 수 있기 때문에 Work Front가 부족하여 유휴 인력이 발생하거나 자재 입고 일정이 틀어져 일이 순서대로 진행되지 않거나 현장 상황에 의해 일이 비효율적으로 진행된다면 생산성 저하로 손익상 불이익이 예상되어 인력 투입에 부정적이 되거나 클레임을 유발한다.

현장에서 변경이 없는 도면의 조기 접수와 기자재의 적기 입고를 통한 Work Front 확보와 일의 우선순위를 명확히 하여 생산성을 높이고, 인력, 장비 자재의 동선을 뚜렷이 구별하여 서로 간 간섭이 발생하지 않도록 현장 내 Traffic Management에 중점을 두어야 한다.

사우디아라비아의 한 현장에서 발생한 일이다.

필자가 현장 순찰 후 소장으로부터 업무 보고를 받는데 기계 설치 및 배관 공사 업체의 프로그레스가 한창 피크여야 함에도 부진하고 인력 동원도 지지부진하여 업체의 Manpower 투입과 공정 진척률을 자세히 검토해 보니 인력 동원은 계약 Man Power 대비 90%에 육박하는데, 공정 진척률은 70%에도 미치지 못하였음을 발견하고 업체와의 계약을 타절하고 직영 운영 체제 준비와 신규 소형 업체 물색을 지시하였다.

영문도 모르고 어안이 벙벙해하는 소장과 담당 직원들에게 내부 준비를 시키고 난 후 일주일, 업체로부터 클레임 서류와 보상이 없으면 인력 투입을 중지하고 공사를 중단하겠다는 공문을 접수하였다는 보고가 들어왔고 그 후로 업체와 기나긴 싸움을 했던 경험이 있다.

다행히 사전 준비로 직영 운영 체제 및 소규모 공사 업체를 대동하여 무사히 공사를 마쳤고, 업체와는 법적 대응도 고려하는 등 2년 가까이 싸웠지만 결론적으로 지연된 기성 금액 지불과 약간의 보상금으로 협상하여 마무리한 것은 좋은 예가 아닌가 싶다.

Direct Installation of Heavy Equipment

직경 3~5m, 길이가 20m 이상 되는 대형 타워, Reactor 및 저장탱크 같은 경우에는 입고 시점과 현장의 준비 상황을 잘 맞추어 입고되는 시점에 바로 현장에 설치할 수 있도록 해야 한다.

대형 트레일러나 특수 Multi Wheel Loader 등에 의해 운송되는 대형 장비들은 설치 시에 2대의 대형 크레인을 이용하거나 RMS 공법(양쪽에 기둥을 세우고 유압잭을 이용 설치하는 방법)을 이용 설치하게 되는데,

현장의 조건이 입고 시에 바로 설치를 할 수 없는 상황이라면 이를 현장에 방치할 수도 없고 야적장으로 이동하여 다시 한번 설치를 위한 이동 작업을 필요로 하게 된다.

즉, 현장에서 일정 거리 떨어진 야적장에서 다시 운반하여 설치하는 Double Handling을 하게 되며, 이는 비용 면에서나 시간적으로나 비효율적인 것이다.

따라서 대형 장비들의 입고 순서와 일정 그리고 현장의 준비 상황을 잘 맞추어 Double Handling을 최소화할 수 있도록 해야 한다.

또한 이러한 대형 타워들은 몸체 외부에 온도 유지를 위한 보온 공사를 해 주어야 하고, 타워 상부에 올라갈 수 있도록 Ladder & Platform을 설치해 주어야 하는데 이들 작업(Dress-Up 작업이라 함)을 손쉽게 지상에서 눕힌 상태로 하거나 또는 타워를 세워 설치한 후에 Dress Up하는 방법이 있다.

지상에서 타워를 눕힌 상태로 Dress-Up을 하게 되면 작업 효율은 높지만 거대 타워가 현장에 도로를 점하고 있어 통행이 원활치 못한 단점이 있고, 타워를 제 위치에 세워 설치한 후에 Dress-Up을 하게 되면 가설 Scaffold(안전 비계)를 설치 후에 작업을 해야 하는 관계로 효율이 떨어진다.

이러한 장단점을 고려하고 현장의 상황을 반영하여 사전에 치밀한 계획을 세워 시행착오 없이 추진해야 한다.

Area Management에서 System Management로

현장에서의 공사는 토목, 건축, 철골, 기계, 배관, 전기 및 계장 등 각 공종별로 순서에 입각해 공사를 하는 것이 아니라, 각 지역별로 전 공종이 동시에 작업을 하기 때문에 지역별 관리, 즉 Area Management 를 하게 된다.

하지만 공사 진척도가 공정률 약 80~90%대에 이르면 많은 물량이 소화된 상태로 공정률 진행 속도가 현저히 떨어지고 Punch Work나 미미한 작업들만 남게 되는데 이때는 프로세스상 각 시스템별로 책임자를 두어 관리하는 System Management 체제로 바꾸어 관리해야 한다.

Utility의 질소(N2) 시스템, 산소 시스템, Fuel Gas Line System 등과 프로세스 시스템상 명칭을 두어 각각의 시스템별로 책임자를 선정하여 토목, 철골, 배관, 기계, 전기, 계장 등 미비한 사항을 지적하고 시스템별로 관리하여 시운전 상황에 대비하면서 Punch나 잔여 업무를 마무리해 나가야 한다.

각 시스템별로 책임자를 두고 책임자가 자체 Punch Work나 사업주 Punch Work를 리스트업하여 Punch Killing을 요구하면, 각 공종별 Punch Killing 전담반을 운영하여 시스템별 작업 완성도를 높여 가는 것이다.

대다수의 현장이 지난 2년 가까이 Area Management를 해 오면서 타성에 젖어 그만 System Management로 전환해야 할 시점을 놓쳐 버리는 경우가 많다.

시운전팀이 투입되어 System Line Flushing을 위해 준비하면서 미비된 잔여 업무들로 인해 일이 진행이 안 되어 서로 간에 얼굴 붉히면서 시스템 관리 체제로 전환하려면 이미 시기를 놓쳐 버린 것이다.

어느 날 갑자기 Area Management에서 System Management 체제로 전체를 전환하는 것이 아니라, Area Management를 하면서 작업

이 가장 많이 완성되었다고 판단되는 시스템 하나를 선정하여 System Management를 하면서 하나둘 관리 체계를 옮겨 가는 것이다.

공사가 마무리되어 가면서 시운전 체제로 바뀌듯 현장의 관리도 Area Management 체제에서 System Management체제로 자연스럽게 바뀌어야 한다.

· Commissioning Focused Management

시운전팀은 기계적 준공인 MC를 달성하기 전에 미리 현장에 파견되어 공사가 마무리된 System Line의 Box-Up과 Flushing 작업을 하는 등 시운전 준비를 하게 되는데, 이 과정에서 그동안 공사를 담당해 왔던 팀들과의 마찰이 이어진다. 공사팀은 공사가 내 손을 떠났으니 모르겠다는 식이고, 시운전팀은 공사가 미비하니 마무리해 달라는 식으로 마찰이 이어지는 것이다.

Area management에서 System Management로 체제 전환을 하는 시점부터 현장의 운영 체제는 Commissioning Oriented Management로 전환해야 한다는 것이다.

시운전 팀장이 주관하는 공정 회의에 전원이 참석하고 시운전을 위해 미비한 사항이나 요구 사항 또는 시스템상 A급 Punch(시운전상 필히 Killing해야 하는 Punch) 등 시운전팀의 제안 내용을 관철하고 최우선 지원하는 운영 체제를 만들어 가야 한다.

10. 기타 사업 수행상
Key Success Factors

Safety First

비록 안전에 대해서 별도 언급은 안 했지만, 인간의 존엄성을 언급하지 않더라도 플랜트 건설의 궁극적 목적이 인간을 위한 것이기에 안전이 최우선 명제임에는 이론의 여지가 없다.

인류 사회의 무한한 번영을 위한 사업주 비즈니스 신념에 대한 신뢰성, 보험료 등 경제적 손실과 공사 진행의 불이익 심지어 형사상의 책임을 떠나 모든 공사의 기본 명제임에 틀림이 없다.

Subcontracting & Back up Plan

주 계약자는 설계 도면 및 공사용 기자재를 공급하고 실제 공사를 주관하는 것은 노동력을 제공하는 하청협력사이므로 이들의 선정은 무엇보다 중요하다.

각 공종별로 나누어서 발주를 할 것인지, 대형 General Contractor를 활용할 것인지 공급 범위를 어떻게 가져갈 것인지 등에 대한 세심한 검토가 업체 선정을 위한 평가와 함께 중요한 요소이다.

또한 공사 중에 적자를 이유로 추가 금액을 요구하거나 클레임 또는 잔여 마무리 일 처리에 소극적일 경우를 대비한 Back-Up Plan을 항상 준비해야 한다.

One-Body 개념의 Team Spirit

공동의 목표를 위해 함께 가자는 한 식구 개념의 공동체 정신이 필요하다. 나아가 안전, 원가, 공기, 품질에 대한 목표가 동일한 사업주와의 한 식구 개념의 공동체 정신이 필요하다.

따라서 프로젝트 초기에 사업주와 한 식구처럼 친해지고 서로를 알아가기 위한 등산, 축구 시합, 야유회, 단합 대회 등 친목 모임을 갖는 것도 좋은 방법이다.

이 밖에 철저한 Inspection을 통한 Q-Cost 절감, 도면과 기자재의 적기 공급을 통한 Work Front 확보, 현장 조직의 주기적 조직 개편을 통한 효율성 재고, 현장의 조건과 상황에 맞는 Pre-commissioning & Commissioning Plan의 작성 그리고 열정과 Win-Win Concept 등을 생각해 볼 수 있다.

제6장

경영이란

플랜트 건설업에 있어서 경영이란 경영의 대상인 인재를 효율적으로 잘 관리하고, 최적의 운영을 위한 시스템을 구축하여 생산성을 높이고 회사가 추구하는 목표의 달성을 위해 노력하는 일련의 행위라 할 수 있다.

관리는 경영 목표 달성을 위한 과정의 모니터링, 분석 및 피드백을 통한 부분적이며 미시적 관점인 반면, 경영은 종합적이고 거시적 관점으로 성장하고자 하는 경영 목표와 달성 전략을 수립하고 인재와 시스템을 연계하여 최소의 인풋(Input)으로 최대의 아웃풋(Output)을 얻어 내려는 노력인 것이다.

경영의 대상인 인재에 대한 관리의 3대 축은 어떻게 우수한 인재를 확보할 것인가(채용), 확보한 인재의 역량을 어떻게 높여 경쟁력을 확보해 갈 것인가(교육) 그리고 이들이 자발적으로 오로지 일에만 몰두하고 열정적으로 헌신할 수 있도록 동기부여와 제도의 개혁을 통해 독려하고 Great Working Place를 만들어 갈 것인가에 있다.

또 다른 경영의 대상인 시스템 구축에 대한 3대 축으로는 시스템 혁신을 위해 필요한 경영 자원을 어떻게 수집(Gathering)할 것인가, 회사가 나아가고자 하는 방향으로 시스템을 어떻게 구축할 것인가 그리고 지속적인 상향 평준화를 위해 유기적으로 시스템을 어떻게 지속적으로 업그레이드시켜 나갈 것인가에 대한 경영자의 고민이 필요하다.

1. 경영 철학과 경영 원칙

경영자(리더)는 조직을 이끌어 가는 데 있어서 나름의 철학과 이를 바탕으로 하는 원칙이 있어야 한다. 단기 실적이나 인기 위주의 경영보다는 경영 철학과 원칙을 바탕으로 한 진정한 성장과 지속 가능한 조직 경영이 필요하다.

경영 철학으로는 불법과 부정 그리고 부서 이기주의나 관료화를 제거하고 회계, 금융, 자금, 운용 및 업무의 투명성을 보장하는 '투명경영', 이익보다는 매출을 우선으로 하는 부실 수주를 배제하고 질을 바탕으로 한 양적 성장을 통해 지속 가능한 경영 체제를 구축하고 회사의 브랜드 가치를 상승시키는 '질 경영을 통한 지속 가능 경영' 그리고 사회적 책임을 다하고 지역 사회 및 협력사들과 더불어 함께하는 상생 경영을 통해 고객, 임직원, 주주 등 모든 이해 관계자가 윈윈(Win-Win)할 수 있는 '상생 경영을 통한 사업 보국'을 들 수 있다.

상기 경영 철학을 바탕으로 조직을 경영하는 데 있어서 조직의 특성, 주변 환경, 조직이 나아갈 방향 및 조직의 현안 등을 고려하여 책임 경영, 준비 경영, 인재 경영, 소통 경영, 열공 경영 등 나름의 원칙을 정해 추진해 나가야 한다.

2. 위기의식 속의 경영

개구리 이론

개구리는 주위 온도에 따라서 자신의 체온이 변하는 변온 동물이다.

따라서 비커에 물을 담고 개구리를 넣고 서서히 온도를 높이면 자신도 주변의 온도 변화를 감지하지 못하고 따라 죽지만, 뜨거운 물에 개구리를 던지면 뜨거움에 반응하며 펄쩍 뛰어올라 살려고 뛰쳐나온다.

인간은 스스로 변화하려는 것에 게으른 동물로 주변 환경에 그저 잘 적응하며 살아가려는 기본 욕구를 가지고 있어 스스로 몰락의 길을 걷고 있는지를 깨닫지 못한다.

개혁에 저항하려는 관료주의 조직들이 그렇듯 주변의 환경 변화에 둔하면 몰락의 길을 걸을 수밖에 없음을 알아야 한다.

이를 타파하기 위해서는 과거의 성공 방식에 사로잡혀 Success Trap에 빠지지 않도록 끊임없이 시장과 주변의 변화를 모니터링하고 세계 선도 기업을 벤치마킹하려는 노력이 필요하다.

그동안 해 왔던 방식의 기계적 노력보다는 급변하는 환경에 대응하려는 의식적 노력이 필요하다. 즉, 'Comfort Zone'을 벗어나 스스로 어려운 상태로 자신을 몰아가려는 극기의 노력이 필요한 것이다.

"내부보다 외부가 더 빠르게 변하고 있다면, 끝이 가까워지고 있는 것이다."라는 잭 웰치의 말을 상기해 볼 필요가 있다.

위기 경영

탑을 쌓아 가는 데는 많은 노력과 시간이 필요하지만 허물기는 한순간에 지나지 않는다.

지난 10년 전 시가총액 10위권 내 업체 중 현재까지 10위권을 유지하는 업체는 단 3곳뿐이다.

세계 핸드폰 시장 점유율 1위였던 노키아가 애플의 스마트폰 탄생으로 하루아침에 몰락하는가 하면, 필름 제조 1위 업체인 코닥이 디지털 카메라의 등장과 함께 시대의 흐름에 동참하지 못하고 폐업의 길을 걷기도 한다.

이처럼 빠르게 변하고 있는 외부 환경에 한순간에 망할 수 있다는 내부 조직의 위기의식 없이 무사안일주의식 대응으로 나락으로 빠져드는 기업은 수없이 많다.

지난 수십 년간 1위 자리를 고수해 온 삼성의 경우, 전년도 실적이 사상 최고를 기록해 오면서도 새해 회장 신년사에는 어김없이 위기라는 말과 함께 능동적이고 적극적인 위기 경영 체제를 요구해 온 것은 위기 경영의 일환일 것이다. 메기를 두어 마리 풀어 놓은 미꾸라지 양식장과 그렇지 않은 양식장의 경우 수확기에 결실을 대조해 보면 미꾸라지의 천적인 메기를 넣은 양식장의 미꾸라지들은 오히려 그렇지 않은 양식장의 미꾸라지에 비해 살이 토실토실하고 더욱 생기가 도는 것도 같은 이치인 것이다.

우리(회사)가 존재하고 있는 이상 우리(회사) 주변의 모든 것은 변하고 있기 때문에 항상 위기인 것이다.

이것이 위기경영의 근간이다.

마하 경영

마하 경영이란 속도를 앞세우는 스피드 경영이 아니다.

비행기가 음속을 돌파하기 위해서는 엔진을 개선하고, 미진한 부품을 수리하고 신품으로 개조하는 것만으로는 안 된다. 비행기 선체 모양, 재질, 엔진 방식 등 모든 것을 바꿔야 하는 것이다. 즉, 개선이 아니라 혁신을 해야 하는 것이다.

개선은 그 고장 부위나 좀 더 나아지려는 부분이 눈에 보이기에 쉽지만, 혁신은 눈에 보이지 않는 새로운 거대 목표를 위한 불투명하고 불확실한 방법을 동원해야 하기에 쉽지가 않다.

열공 경영

경영을 잘하려면 공부를 해야 하는데, 열공 경영의 근간은 '아는 만큼 보이고, 보이는 만큼 관리되며, 관리되는 만큼 성장한다.'라는 것이다.

사전 공부 없이 미술이나 음악 감상을 하게 되면 그저 '멋있다', '듣기 좋은 곡이네.' 하는 정도이지만 그 속에 숨겨진 그 의미와 스토리를 알고 감상하게 되면 그 맛이 배가 되는 것이다.

플랜트 사업에 있어서 현장 관리 또한 마찬가지이다. 안전관리자의 눈에는 안전에 관한 것만 보이고 전기, 기계, 배관, 토목, 건축 등 각 담당자들은 각자 자기 분야의 업무에 관한 것들만 눈에 보인다. 그러다 보니 서로 간 충돌이 발생하고 재작업(Re-Work)이 발생하는 것이다.

따라서 전체를 보는 눈이 필요한 것이다.

이는 경영자, 즉 리더의 몫이다. 눈에 보이는 것이 세상의 진실이고 모든 것인 양 판단하고 결정하지만, 실은 내 눈에 보이는 세상은 극히 일부분이며 눈에 보이지 않는 수많은 사실과 현실에 의해 세상은 움직인다.

따라서 전체를 보는 눈과 핵심(본질)을 보는 눈이 필요한데, 이를 가지려면 사업주, 협력사, 관공서, 내부 조직 등 다방면의 이해관계자들의 입장에서 생각하고 그들이 안고 있는 문제가 무엇인지 끊임없이 알려고 하는 노력이 필요한 것이다.

- 열공 경영 - 공부란?

자신의 고정관념을 계속 깨뜨리는 것으로, 내가 알고 있는 것이 틀릴 수 있다는 사실을 깨달아 가는 과정이다.

세상에는 내가 아는 것보다 모르는 것이 훨씬 많으며 설사 잘 알고 있는 지식이라 하더라도 빠르게 변화하는 현실 속에서 그 지식은 쓸모없는 낡은 지식으로 변하기 때문에 자기주장을 펴는 것이 위험하다는 것을 인지하는 것이다.

하면 할수록 공부할 게 늘어나고, 하지 않으면 공부할 게 없어진다. 공부를 하면 유연해지고, 하지 않으면 고집스러워진다.

그러다 보면 자기가 아는 세계가 전부라고 착각하게 되는데, 이러한 사실은 유리병 안의 벌과 파리에서 찾을 수 있다. 벌은 파리보다 분명 똑똑한 것이, 빛이 있는 쪽에 출구가 있다는 지식을 갖고 있다. 따라서 유리병 안의 벌은 빛을 찾아 바로 입구로 빠져나오지만, 파리는 이를 알지 못하고 종일 윙윙거리다 운이 좋으면 입구를 통해 빠져나오게 된다. 하지만 병의 입구 반대쪽에서 빛을 비추게 되면 벌은 영원히 병 속에서 빠져나오지 못하게 된다.

이를 '결함 있는 믿음', 즉 'Flawed Belief'라 한다. 이러한 결함 있는 믿음을 타파하기 위해서는 자신이 틀릴 수 있다는 겸손함과 열공하는 자세가 필요한 것이다.

직관(Intuition)

직관이란 사전적 의미로는 사물이나 현상을 접하였을 때에 설명이나 증명을 하지 아니하고 진상을 곧바로 느껴 아는 감각을 말한다.

대다수의 경영자가 의사 결정을 할 때 사전 토의나 남의 말을 경청해보고 하는 것이 아니라 70~80%는 직관에 의존한다고 한다. 그러니 직관이 경영에 있어서 얼마나 중요한 것인가.

직관은 자신이 살아오면서 스스로 경험한 사실이나 간접적으로 듣거나 보거나 독서 등을 통해 얻은 지식을 바탕으로 스스로 가치 기준을 만들고 이를 기준으로 모든 것을 판단 무의식적으로 결정해 버리는 것이 직관의 기초이다.

확증 편향 또한 이러한 자기 자신의 가치 기준에 위배되거나 반하는 내용이나 주장에 대해서는 잘 들으려 하지 않고, 자신의 기준에 부합하는 주장에 대해서만 들으려 하는 경향을 말하는데, 이는 경영에 있어서 상당히 위험한 것이다.

이러한 직관으로 무의식중에 결정한 대로 식사하고 행동하고 판단하다 보면 이것이 습관이 되고 생활의 일부가 되어 젊어서 병을 앓거나 나쁜 길로 빠져들거나 판단의 오류를 범하는 것이다.

사소하지 않은 일에 의사 결정이 필요하다면 내가 틀릴 수 있다는 생각과 빠르게 변하는 시대의 흐름에 내가 갖고 있는 지식은 이미 쓰레기가 되어 가고 있다는 생각을 늘 갖고 있어야 한다.

남들의 의견, 특히 다방면에 지식을 갖고 있는 다양한 사람들로부터 의견을 경청할 필요가 있다. 나와 다른 의견을 제시하거나 좀 틀린 제안을 했더라도 절대로 무시하거나 반박해서는 안 된다. 자연스럽게 토론하고 서로가 주장하는 가운데 다 같이 공감하는 결론을 만들어 자연스럽게 결론을 도출해 내는 지혜가 필요하다.

그렇다고 직관을 버리고 모든 의사 결정을 토론이나 협의에 의존하여 결정하기엔 경영 환경이 허락하지 않으며 여전히 상당수의 의사 결정은 직관에 의존하는 수밖에 없다. 바람직하고 이상적인 직관을 유지하려면 항상 겸손한 자세로 내 것을 버리고 새것을 배우려는 마음가짐이 중요하다.

더불어 남의 말에 경청하고 간접적 경험을 쌓아 가기 위해서는 무엇보다 많은 책을 읽어야 한다.

겸손의 미덕

경영에 있어 겸손이라 함은 남 앞에 나서지 않고 자신을 낮추어 자기주장을 내세우지 않고 고개를 숙이는 행위를 말하는 것이 아니다. 진정한 의미의 겸손은 자신의 부족함을 스스로 깨닫고 남의 말을 경청하며 배우려는 자세, 늘 부족함을 채우려고 독서하고 열공하는 자세를 말한다. 비워야 채울 수 있듯이 늘 비우려 노력하고 새롭게 채우려는 자세를 말한다.

일본 공기업 '마쓰시다'의 창업자 마쓰시다 고노스케가 말한 "세 가지 큰 은혜를 입고 태어났다"는 말은 진정한 의미의 겸손이 아닐까 한다.

"가난 속에서 태어났기에 부지런히 일하지 않고서는 살 수가 없었고, 약하게 태어난 덕에 건강의 소중함을 알고 건강에 힘써 90살을 넘게 살았고, 초등학교 4학년을 중퇴해 못 배웠기에 이 세상 모든 사람을 나의 스승으로 받들어 배우는 데 노력하여 많은 지식과 상식을 얻었다네."

3. 역량으로 차별화하라

역량이란

역량이란 탁월하게 업무를 수행해 낼 수 있는 조직 또는 조직원의 행동 특성이나 기능으로, 양적 역량(Quantitative Competency)과 질적 역량(Qualitative Competency)이 있다.

역량을 파악하기란 쉽지 않다. 특히 개인의 역량보다는 조직의 역량을 파악하고 계량화하기란 더욱 어렵다. 하지만 "측정할 수 없으면 관리할 수 없고, 관리할 수 없으면 개선할 수 없다."라는 피터 드러커의 말처럼 역량을 측정 계량화할 수 없다면 역량의 개선을 기대할 수 없다.

100m 달리기 선수에게 계량화된 수치 기록 없이 그냥 더 빨리 달리라고만 강요한다면 개선하기 힘들 것이다. 반응 속도, 중간 달리기의 소요 시간과 피니시에 걸리는 시간을 측정해서 개선할 부분을 파악하고 이를 몇 초 이내로 당기는 노력이 필요한 것이다. 즉, 지구력이 필요한지 초기 스타트가 역부족인지를 세밀하게 파악할 수 있어야 개선이 가능한 것이다.

영업이나 마케팅과 같은 조직의 추상적 역량을 측정하기란 더더욱 어렵다. 하지만 이러한 역량 또한 그냥 '좀 더 잘하자', '더욱 열심히 하자.'라는 식으로 두리뭉실하게 목표를 잡게 되면, 즉 계량화를 하지 않으면 영업의 역량을 개선하기가 좀처럼 쉽지 않다.

영업이나 마케팅과 같은 추상적 역량 또한 계량화할 수 있다. 양적 역량으로는 대사업주 PQ(Pre-Qualification) 자료 송부 횟수, 프레젠테이션 횟수, 면담 횟수, 향후 전략 회의 횟수, 물품 납부 의뢰 건수 등이 있다. 질적 역량은 프레젠테이션 시 사업주 관심도로, 질문 횟수나 질문의 질, 사업주 요청 면담인지 당사 요청 면담인지, 사업주와 전략 회의 내용이 납품이나 수주로 이어지는 긍정적 미팅인지, 불만이나 신뢰를 가질 수 있는지 떠보는 미팅인지 등등이다. 이처럼 계량화하고 수치화해야 한다.

이렇게 계량화된 자료를 바탕으로 어떻게 역량을 끌어올릴 것인가를 고민하고, 끊임없이 노력해야 성장이 있는 것이다.

삼성전자 초기 영업팀이 미국 내 대형 바이어들로부터 문전박대를 당한 후 영업의 역량을 계량화/수치화하여 전략적으로 영업 역량을 끌어올리고, 그들로부터 귀한 몸이 되어 오히려 선택적으로 바이어들을 상대한 일화는 유명하다.

핵심 역량

이는 남과 차별화할 수 있는 조직의 핵심 강점으로 먹고살게 만드는 기본 요소, 즉 조직의 필살기인 것이다.

제조 업체에서는 제조 기술이나 공법, 남들이 따라올 수 없는 혁신 기술이나 디자인 특허 등이 품질의 우수성이나 원가 경쟁력을 차별화할 수 있는 핵심 역량이다.

EPC 비즈니스에서 설계, 조달, 공사가 순차적으로 잘 맞물려 돌아가기 위해서는 설계가 변경 없이 적기에 현장 공사에 반영되도록 설계 도서물이 제때 현장에 공급되어야 하고, 수많은 공급 업체가 공급하는 기자재들이 설계 내용대로 변동 없이 적기에 현장에 공급되어 공사가 차질 없이 진행될 수 있어야 하며, 공사 또한 토목·건축·기계·배관·전기·계장 등 각 공종별로 엇박자가 되는 일 없이 순조롭게 공사 진행될 수 있도록 통합 관리 능력이 필요하다.

즉, 설계 내에서 각 공정별로 Interface 문제, 설계 엔지니어들과 제조 업체/기자재 공급 업체인 Vendor들과의 실시간 소통(Real Time Communication)을 통한 통합(Integration) 문제, 공사 업체, 즉 공정별 Sub-Contractor들 간의 Interface 문제 등을 잘 해결해 나갈 수 있는 통합 관리 역량이 EPC Contractor의 핵심 역량인 것이다. 다시 말해 열정과 자부심을 가진, 전 공종 및 업체들 간의 실시간 소통을 통한 통합 관리 리더십이 EPC Contractor의 핵심 역량인 것이다.

앞서 말했듯 2000년대 중반, 원유 가격이 100달러를 호가하며 제2차 중동 붐이 일면서 다수의 프로젝트가 동시다발로 시장에 나오면서 전 세계 EPC Contractor들 간의 각축전이 벌어진 때가 있었다. 이때 백텔, 플로어, 테크닙, JGC, 치요다 등 선진 엔지니어링사들은 상기 통합 관리 역량, 특히 공사 부분의 역량 부족으로 인한 공기 지연 및 이로 인한 적자 손실 등이 실패의 원인이 되었다. 이것이 그들이 EPC Contractor에서 EPCM Contractor로 업종 변경 내지는 선호도 변경으로 돌아서는 계기가 되었음을 상기하게 된다.

차별적 경쟁력

건설, 조선, 플랜트 등과 같은 수주 산업에서 이등은 없다. 오로지 일등만 존재하는 것이다. 이렇듯 냉정한 프로의 세계에서 살아남으려면 차별적 경쟁력을 가져야 하는데, 이러한 차별적 경쟁력이야말로 프로의 세계에서 생존 필살기인 것이다.

남들과 동일 수준의 설계 역량, 기자재, 공법을 활용하여 프로젝트를 수행한다면 차별점을 만들어 가기 어려울 뿐 아니라 생존을 위한 수주를 위해서는 적자 수주, 출혈 경쟁을 감수해야 할 것이다.

차별적 경쟁력을 만들어 가려면 창의력과 도전 의식을 갖춘 조직원들이 새로운 공법이나 제조 프로세스, 보다 콤팩트하고 경쟁력 있는 설계 등에 대한 끊임없는 시도가 이어져야 하고 이러한 위험 감수 수행(Risk Taking)을 성공적으로 이끌어 성공적 위험 감수 수행(Successful Risk Taking)을 만들어 가야 한다.

또한 이러한 Successful Risk Taking을 통한 성공 경험(Best Practice)이나 실패 경험(Lessons learned)을 조직에 시스템적으로 녹여 내는 지식 경영(Knowledge Management)의 역량이 필요하고 이는 지속적인 차별적 경쟁력으로 이어져 초격차를 만들 것이다.

아산만 간척 사업의 마지막 물막이 공사가 조수의 간만의 차이가 심해 난항을 겪던 차에 폐기 처분 대기 중이던 대형 유조선을 이용해 성공한 사례, 초고층 건물 건축 시 지하 시공에 많은 시간과 어려움을 겪고 지하 공사 완료 후 지상 공사에서 추진해 왔던 공법을 지하, 지상 시공에 동시에 추진함으로써 공기를 획기적으로 단축시킨 Top-Down 공법 등이 좋은 예이다.

잭 웰치의 1등 사업 또한 차별적 경쟁력을 만들어 가기 위한 최고 경영자의 선택이라고 생각한다.

"세계 1등이 아닌 사업 또는 1등이 될 가능성이 없는 사업은 과감히 철수한다."라는 기치 아래 5년간 11만 명을 해고한 감량 경영과 1등 사업을 통한 차별적 경쟁력으로 1981년 시가총액 130억 불, 매출 270억 불의 회사에서 2001년 시가총액 4,500억 불, 매출 1,300억 불의 회사로 키워 낸 것도 철저한 차별화 전략으로 이루어 낸 결과인 것이다.

비즈니스 모델

비즈니스 모델의 정립은 회사의 존립과 지속 성장을 위해 필연적이며 이를 위해서는 Business Value Chain을 이해하고 Value Chain상 각 영역의 Major Player(주요 업체)들의 가치와 역량 그리고 수평적·수직적 관계를 잘 정립하여야 한다.

정유, 석유, 화학 플랜트의 경우를 예를 들면 '원자재인 원유를 공급하는 Feedstock Supplier - 사업 개발업자인 Developer - 프로세스 특허권자인 라이센서 - Basic Design 설계 업체 영역인 FEED Contractor - 설계, 조달, 공사를 담당하는 EPC Contractor - 공장 운전 및 보수를 담당하는 O&M Contractor - 최종 상품 바이어 격인 Offtaker 영역'으로 구분할 수 있다.

이들 각 영역에서의 수평적 관계에 있는 Major Player들의 역량과 가치를 잘 파악하고 우리의 핵심 역량을 바탕으로 Value Chain상 비즈니스 영역의 확장 또는 축소(집중화)를 통해 또는 타 영역의 Major Player들과의 전략적 협업 체제를 구축하여 새로운 비즈니스 모델을 창출할 수 있어야 하고, 이러한 노력은 Business Value Chain상 시장의 환경과 Major Player들이 끊임없이 변하기 때문에 지속적으로 이루어져야 한다.

특히나 산업의 경계가 무너지고 있는 요즈음 신규 비즈니스 모델의 창출을 통한 비즈니스 혁신(Business Transformation)은 어찌 보면 자연스러운 현상일 것이다.

두산은 맥주 업계의 대부에서 중공업 업체로 변신했고, GE는 거듭된 변신을 꾀하고, 게임 업체의 경쟁사가 스마트폰의 등장으로 새로운 영역으로 바뀌어 가고, 자동차의 비즈니스 모델이 전기 자동차의 등장으로 배터리 업체가 새로운 게임 체인저(Game Changer)가 되어 가는 것과 같다.

준비 경영

시장의 변화에 능동적으로 대응하려면 내부 조직의 반응 속도가 시장의 변화 속도를 따르지 못하고 너무 느리기 때문에 사전에 미리 공부하고 준비하는 준비 경영이 필요하다.

시장의 변화는 고객과의 접점인 현장에서 고객의 니즈를 통해 빠르게 읽어야 하는데, 성공적 대응을 위해서 미리 조직의 역량을 준비하고 사전에 공부하는 열공 경영과도 일맥상통한다.

예를 들면, 미리 일정 국가에 대한 Task Force 팀을 꾸려 고객의 니즈에 해당하는 사업주 입찰 서류(Tender Specification)를 미리 입수하여 사전에 숙지한다. 또한 현지 업체(Local Player)들에 대한 사전 업체 조사를 통해 최적의 현지 파트너(Local Partner)를 선점할 수 있도록 해야 하며, 현지의 기후, 문화, 풍습에 대해서도 사전 조사를 마쳐 실전 시 즉각 대응할 수 있도록 해야 한다.

Project Management에서 선행 관리와 상통하는 Advanced Management인 것이다.

경험이 없는 국가나 사업주에 입찰을 하는 경우 입찰 기간(통상 4~6개월) 내에 요구 입찰서, 입찰 서류(Tender Specification)을 완벽 숙지하고 현지 기후, 문화, 노동 조건 및 현지 파트너 선정 작업을 마무리하여 입찰하는 것은 무리가 있고 최적의 가격 경쟁력을 가지고 성공적 사업 수행을 이끌어 가기에는 어려움이 따른다.

이에 사전에 추후 입찰할 사업주의 예전 입찰서를 미리 확보하여 Task Force Team을 꾸려 사전 스터디하고, 현지 조사팀도 미리 현지에 파견하여 사전 현지 파트너 선정 작업을 한다거나, 각 분야별 국가 스터디 프로젝트를 미리 추진하여 준비하는 것을 준비 경영이라 한다.

벤치마킹(Benchmarking)

Business Value Chain상 각 영역에는 Global Top Player가 있고, Business는 상대가 있는 게임이기 때문에 벤치마킹(Benchmarking)이 필요하다.

고객과 시장은 지속적으로 변하기 때문에 끊임없는 모니터링이 필요하듯이 Global Top Player뿐 아니라 경쟁사나 동종사에 대한 움직임에 대해서도 끊임없이 모니터링해야 한다.

Global Top Player에 대한 양적질적 역량 분석과 우리 조직과의 질적·양적 역량에 대한 차이 분석을 통해 성장 전략을 구축하고 글로벌 협업 파트너(Global Collaboration Partner)나 첫 번째 추종자(First Follower)에서 선도자(First Mover)로 도약하는 계기를 만들어 가야 한다.

새로운 비즈니스 모델로 신규 시장을 창출하고 시장을 리드해 가는 First Mover가 아닌 이상, 시장에는 항상 그 시장을 리드해가는 Major Player가 있기 때문에 그들의 핵심 역량이 무엇이고 시장의 변화에 어떻게 대응해 가고 있는지 그들이 추진하고 나아가고자 하는 방향이 무엇인지, 또한 그들이 현재 고민하고 있는 현안이 무엇인지에 대해 끊임없이 모니터링하고 벤치마킹해야 한다.

성장 동력

성장 동력이란 신시장과 신규 비즈니스 모델을 창출할 수 있는 역량을 말하며 신규 비즈니스 모델을 창출하려면 신규 비즈니스 모델에 필요한 시스템적 역량과 인적 역량에 대한 정확한 정의, 즉 Definition과 분석이 필요하다.

신규 비즈니스 모델의 창출을 위해 요구되는 시스템적 역량과 인적 역량의 조직 내 구축을 위한 것에는 Organic Growth와 Inorganic Growth가 있다.

Organic Growth는 인재의 채용과 교육, 자체적인 Manual & Procedure의 정립 등 시스템을 구축해 나가는 것으로, 단기 성과가 불가능하고 장기간 소요된다. 특히 신규 비즈니스 모델 창출에 필요한 핵심 역량의 경우, 조기에 조직 내에 갖추기가 어렵고 기존 조직 내에 유사한 핵심 역량이 있을 때 가능하다.

Inorganic Growth는 Consortium, Joint Venture, Nominated Subcontractor 등과 같은 조직 내 부족한 역량에 대해 협업 체제를 구축하거나 좀 더 적극적인 방법으로 M&A를 고려할 수 있다.

이는 단기 성과가 가능하나 리스크가 크고, M&A의 경우 기존 조직과의 시너지를 낼 수 없다면 실패할 확률이 높고 많은 투자를 동반하기에 경영에 엄청난 결과를 가져올 수 있다.

따라서 신성장 동력으로 성공적 신규 비즈니스 모델을 창출하려면 요구되는 핵심 역량과 기존의 조직 내 가지고 있는 핵심 역량을 잘 분석하여 Organic Growth와 Inorganic Growth의 방법을 병행하여 추진하는 것이 바람직하다.

상향 평준화 - 시스템과 인적 역량

양동이에 높이가 다르게 구멍을 뚫고 물을 채우면 양동이 내부 물 높이는 제일 낮은 구멍의 높이가 될 것이다.

회사의 역량 또한 마찬가지로 회사 내부 조직 중 가장 역량이 낮은 조직(부서)의 수준이 회사의 역량인 것이다. 이를 무시하고 평균적 잣대를 근거로 무리하게 수주 또는 물량을 소화하다 보면 최저의 역량을 가진 조직부터 펑크가 나기 시작해서 회사 경영에 심각한 영향을 미친다.

따라서 경영자는 각 조직의 역량을 잘 파악해서 전체 조직의 역량을 일정 수준으로 끌어올리는 데 최선을 다해야 한다.

또한 개인의 역량에 따라 상품의 질이나 성과가 달라지면 안 된다. 동일한 프로세스의 동일한 플랜트를 A 소장이 건설하는 경우와 B 소장이 건설하는 경우, 플랜트의 질이나 성과가 다르지 않고 동일한 수준의 품질과 성과가 나와야 하는데 현실은 그렇지 않고 소장의 역량에 따라 차이가 나는데 이는 시스템적으로 100% 커버가 안 되기 때문이다.

그래서 상향 평준화를 하려면 시스템화가 필요한 것이다.

맥노날드나 버거킹과 같은 유명 체인점의 상품들은 미국에서 또는 세계 각국 어디에서 먹어 보나 그 맛에 큰 차이가 없다. 그 이유는 재료에서부터 냉동 보관 및 조리법까지 모든 절차가 매뉴얼 및 시스템화되어 있기 때문이다. 또한, 손님 응대 서비스나 점포나 매장 인력에 대한 교육까지도 매뉴얼화되어 있는 것은 친절도나 서비스의 질까지도 상향 평준화하려고 모든 것을 시스템화한 것이다.

EPC 비즈니스에서 상향 평준화를 하려면 지식 경영을 통한 혁신적 시스템을 구축하고 지속적으로 업데이트시키고, 적용 범위를 확대시켜 가야 한다.

EPC(설계, 조달, 공사) 각 단계별, 스테이지별 Procedure나 매뉴얼 적용을 통해 시스템적 운영을 최대화해야 하지만 수많은 Activity, 예상치 못한 이슈나 문제점 해결을 위해서는 리더가 의사 결정을 해야 하는 것과 같이 모든 것을 시스템으로 커버하기는 불가능하다.

그래서 리더의 인적 역량이 또한 중요하다. 리더에게 요구되는 인적 역량으로는 리더십(Leadership), 오너십(Ownership), 경험과 지식, 글로벌 소통 역량, 적시 의사결정을 위한 과감한 결단력 등이 있다.

EPC 비즈니스에서 경영자에게는 시스템을 잘 구축하고 지속적 시스템 업그레이드를 통해 상향 평준화할 수 있는 시스템 경영, 역량 있는 PM과 같은 리더의 우수한 인재를 만들어 갈 수 있는 체계적인 교육과 인재 경영이 필요한 것이다.

4. 전략적 접근으로 우위를 점하라

비전 & 미션(Vision & Mission)

사람과 동물의 차이는 희망, 즉 꿈이 동물에게는 없고, 사람에게는 있다는 것이다. 그래서 "사람은 나이를 먹는 것만으로는 늙지 않는다. 꿈을 잃었을 때 비로소 늙는다."라고 하지 않았던가? 리더는 조직의 비전을 제시할 수 있어야 하고 비전이 없는 조직은 동물과 같이 죽은 조직이다.

또한, 조직의 비전은 개인의 비전과 일치해야 현실로 성취할 수 있다. 개인의 꿈이 조직의 꿈과 다르다면 조직 개개인이 조직의 목표 달성을 위해 최선을 다하겠는가?

2002년 월드컵 4강 신화를 이룬 것처럼 혼자 꾸는 꿈은 꿈으로 끝나지만 다 같이 꾸는 꿈은 기적과 같이 현실로 나타나게 된다. 꿈은 그냥 꾸는 것보다는 직접 말하는 것이 낫고, 말하는 것보다는 글로 적어 눈으로 볼 때 더욱 효과적이다. 그래서 'Vision'인 것이다.

그렇듯 비전은 추상적이기보다는 좀 구체적이면서 달성 가능해야 모두가 공감할 수 있고 호응도가 높다. "우리 팀(회사)은 이 분야에서 세계 최고가 된다."라는 비전보다는 "우리 팀(회사)은 앞으로 5년 내 수주 100억 불, 매출 70억 불을 달성하여 주가를 15,000원에서 30,000원으로 올려 플랜트 분야의 업계 최고가 된다."라는 표현이 더욱 구체적이고 5년 뒤 모습을 볼 수 있어 효과적이다.

작은 꿈이든 큰 꿈이든 같은 양의 에너지가 필요하다면 왜 큰 꿈을 꾸지 않는가? 꿈은 이왕이면 작은 꿈보다는 큰 꿈이 좋다. 단계적으로 꿈을 키워 가야 하지만, 국내에서 최고보다는 세계에서 최고가 낫다.

미션은 비전을 성취하기 위해서 우리가 필히 달성해야 할 과제, 즉 단기적 목표인 것이다. 그러한 비전을 달성하기 위해서 단기적·장기적으로 어떤 조직의 역량이 필요하고, 어떤 인재가 필요한지를 구체적으로 파악하고 이를 보충해 나가야 하며, 전략적으로 어떠한 목표를 가져가야 하는지에 대해서도 많은 고민 끝에 미션을 정해야 하며, 달성 불가능한 목표보다는 조금 힘겨운 듯한 목표를 설정하는 것이 중요하다.

비전과 미션은 구체적이고, 측정 가능해야 하며, 성취 가능해야 하고, 가치와 관련이 있어야 하고 기한이 정해져 있어야 한다.

'SMART(Specific, Measurable, Achievable, Relevant & Timely)' 해야 한다.

전략이란

문제나 과제를 해결하기 위해 수행하는 체계적인 인지적 조작 활동을 뜻한다.

사람들은 동일한 문제를 해결하거나 과제를 수행하는 데 있어서 서로 다른 전략을 사용하기도 하는데 문제를 해결하기 위해 여러 개의 인지 기능을 체계적 복합적으로 사용하는 것을 인지 전략이라고 한다.

성공적인 전략을 수립하기 위한 방법은 다음과 같다.

- 비전에 맞는 조직의 목표, 즉 미션을 수립한다.
- 목표 달성을 위해서 필요한 역량(질적, 양적 역량)을 파악하고 이를

계량화한다.

- 현재 조직의 역량(질적, 양적 역량)을 파악하고 이를 계량화한다.
- 필요한 역량과 현재의 역량 사이의 차이(Gap)를 분석하고 파악한다.
- 이 차이를 Catch-Up하기 위한 계략이나 대책을 수립한다.

이것이 곧 전략이다.

신규 사업이나 프로젝트를 성공적으로 추진하기 위한 인적 역량에 대해서는 양적 역량과 질적 역량을 명확히 파악하고 계량화해서 갭 분석을 통한 신규 또는 경력 사원을 채용하거나 타 부서로부터 전입을 받도록 하며, 성공적 수행을 위해 필히 갖추어야 할 인적 역량을 만들어 가기 위해서는 핵심 인재 또는 글로벌 인재의 영입을 적극 추진해야 한다.

또한 조직의 지속적인 역량 개선을 위해 각 직책별로 필요한 역량을 분석·파악하고 각 직책에 따른 역량을 갖추도록 체계적인 인재 양성 교육 시스템을 갖추어 인재 양성에 힘써야 한다.

그러나 아무리 좋은 전략을 세웠다 하더라도 그것을 실행하지 않으면 아무 소용이 없듯이 무용지물이 되어 버리고 만다. 전략을 짜기 위해 많은 조직원들이 워크숍이나 분임조 토의 등을 통해 합숙을 해 가며 며칠간의 고민 끝에 훌륭한 전략을 수립했지만, 바쁜 일상 업무에 쫓기어 수립한 전략을 실행하지 않고 끝내 사장되어 버리는 경우가 우리 조직에 얼마나 많은가.

전략보다 더욱 중요한 것은 실행력이다.

실제 전쟁터에서 조준 후 발사하는 것이 아니라 발사 후 조준하고, 다시 발사하는 것처럼 조준 발사가 아닌 발사 조준해야 한다는 사실을 명심해야 한다.

조직의 실행력을 높이려면 우리의 꿈, 비전이 무엇이고 우리의 시장 환경과 현안 그리고 이를 성취하기 위한 핵심 경영 목표 및 조직이나 개인별 구체적 행동 계획 등이 다 같이 공유되어야 한다.

조직원 전체가 다 같이 공유하고 공감하기 위해서는 전략 수립 시 전략 체계도를 다 같이 작성하여 쉽게 볼 수 있도록 주변에 배치하여야 한다.

- 전략 체계도
- 비전: 일정 기간 후의 우리(조직)의 모습(꿈)
- 미션: 비전 달성을 위한 핵심 경영 목표
- 전략: 경영 목표(Mission) 달성을 위한(역량의 갭 분석에 따른) 계략이나 대책
- Action Plan: 전략에 따른 각 조직별(개인별) 구체적 행동 계획
- 현안: 조직 내 인적 역량, 문제점, 해결해야 할 과제
- 시장 환경: 조직 외부와 내부 환경

시장과 고객

모든 비즈니스의 시작과 끝은 시장과 고객이다.

시장이 있고 고객이 있기에 회사가 존재하기 때문이다.

성공적 비즈니스를 지속하려면 시장의 메커니즘(Mechanism)과 추세 (Trend) 그리고 고객의 니즈(Needs)를 알아야 하며, 국가별 시장의 메커니즘이 다르고 메커니즘에 엮여 있는 수많은 이해관계자들과 원활한 관계를 유지하면서 단기간에 사업을 성공적으로 이끌고 가기란 상당히

어려운 일이기 때문에, 최고의 경쟁력과 수많은 경험을 갖고 있는 현지 파트너(Local Partner)가 필요하다.

주요 플랜트의 특성과 시장 메커니즘을 보자.

화공 플랜트의 경우 설계, 조달, 공사 간의 Interface 문제와 책임 소재상의 문제로 EPC Turn Key Lump Sum Base의 계약을 하는 경우가 대부분이다. 하지만 대만의 'Formosa Group'과 같이 건설 공사 가격을 최소화하기 위해 조달은 직접 구매를 하고 설계와 공사를 분리 발주하는 경우도 있다.

플랜트의 품질, 성능 그리고 안전을 보장하기 위해 설계, 조달, 공사 각 분야의 감리 업무를 담당하는 별도의 컨설팅(Consulting) 회사를 선정·운영하는 경우도 있지만 사업주가 독자적으로 감리 업무를 수행하는 경우도 있다.

또한, EPC Contractor의 선정이나 EPC 수행 절차상에도 국가별, 사업주별로 다양하며 중동의 국가가 대체로 까다로운 편이다.

발전 플랜트의 경우 예전에는 E, P, C를 각기 분리 발주하는 경향이 있었으나 대부분의 사업주는 일괄 EPC LSTK(Lump Sum Turn Key) Base로 발주하려고 하고 있으며, 이를 GE, Alstorm, Simense, 두산중공업 등과 같은 발전기 및 보일러 주기기 공급 업체가 수행하여 왔으나 현재는 이들 주기기 공급사 또한 주기기 공급으로 제한하고 있어 EPC Contractor가 전체를 총괄 수행하는 경우가 많아졌다.

따라서 발전 플랜트의 특성상 프로세스가 화공 플랜트에 비해 단순하기에 EPC Contractor가 독자적으로 차별화하기 어렵고, 성능, 품질, 가격, 공기 등에 대한 주도권을 주기기 공급사가 갖고 있으면서 플랜트 전체에 대한 책임을 져야 하기 때문에 리스크가 상당히 크다.

또한 발전 플랜트는 국가 기간 산업이기에 독자적으로 운전되기보다는 국가 전체 전기 공급망 네트워크에 연결 운전되기 때문에 시운전 테스트가 까다로워 독자적 테스트도 힘들지만 전기 공급망인 네트워크에 연동되는 테스트는 상당히 제한적이고 많은 시간을 필요로 한다.

IPP(Individual Power Producer)인 경우에도 사업주는 금융사와의 자금 조달 및 환수 계획에 의거 프로젝트 금융(Project Finance)을 마련 (Arrange)하기 때문에 플랜트의 준공 기간에 상관치 않고 일정 계약 시기가 도래하면 사업주는 플랜트의 준공과는 무관하게 일정분의 원금과 이자를 상환해야 하기 때문에 절대적 공기가 필요하다.

수 처리 플랜트의 경우에는 핵심 기술을 제외하고는 설계 조달 공사 전 분야에 걸쳐 글로벌 EPC Contractor가 차별화하기가 어려울 정도로 엔트리 배리어(Entry Barrier)가 상당히 낮은 산업이다.

따라서 핵심 기술과 주요 기자재를 제외한 전 분야에 걸쳐 가장 경쟁력 있게 공급할 수 있는 현지 파트너(Local Partner) 선정 및 그들과의 협업이 Key Success Factor인 것이다.

또한 자국 산업의 보호 육성을 위해 일정 부분, 심지어 51% 이상 현지화(Localization)를 요구하는 국가도 있다. 이런 경우에는 현지 파트너의 선정이 절대적 성공 요소이다.

이렇듯 국가마다 시장의 메커니즘과 고객의 니즈가 다르고, 시장 또한 끊임없이 변하기 때문에 시장에 대한 지속적인 모니터링과 현장 중시 경영이 필요하다.

Macro & Micro

경영자(리더)는 큰 그림을 그리고 숲(넓게, Macro)도 보지만, 나무(깊게,

Micro)도 볼 줄 알아야 한다.

이유는 모든 사업에는 그 사업의 성패를 가르는 핵심(본질)이 되는 부분이 있기 때문이다. 경영자(리더)가 사업의 모든 부분을 관여할 수는 없으며 관여해서도 안 된다. 과감하게 권한을 위임하고 맡겨야 하는 것이며 크게 Macro하게 보아야 한다.

하지만 그 사업의 성패를 가르는 핵심(본질)이 되는 부분에 대해서는 세심(Micro)하게 볼 수 있도록 철저히 조사 분석하고 열공해서 대처해야 한다.

예전에 바레인에 생활 하수 처리장과 그 도심 지하 관로 공사를 수주하여 공사를 수행한 경험이 있었다.

관로 공사는 도심 주택가에서 몇몇 지관을 통해 중간 집수정으로 연결하고 또한 중간 집수정에서 하수 처리장으로 연결하는 관로 공사는 전체 공사비에 30%에 지나지 않았다. 관로 공사 전체를 스위스 지하 터널 전문 공사 업체에 Turn Key 발주한 관계로 프로젝트 조직에는 터널 공사에 경험 많은 전문 인력 없었다. 단지 스위스 공사 업체와의 소통을 전담하는 코디네이터 1명에게 맡기고 조직 구성원 대다수가 하수 처리장 본공사에만 매달려 수행 중이었는데, 사실 프로젝트의 성패의 본질은 수 처리장 본 공사에 있는 것이 아니라 관로 공사에 있었던 것이다.

수 처리장 본 공사는 경험도 많았고 바닷가 외딴곳에 위치하고 있어 별 간섭 없이 독자적으로 수행할 수 있었던 반면, 관로 공사는 각종 민원이 발생하고 지하 터널 공사가 예상외 변수가 발생하면서 장비 고장 등의 사유로 상당 기간 지연되고 있었고 지지부진한 상태에 있었다.

바레인 정부의 주택가 악취 우려로 중간 집수정 위치 변경에 따른 공기 연장 및 추가 용역비의 인정도 도움이 되었지만, 지연의 문제가 무엇인지 정밀 조사 분석 후 주택을 가가호호 방문하고 민원을 해결하는 민원 담당 조직의 구성과 공사 업체의 역량을 재분석하여 과감히 업체를 변경하는 의사 결정을 내렸다. 이후 관로 공사를 집중 관리하면서 성공적으로 공사를 마무리할 수 있었던 것은 리더의 본질에 대한 문제 파악과 이에 따른 관로 공사 업체 변경이라는 의사 결정이 주효했다고 볼 수 있다.

성장 전략

회사가 크게 성장하려면 우선 회사의 큰 그림을 그려야 한다.

그 큰 그림에 맞게 비전과 미션을 설정하고, 큰 그림상의 롤 모델이나 Top Player에 대한 벤치마킹을 하고 그들과의 역량에 대한 갭 분석을 통해 전략을 수립하고 이에 따른 Action Plan을 짜 철저히 실행에 옮기면서 'Plan - Do - See - Feedback'을 통해 선순환의 고리를 만들어 가야 한다.

• Big Picture

우선 시장과 고객, 내부 역량의 분석과 신규 비즈니스 모델 창출 역량을 바탕으로 나아갈 방향을 정립하고 일정 기간 후에 회사의 큰 그림을 그려야 한다.

회사의 핵심 역량을 바탕으로 비즈니스 Value Chain상 현 영역을 고집할 것인지 타 영역으로 확장해 갈 것인지에 대한 방향성을 가지되 좀 어렵지만 가능성 있고 구체적으로 경영 수치를 계수화할 수 있는 큰 그림을 그려야 한다.

• 비전 & 미션

Big Picture에 맞는 비전을 설정하되 개인의 비전과 일치(Align)하도록 공감대가 형성되어야 하고 이를 성취하기 위한 미션을 수립하여야 한다.

• 벤치마킹

현재 시장을 리드하는 큰 그림상의 Global Top Player는 누구이며, 이들의 질적·양적 역량은 무엇인지, 이들의 방향성과 이들이 집중하고 있는 현안은 무엇인지를 파악해야 한다.

• Gap Analysis

회사 내부의 양적·질적 역량을 분석·계량화하여 글로벌 Top Player의 역량과의 갭 분석을 통해 전략 수립의 기초로 삼는다.

• 전략 수립과 Action Plan

역량에 대한 갭을 언제까지 어떻게(Organic Growth or/and Inorganic Growth) Catch Up할 것인가의 전략을 수립하되, 조금 힘들고 어렵더라도 구체적이고 달성 가능한 전략을 수립한다.

전략 달성을 위한 각 조직별·개인별로 구체적인 Action Plan을 작성하고 실행한다.

• Plan - Do - See - Feedback

아무리 좋은 전략이라도 실행하지 않으면 휴지와 다름없으며 조금 Plan이 잘못되었더라도 피드백을 통해 수정해 가면 되기 때문에 실행이 무엇보다도 중요하다.

Plan, Do, See, Feedback을 통해 선순환의 고리를 만들어 가면 초기에는 더디게 진행되지만 어느 정도 수립된 전략이 달성돼 가면, 작은 성공(Small Success)을 통해 조직원 모두가 성취감과 함께하면 된다는 자신감을 갖게 되면서 가속도가 붙어 더욱 전략 달성이 가시화되는 것이다.

5. 시스템과 제도에 대한 지속적인 혁신이 필요하다

지식 경영(Knowledge Management)

조직 또는 조직 구성원 개개인의 지식, 정보, 노하우를 체계적으로 발굴하여 조직 내 보편적 지식으로 공유하여 조직 전체의 문제 해결 능력을 향상시키기 위한 방법으로 이를 경영에 접목하는 것이다.

지적 자산의 요소로는 공기 단축, 원가 절감, 시스템이나 방법 개선 등 성공적 프로젝트에 영향을 줄 수 있는 것으로 BP(Best Practice), LL(Lessons Learned), COPQ(Cost Of Poor Quality), NCR(Non-Confirmation Report), TER(Trouble Era Report), COB(Close Out Book) 등이 있다.

지적 자산의 시스템화는 성공적 프로젝트 수행에 직간접적으로 영향을 주는 이러한 요소들을 체계적으로 발굴하고 수집(Gathering)한 후 이를 분류, 각색하여 피드백해 공유하도록 시스템화·제도화하여 프로젝트 수행 중 적기에 반영될 수 있도록 하는 것이다.

이때 중요한 포인트는 'Garbage In, Garbage Out', 즉 도움이 되는 영양가 있는 자료들을 잘 각색해서 제도화·시스템화해야 하는데, 도움이 되지 않는 자료들을 모아 놓게 되면 활용도가 떨어지고 궁극적으로는 시스템 자체가 사장되고 만다.

건설 회사의 경우 경험을 바탕으로 하는 이러한 지적 자산이 회사의 경쟁력이요 중요 경영 자산으로 남게 되는 것이다.

한국 최초의 중동 진출 기업들이 초기 엄청난 성장 가도를 달리며 급성장을 해 오다가 지금은 이류, 삼류 회사로 전락하게 된 근본 원인도 이러한 지식 경영의 실패가 아닌가 한다.

최근 SNS의 발달로 집단 지성을 실시간 활용할 수 있는 대화의 창을 만들게 되면 프로젝트가 심각한 문제에 봉착했을 때 타 프로젝트로부터 또는 유사 경험자들로부터 조언이나 기자재·장비의 긴급 조달 등 실시간 도움을 받을 수 있어 문제 해결에 실질적 도움을 받는다.

다방면의 수많은 지식이 쌓이고 모여 이를 지속적으로 활용하고 지식 경영의 선순환의 고리가 만들어지게 되면 초기에는 조직 역량의 향상 속도가 서서히 점진적으로 일어나게 되지만 어느 순간이 오게 되면 조직의 역량 또는 성과가 급속도로 향상하게 되는 Tipping Point가 도래하게 된다.

Tipping Point란 경제학적 용어로 어느 백인 마을에 흑인 한 명이 이주해 오게 되면 조금 있다가 또 다른 흑인 이웃이 이주해 오고, 초기에는 흑인 이주 속도가 상당히 느리게 진행되지만 어느 시점이 되면 백인들이 하나둘씩 떠나다가 집단으로 떠나면서 졸지에 흑인 마을이 된다는 것으로, 흑인 마을로 급속도로 변해 버리는 시점을 말한다.

이처럼 지식 경영의 체계화는 초기에 힘들지만 서서히 효과를 발휘하다가 실질적 성과가 나타나면서, 시스템 자체적으로 업그레이드되어 가면서 그 효과가 폭발적으로 발생하는 것이다.

시스템 경영

시스템 경영은 제조업의 생산 공정이 일정 프로세스에 의해 자동 조립 생산되기에 모든 제품이 일률적으로 동일하게 생산되듯이 판매, 재무, 인사, 총무 등 각종 업무 또한 일정 프로세스에 의해 업무 처리할 수 있도록 시스템적으로 만들어 개인의 역량에 따라 차별적인 결과가 나오지 않고 업무 성과가 항상 상향 평준화되도록 하는 것이다.

지점 관리, 현장 안전 관리, 판촉, 영업 등 수많은 업무 영역에서 사고가 발생하든지 또는 아주 훌륭한 성과를 낸 조직의 사례가 있다면 이를 시스템적으로 반영해 상향 평준화의 기준이 지속적으로 향상되도록 노력하는 것이 중요하다.

계획 생산되는 제조업과는 달리 플랜트 비즈니스에서 시스템 경영에 의한 상향 평준화는 참으로 어려운 일이다.

동일한 라이센스 패키지(License Package)를 이용한 동일한 용량(Capacity)의 동일한 화학 공장 또는 정유 공장이나 기타 플랜트를 건설한다 치더라도 누가 사업주인지 어디에 건설되는지 또한 누가 PM/소장인가에 따라 공기, 손익, 플랜트 품질상에 차이가 나게 마련이다.

국가마다 허가 기준이 다르고 노동의 질이나 풍습, 위치에 따른 기후, 지형 조건 등이 다르고 PM/소장의 자질과 역량에 따라서도 크게 차이가 나기 때문이다.

그러므로 경영자는 누가 리더로서 PM/소장을 역임하는가에 따른 차이가 없이 모든 플랜트가 상향 평준화될 수 있도록 프로젝트의 진행 절차를 최대한 시스템화해야 한다.

하지만 프로젝트 추진상 시스템적 절차에 따라 커버할 수 없는 영역과 PM/소장이나 리더가 결정해야 할 영역이 너무 많기 때문에 이들의 역량과 리더십이 프로젝트 성패에 절대적인 영향을 미친다.

그렇기 때문에 이들 리더에 대한 역량향상과 리더십에 대한 교육이 절대적으로 필요하다.

조직 문화

조직 문화란 조직 내 구성원들 대다수가 공통적으로 가지고 있는 신념, 가치관, 행위 규범이나 양식을 통틀어 말하는데, 회사가 지속적으로 성장하려면 올바른 조직 문화가 있어야 한다.

올바른 조직 문화는 만들기도 어렵고 오랜 시간이 소요되는데, 한번 만들어진 조직 문화는 불황에도 회사를 먹여 살릴 정도로 경영에 중요한 요소이다.

정체된 물은 시간이 지나면 썩어 가듯이 정체된 조직도 부정과 부패가 생겨나기 시작하며 관료화되어 간다.

이를 막으려면 지속적인 혁신이 필요하다.

올바른 조직 문화는 개인주의보다는 이타주의가 만연한 조직, 겸손을 바탕으로 하는 열공 문화, 남의 말에 경청하는 소통 문화, 창조적이고 도전하는 문화, 힘들 때 함께하고 성취를 함께하는 가족 문화, 학연·지연은 안 통하고 실적과 공에 따른 보편 합리적인 인사가 통하고 부정과 부패가 없는 투명 문화인 것이다.

이러한 올바른 조직 문화를 만들어 가려면 리더(경영자)가 솔선수범해야 하며 조직에 새로운 과제를 던져 조직 내 모든 조직원이 열공하며, 과제에 대한 도전과 창의를 바탕으로 함께 성취해 가며 그 성취에 따른 적절한 보상과 인사를 통해 조직의 관료화를 막고 모두가 함께 공감해 가야 한다.

또한 성공한 조직, 리더의 DNA가 회사 전체에 전염될 수 있도록 주기적 인사이동과 누구나 하면 될 수 있다는 인식이 만연하도록 유도해야 한다.

최선을 다해 성과를 이룬 조직(개인)과 그렇지 않은 조직이 받는 보상(급여나 상여)이 똑같고 학연, 혈연이나 지연에 따른 인사가 이루어진다면 누가 새로운 아이디어를 낼 것이며 도전하며 힘을 기울이겠는가? 그런 조직은 결국 성취에 대한 의욕과 희망이 없는 무사안일이 만연한 관료화된 조직으로 타락할 것이다.

요즈음 젊은 층의 상당수가 무사안일, 정년 보장과 평생 연금을 보장하는 공무원 시험에 목을 매고 있는 현실에 안타까운 마음이다. 이들이 취업하려는 것 자체가 30년 후의 자신의 성공 모델을 꿈꾸며 열정이나 성취를 위한 것이 아니기에 조직은 소극적이고 책임을 안 지려 전가하고 도전하려는 열정 없이 무사안일주의의 관료화 조직으로 정체되어 갈 수밖에 없는 것이다.

글로벌 아웃소싱 네트워크(Global Outsourcing Network)

국제 사회의 보호무역주의가 심화되고 있고 자국 산업의 보호 육성 차원에서 현지화(Localization)가 극대화되고 있는 상황에서 글로벌·현지 파트너(Global·Local Partner)와의 협업은 비즈니스상 중요한 부분을 차지하고 있다.

비즈니스 모델상 요구되는 핵심 역량을 모두 조직 내에 보유할 수 없으며, 현지에서의 차별적 경쟁력을 찾아가려면 글로벌 리더(Global Leader)와 또한 현지 파트너와의 전략적 협업이 필수적이다.

조직의 슬림화, 필요한 역량의 조합을 이루며 차별적 경쟁력을 창출하려면 라이센서, Consortium Partner, Nominated Subcontractor, J/V Partner 등의 형태로 Global Collaboration Structure를 만들어가야 하는데 이를 위해서는 글로벌 아웃소싱 네트워크(Global Outsourcing Network)가 절대적으로 필요하다.

성공적 사업 수행을 위해 우리 조직이 필요로 하는 핵심 역량이 무엇이고 이를 보유하고 있는 글로벌 업체는 어디이며, 이들과 어떤 협업을 통해 최대의 아웃풋을 낼 수 있는지를 사전에 조사하고 이들과의 네트워크를 구축해 가야 한다.

현지 파트너 또한 마찬가지이다. 현지에서 가장 경쟁력 있고 역량 있는 업체를 찾는 것도 중요하지만 서로 윈윈할 수 있는 협업 체제가 어떤 형태인지를 고민하고 연구해서 최적의 Collaboration Structure를 만들어 가기 위한 사전 네트워크 구축이 요구된다.

제도 개혁과 GWP(Great Working Place)

경영자(리더)는 우수한 인재를 채용하여 이들을 잘 교육시키고 그들의 역량을 최대화하여 그들이 한눈팔지 않고 조직의 목표 달성을 위해 열정적으로 일에만 전념할 수 있도록 제도 개혁을 통해 Great Working Place를 만들어 가야 한다.

역량 있는 우수한 인재가 일에만 전념할 수 있도록 열정적 직장생활을 유도하기 위해서는 조직의 비전이 개인의 비전과 일치해야 하며, 차별적 성과 제도를 구축하여 신바람 나게 일할 수 있는 조직 분위기를 만들어 가야 한다.

또한 공평하고 투명한 평가 제도를 통해 부진인력을 퇴출시키고, 공평한 보상, 진급, 특진 등 복지 제도의 구축으로 선의 경쟁을 유도하며 신상필벌의 원칙을 적용하여 스스로 살아 움직이는 유기적인 조직 체제를 구축해야 한다.

GE의 잭 웰치는 1등 하는 조직 또는 1등 가능성 있는 조직을 제외하고, 시장에서 살아남기 어려운 조직에 대해서는 과감하게 퇴출시키고,

1등 조직 내에서도 상위 5%는 과감한 인센티브를, 하위 5%는 무조건 퇴출시키는 정책으로 시장 내에서 스스로 살아 움직이는 유기적 조직 체제를 만들어 가도록 유도하여 세계 1등 기업을 만들어 냈다.

경영 혁신

시장과 고객은 항상 변하고 그 속도 또한 빠르다.

이러한 변화에 능동적으로 대응하고 유기적 조직 체제를 통해 조직의 관료화를 막고 지속 성장을 하기 위해서는 혁신이 필요하다.

혁신의 대상으로는 운영 프로세스, 각종 매뉴얼과 Procedure, 조직과 시스템, ERP 등인데 변화에 대한 두려움과 혁신에 대한 소극적 태도로 혁신의 어려움이 대두되는데, 이를 극복하기 위해서는 혁신에 대한 작은 성공(Small Success) 사례의 공유와 보상으로 혁신에 대한 자신감을 조직 전체에 불어넣어 주는 것이 중요하다.

원가 절감이나 구조 조정을 통한 경영 개선은 눈에 보이는 노력의 일환이지만, 혁신은 변화를 두려워하는 조직을 눈에 보이지 않는 방향으로 조직을 이끌고 가려는 점에서 어렵고 큰 고통이 따른다.

또한 실패에 대해 두려움이 있고 성공에 대한 확신이 없는 상황에서 지속적으로 추진하기란 어렵기 때문에 경영자의 새로운 비전에 대한 확신과 작은 성공의 피드백을 통한 연속적이고 지속적인 성공 사례를 바탕으로 경영 혁신의 성공을 이루어야 한다.

• 조직 개편

조직 개편은 시장과 경영 환경의 변화에 적극적으로 대응하기 위해 수시로 필요한 것이다.

시장과 경영 환경의 변화, 그리고 회사의 나아가야 할 방향에 대해 가장 잘 대응할 수 있는 조직을 만들기 위해서는 조직 내에 있는 인적 자원을 선고려해서는 안 된다. 새롭게 진급한 임직원의 자리를 마련해 주기 위해 조직의 직책이 만들어졌다면 이는 관료화의 시점으로, 조직은 썩어 가게 된다.

고객의 니즈, 시장의 변화, 경영 환경, 추진 사업의 방향성 등을 종합적으로 고려하여 거듭된 토의와 협의를 거쳐 가장 효율적인 조직을 공란(Blank) 상태로 우선 만든 후에, 그 공란에 직책을 맡아 줄 최고의 적임자를 선정해서 채워 가야 한다.

만일 적임자가 없다면 외부에서 영입을 검토해야 하며, 직위가 낮더라도 적임자라 판단되면 과감하게 선임하여 유기적인 조직 체제를 만들어 가야 한다.

한 현장의 소규모 조직도 마찬가지이다. 현장 상황이 부지 정지 작업에 이은 토목 공사에서부터 건축, 기계, 배관, 전기, 계장 공사에 이르기까지 하루가 다르게 바뀌어 가고 있기 때문에 필요 인력을 그때그때 모두 지원받으며 꾸려 갈 수가 없다. 때문에 토목 엔지니어가 추후에 정식 파견될 전기나 배관 엔지니어를 대신해 때로는 간단한 가설 전기 공사(Temporary Electric Work)도 담당해야 하고, 지하 매설 배관 공사도 담당해야 하는 것처럼 수시로 현장 상황에 맞게 현장 조직을 개편해 가면서 운영해 가야 한다.

급변하는 사내 외의 환경 변화에 능동적으로 대처하고, 조직의 관료화를 방지하며 조직원들의 사기 고취와 함께 새로운 도전을 조직원 전체가 함께한다는 측면에서 조직 개편은 수시로 이루어져야 한다.

제7장

To be a Leader

"왕위를 신의 선물로 받아들여라.

하지만 너는 행복하지 않을 것이다.

힘든 일에 집중해야 하고, 걱정거리에 괴로워하며, 경쟁에 시달리고 계략을 꾸미는 일들이 너의 행복을 방해할 것이다."

키루스 대왕이 아들에게 한 말이다.

리더가 되기란 쉽지 않다.

또한 자기희생을 강요받는다.

자신을 따르는 사람들의 모범이 되어야 하고, 그들이 지향하는 목표를 달성하는 데 선구자가 되어야 하기 때문이다.

리더는 외롭고, 무한 책임을 가지며 불확실한 미래에 대한 두려움을 가질 수밖에 없다.

그렇기에 더욱 자신과의 싸움에서 이겨야 한다.

1. 열공하는 자세

나를 중심으로 세상을 바라보지만, 세상은 나를 중심으로 돌아가지 않는다.

세상만사 중 내 눈에 보이는 것은 아주 극히 일부라 보이는 것만 가지고 판단해서는 안 되고, 내 눈에 보이지 않는 대다수에 의해 세상만사가 돌아가기 때문에 항상 겸손해야 한다.

외형으로 사물을 판단해서는 안 된다. 내면에 감춰진 사물의 본질을 통찰해야 한다. 문제는 눈에 보인다고 다 보이는 것이 아니고, 아는 만큼만 보이고, 보이는 만큼만 관리가 된다. 또한 관리되는 만큼만 성장하기 때문에 성장 발전하려면 항상 공부해야 한다. 물컵의 물도 비워야 채울 수 있듯이, 열공하는 마음가짐은 나를 비울 줄 아는 겸손으로부터 나온다.

> "소매가 길어야 춤을 잘 추고, 돈이 많아야 장사를 잘하듯, 머릿속에 책이 5,000권 이상 있어야 세상을 제대로 뚫어 보고 지혜롭게 판단할 수 있다."
>
> — 정약용

리더의 덕목으로 지(통찰력), 신(신의), 인(품성), 용-(용기), 엄(엄격)을 들

수 있다.

"순간의 통찰이 때로는 평생의 경험에 맞먹는 가치를 발휘한다."

- 올리버 휀들 홈스

남과 차별적 역량을 발휘하는 통찰력, 이를 키우기 위해서는 통찰력이 발생하는 3가지 경로를 통해 알아보는 것도 중요하다.

- **연결 고리: 새로운 정보를 얻고, 이것을 다른 것과 연결시켜 새로운 발견으로 이어지는 것.**
- **선입견을 깨서 얻어지는 것: 우리가 어려움에 빠지는 것은 우리가 몰랐던 것이 아니라, 틀린 것을 확실하다고 믿고 있는 선입견 때문이다.**
- **모순을 발견해서 얻게 되는 통찰: 신형 외제 승용차 안에서 담뱃재를 털며 운전하는 모순을 발견하고, 불시 검문에 도난 차량임을 확인한 경우.**

수많은 정보가 쏟아지는 정보화 시대, 어제의 지식도 내가 확신하는 지식도 어쩌면 쓰레기로 변해 있는지도 모른다. 아니, 정보화 시대에서는 나의 모든 지식이 쓸모없는 쓰레기일 수 있다는 겸손이 통찰을 좀 더 가까이 있게 하지 않을까?

예측은 궁극적인 힘이라는 사실을 기억하라. 패자는 반응을 할 뿐이지만, 리더는 예측한다.

전환기에 필요한 리더의 역량은 숨은 변화를 읽어 내고(통찰력), 다가

오는 기회를 감지하여(미래 예측), 과감히 베팅하는 것(용기, 결단력)이다.

리더는 자신의 역량과 경험만을 중시하여 눈에 보이는 현실을 있는 그대로 판단하며, 결정하려는 확증 편향이나 Flawed Belief(결함 있는 믿음)을 버리고, 내가 틀릴 수 있다는 겸허한 마음 자세로 경청하고 책을 통한 간접 경험을 바탕으로 한 직관의 역량을 키워 가기 위해 늘 열공하는 자세를 가져야 한다.

2. 승부의 세계를 두려워 말라

프로의 세계에서 변화와 경쟁을 두려워 마라.

승부의 세계를 두려워 말아야 한다.

전북 완주군의 차사순 할머니는 2005년 4월부터 5년 넘게 960번의 도전 끝에 운전면허증을 따내 '의지의 한국인'이라는 이름으로 《뉴욕타임즈》 등 해외 언론에 소개되었는데, 주변 사람들의 포기하라는 만류에 "포기? 난 그런 거 몰러."라고 답했다는데 포기하는 순간 실패인 것이고, 포기하지 않는 한 실패란 있을 수 없는 것이다.

미국 메이저 리그의 홈런왕 베이브 루스는 23시즌 동안 714개의 홈런을 기록한 반면, 1,330개의 삼진아웃을 당해 달리 보면 삼진왕이었으며, 행크 아론 역시 23시즌 동안 755개의 홈런을 쳐 홈런왕에 올랐으나, 1,338개의 삼진아웃을 당했으니 화려한 이력 뒤에는 수많은 도전이 있었던 것이다.

"자기 자신만큼 어려운 적은 없다. 그러니 자기에게 이기는 자는 적이 없다. 타인을 이기려 하기보다 우선 자기 자신을 이겨라. 그리고 사회와 싸워라."

탈무드에 나오는 말이다.

"적은 밖에 있는 것이 아니라 내 안에 있었다. 나는 내게 거추장스러운 것들은 모두 쓸어 버렸다. 나를 극복하는 순간 나는 칭기즈칸이 되었다."

- 태무진

"세상에서 성공한 자들의 비결은 그들이 항상 옳기 때문이 아니라 긍정적이기 때문이다."

- 데이비드 랜드

"두려움은 본능이야. 없앨 수 있는 게 아니지. 두려움을 자연스럽게 받아들이고 이겨 내야 하는 거야."

영화 〈The Good Dinosaur〉에 나오는 대사이다.

감사하는 태도야말로 인생을 두려움으로부터 막아 준다. 성공으로 이어지는 길은 제한되어 있고, 많은 사람이 성공을 원하는 이상 경쟁은 피할 수 없는 현실이고, 어차피 인생이 승부의 세계로 피할 수 없다면 이를 즐겨야 한다.

계속 도전해야 하는 것이다. 포기하는 순간 실패요, 승부를 두려워하지 않고 지속적으로 도전하는 한 성공의 과정에 있는 것이다.

3. 열정을 가져라

현재를 살아야 한다. 매 순간 영원을 발견하라.

"바보들은 자신에게 주어진 기회의 섬에서 육지만 바라보지만, 육지 같은 것은 없다. 이 삶 말고 다른 삶은 없는 것이다."

- 헨리 데이비드 소로

불멸의 삶이 아닌 필멸의 삶을 선택한 오디세우스가 우리에게 주는 교훈은 아무리 아름답고 귀하다 하더라도 영원하다면 무의미하며, 필멸의 삶인 우리 인생은 유한하기에 그 자체로 아름답고 소중하다는 것이다.

아무리 어렵고 고통스러워도 살아 있음 자체가 희망이요, 삶을 아름답게 꾸미려는 치열한 노력은 그 자체로 소중하고 값지다.

"지금이 두 번째 인생인 것처럼, 그리고 첫 번째 인생을 잘못 산 것처럼 살아라."

- 빅토르 프랭클린

똑똑한 사람은 많지만, 끝까지 하는 사람은 많지 않다.

천문학자 칼 세이건이 쓴 책 『코스모스』에서 저자는 말한다.

"지구의 자전 속도와 공전 속도를 아는가? 모른다면 지구를 떠나라."

자전 속도는 북극에서 적도까지 시속 0~1,600㎞로 그 위치에 따라 다르겠지만, 공전 속도는 시속 108,000㎞로 둘 다 음속인 시속 1,200㎞보다 빠르다. 우리가 몸을 담고 있는 지구의 움직임도 모르고 있다면 지구에 살 자격이 없다는 의미인 것이다.

또 지구는 스스로 빛을 내지 못하는 행성(Planet)으로, 스스로 빛을 발하는 별(Star)인 태양의 작은 위성에 속한다. 태양이 속해 있는 은하계에는 태양과 같은 별이 약 3,000억 개 있으며. 이 중 태양은 태양이 속해 있는 은하계 변방의 내세울 것 없는 작은 별에 불과하고, 우주에는 이런 은하계가 약 3,000억 개 존재한다고 하니 우리 인간은 얼마나 미비한 존재인가?

하늘 아래 영원한 것은 없다.

태양 에너지의 1%만 감소해도 지구 생명체는 전멸하며, 50억 년 후에는 태양이 사라질지 모른다. 따라서 지구도 영원히 존재하지는 않을 것이다.

우리의 '있음'은 없었던 적도 있고, 언젠가는 없어지기도 할 것이다. 즉, 우리의 '있음'은 '없음'의 테두리 안에 있는 것이다. 우리 인간의 수명을 100년으로 잡더라도 시간이라는 무한대 분의 유한수에 불과한 삶의 기간은 미분학적으로 0이나 다름없는, 즉 찰나요 순간인 것이다.

이런 0, 즉 '없음'과 같은 삶을 무의미하게 보낼 수는 없는 것이다. 너

무나 소중한 삶이 분명한 메시지 즉 가치를 담은 열정적인 삶이어야
하는 이유다.

4. 꿈을 가지고 공유하라

꿈꿀 수 있다면 무엇이든 이룰 수 있다.

"우리는 큰 꿈을 좇고 그 대가를 치르든가 다른 사람들에게 미움받
지 않고 무난히 어울리기 위해 자신의 야망을 줄이거나 포기하든가
둘 중 하나를 선택해야 한다.

평범한 것을 추구하는 데는 쉬운 방법들이 많다.

하지만 위대한 것들은 쉽게 얻어지지 않는다."

- 시몬 페레스

1910년 12월 14일 아문센 탐험대가 인류 최초로 남극을 정복한 후,
34일 늦은 1911년 1월 17일에 로버트 스콧 탐험대가 두 번째로 남극 정
복을 이루었다.

안타깝게도 로버트 스콧의 경우 2월 17일 귀환길에 대원 1명이 목숨
을 잃었고, 3월 19일 3명이 기아로 사망했으며, 끝내 스콧과 대원 7명
모두 사망하였다.

1912년 11월, 눈 속에서 발견된 로버트 스콧의 일기장에 "우리는 신
사처럼 죽을 것이며, 안타깝지만 더 이상 일기를 쓸 수가 없을 것 같
다. 모든 꿈이 사라졌다."라고 써 있었다.

한편, 1914년 세 번째 남극 탐험에 나선 어니스트 섀클턴은 27명의 대원과 함께 남극으로 향하던 중 영하 40도의 남극 빙벽에 634일간 갇히는 극한 상황 속에서 27명 전원이 생존 귀환하는 데 성공했다.

훗날 어니스트 섀클턴은 자서전에서 "구조선이 도착하는 꿈, 대원 모두가 살 수 있다는 꿈, 나와 대원들은 남극 얼음 속에서 2년이나 갇혀 지내면서 단 하루도 꿈을 버린 적이 없었다."라고 회고하였다.

꿈의 차이가 행동의 차이를 낳고 결과의 차이를 낳은 좋은 예가 아닌가 싶다.

꿈의 실현을 위해서는 함께 공유하고, 목록을 작성하는 것이 중요하고, 중요한 순서대로, 단기적인 꿈에서 장기적인 꿈 순으로 목록을 만들어 가는 것이 좋다.

"장님으로 태어난 것보다 못한 건 무엇일까요?"라는 질문에 헬렌 켈러는 "시력은 있지만 비전은 없는 것이죠."라고 답했다.

"행동 없는 비전은 꿈이요, 비전 없는 행동은 시간 낭비다. 행동 있는 비전이 세계를 바꿀 수 있다."

                    - 조엘 바커

영원히 살 것처럼 꿈꾸고, 내일 죽을 것처럼 살아라.

조직 공동의 꿈, 비전을 만들고 이를 공유하는 것이 리더의 역할이다.

5. 직관의 능력을 키우라

세상사 모든 일을 분석과 협의를 통해 의사 결정을 할 수는 없다. 중대 사안을 제쳐 두고 대부분의 안건들은 리더의 직관에 의존할 수밖에 없는 것이다. 리더의 직관에 의해 결정되고 추진되는 일들이 비록 사소한 안건일지라도, 시간이 흐름에 따라 큰 방향으로 이어지기 때문에 중요하다.

또한, 창의성 있는 아이디어나 대다수 성공한 창업자들의 통찰력은 분석에 의해 나오는 것이 아니라 직관에 의한 것이다. 직관이 중요한 이유이다.

그러나 직관은 IQ나 기억력처럼 태어나면서부터 부모로부터 물려받거나 DNA에 의존하는 것이 아니라, 살아가면서의 직접적 경험이나 책을 통한 간접적 경험 또는 부모나 주변 사람들로부터의 교육이나 보고 들은 내용들을 통해 형성되어 가는 자신만의 믿음, 신념과 가치관에 의존하고 있다.

따라서 직관은 극히 주관적일 수밖에 없고, 급속히 변화하는 시대의 흐름 속에서 퇴보하기 마련이다.

이러한 직관의 오류를 피하고 올바른 직관의 능력을 키워 가려면, 자신이 알고 있는 상식과 지식에 한정된 정보만 받아들이려는 확증 편향에서 벗어나야 한다. 나아가 자신의 지식은 퇴보하고 있고 틀릴 수 있으며, 늘 새로운 정보에 귀를 기울이는 마음 자세와 풍부한 독서를 통한 새로운 간접 경험을 쌓아 갈 필요가 있다.

직관이 저지르고, 분석이 수습한다. 분석 없이 직관만으로는 성공할 수 없다.

리더는 공감대 형성을 위해 다방면의 인재들이 모인 회의석상에서 자신의 의도대로 이끌려는 모두 발언이나 자신의 생각과 상반되는 의견을 제시하는 자에게 주는 면박, 추가적인 질문을 통해 의견을 묵살하거나 자신의 자존심을 끝까지 지키려는 소극적 마음가짐을 버리고 비록 자신의 견해와 다르더라도 대의를 수렴하고 대다수가 공감하는 의사 결정을 통해 한 방향으로 움직이는 조직 문화를 만들어 가야 한다.

직관과 분석을 통한 대의 수렴의 자세를 동시에 활용하는 리더의 자질이 필요하다.

6. 건강하라

　건강한 사고와 정신은 건강한 육체에서 나온다.

　아프리카 어린이들이 기아로 하루에도 수백 명씩 생사의 갈림길에 서 있고, 북아프리카 난민 수백 명이 난파선으로 인해 실종되었다는 소식보다도 내 손톱 밑의 가시가 더 신경 쓰이는 것은 어찌 보면 당연한 것인지도 모른다.

　돈을 잃는 것은 적게 잃는 것이요, 명예를 잃는 것은 많이 잃는 것이요, 건강을 잃는다면 전부를 잃는 것이다. 우리는 건강이 중요한 것인 줄 알면서도 정작 아프기 전에는 소홀하다가 건강을 잃고 나서야 그 중요성을 깨닫게 된다.

　하루하루를 보내면서 '급하지만 중요하지 않은 것', '중요하지만 급하지 않은 것', '급하지도 중요하지도 않은 것' 그리고 '중요하면서도 급한 것' 중에 급하지도 중요하지도 않은 게임이나 잡담에 얼마나 많은 시간을 소비하고 있는지 생각해 보라.

　회사의 업무가 무엇보다도 중요하고 급하다고 오로지 일만 생각하고 앞만 보면서 달려온 세월이 아니었는지 생각해 보라.

　과연 건강할 때 지키지 못하면 영원히 잃게 되는 건강보다도 중요한 것인지를 생각해 보라.

　건강이 인생에서 가장 중요한 것이라고 생각된다면, 지금 당장 하루

24시간 중 1시간만이라도 투자해라. 하루를 시작하면서 가장 먼저 나의 인생에서 가장 중요하다고 생각되는 건강에 선투자를 하였다면, 나머지 시간을 그 무엇에 투자를 하였든 그 인생이 가치 있는 훌륭한 인생이었다고 말할 수는 없지만, 최소한 열심히 살아온 삶이었다고 말할 수 있을 것이다.

리더의 건강은 자신 말고도 팔로워(Follower)들에게 많은 영향을 주기에 더욱 중요하다.

복된 삶이기보다는 건강한 삶이기를 기원하라.

이 책은 플랜트 프로젝트의 성공적 사업수행을 위해 필요한 역량과 리더십을 필자가 체험한 경험과 일부 경영학 서적을 통한 간접 경험을 바탕으로 작성했으며, 리더십의 경우 열정에 관한 내용은 SERICEO 일부를, 전략적 리더십의 모델에 대해서는 '마이클 A. 히트' 교수의 논문 일부를 인용하였고, 기타 마키아벨리의『군주론』과 칼 세이건 교수의 『코스모스』 내용 일부를 인용하였으며, 경영에 대한 내용은 피터 드러커 교수의 다수의 경영학 서적 내용 일부를 인용하였음을 참고하시기 바랍니다.

제1장 '인도 프로젝트 이야기'는 필자의 자전적 이야기로 독자가 리더십에 대한 올바른 이해와 중요성을 실감할 수 있도록 작성되었으며, 일부 회사의 운영 방침이나 인물에 대한 묘사는 사실과 다를 수 있음을 인지하시기 바랍니다.

제2장 '플랜트 엔지니어링이란'에서는 플랜트 엔지니어링 업에 대한 이해를 돕고자 플랜트의 종류, 비즈니스 밸류 체인상 비즈니스 모델과 플랜트가 탄생하기까지의 흐름을 간략히 설명하여 독자의 이해를 돕고자 하였습니다.

제3장 'PM Leadership'은 성공적 사업 수행을 위해 사업의 총괄 책임자인 PM이 갖춰야 할 기본적 리더십인 휴먼 리더십, 통합관리 리더십 그리고 전략적 리더십에 대해 언급하였습니다.

제4장 'PM이 갖추어야 할 덕목'에서는 PM의 역할과 책임 그리고 기

본적으로 갖추어야 할 덕목에 대해 언급하였습니다.

제5장 'Project Management의 Key Success Factor'에서는 성공적 사업 수행을 위해 수행 기간 중 중점 관리해야 할 요소들에 대해 구체적으로 기술하였습니다.

제6장 '경영이란'은 플랜트 비즈니스에서 경영자로서 항상 간직하고 있어야 할 경영 마인드에 대해 필자가 나름대로 장기간에 걸쳐 메모하고 생각한 내용으로, 일부 내용은 경영학 서적의 내용과 일치 또는 반할 수 있음을 밝힙니다.

제7장 'To be a Leader'에서는 리더로서 갖춰야 할 긍정 마인드를 유명 인사들의 명언을 나열하며 언급하였습니다.

책의 내용은 순수하게 필자의 경험과 주관적인 생각의 기준으로 작성되었으며, 독자의 앞날에 작은 용기와 힘이 되기를 기원합니다.